言語偏激、行為叛逆、冒犯他人、偏離正軌、溝通困難，可憐天下父母心，孩子偏偏不領情？

青春沒有對錯
成長始於困惑

U0075265

錢媽媽 —— 編著

當你成為父母的那一刻，便展開了一場學習愛的旅程
唯有透過陪伴與參與，你才可能跟孩子的生命有交集

◎在準備瀟灑離開之際，可曾想過孩子會哭泣？　　◎只將愛深埋在心底，卻希望孩子能夠理解你？
◎想給予孩子無盡的愛，為何他卻總是想逃開？　　◎僅憑愛的本能，便想跳過當父母的摸索過程？

身體接觸 × 肯定話語 × 精心時刻 × 禮物 × 親身服務
5 種愛的祕密，從「心」做好父母，給予孩子能理解的愛

目 錄

目錄

第二部分　成功的教育

第七章　如何發現孩子最基本的愛的祕密

第八章　嚴厲的管束和愛的祕密

第九章　孩子的學習能力和愛的祕密

第十章　愛讓我們遠離憤怒

目錄

第十一章　對單親家庭中的孩子說「愛你」

第十二章　讀懂婚姻中愛的祕密

目錄

前言：家庭教育，愛是核心

誰要是不會愛，誰就不能理解生活。

—— 高爾基（Maxim Gorky）

當你開始對你的子女使用愛的祕密的時候，我們知道這勢必會帶來一個更加融洽的家庭關係，正如我們在開始提及的那樣，對你的孩子使用愛的祕密並不意味著這會解決所有的問題，但這卻可以穩固你的家庭並把某種希望帶給你的孩子，這是一個絕妙的機會。

當你開始使用愛的祕密的時候，你也許會有些疑慮，擔心你過去及現在的能力，而這種憂慮也正意味著機會。現在讓我們看看你所擁有的特殊機會。

也許本書的最佳讀者是一對剛開始婚姻生活或是有了孩子的夫婦。然而許多讀者的孩子已處於少年甚至青年階段，你也許會有這樣的想法：「要是我早些時候就已讀過此書……現在有些晚了。」一些父母回顧他養家的歷程，意識到他們並沒有很好的滿足孩子在情感上的需求。然而現在那些孩子早已長大成人並也建立了自己的家庭。

如果你是那些抱有遺憾的家長中的一員，你一定會回憶過去並問錯在哪裡。也許在那些最應撫養孩子的年代裡，你的工作迫使你遠離家鄉；或許由於你特有的童年生活讓你無法成為一名稱職的父親或母親；也許你始終都缺少愛的關懷，因而你從不知如何對你的孩子表達愛。

要想與你正處在少年或青年階段的孩子有親密關係，首先需要你來移除你們之間的障礙，而後建立起一座溝通的橋梁。這是困難的，但也是值得去做的，也許你該向孩子們承認你早已自認的事實 —— 你並沒有站在

前言

一定的情感高度上與你的孩子交流，如果他們仍住在你的家裡，你可以與他們來場面對面的交談。直視著他們的眼睛，並請求他們的諒解。或許你可以寫信，從此表達你真誠的歉意以及對將來友好關係的期望，你不可能塗抹掉過去，但你可以塑造不同的前景。

你也許並不善談，而且事實上你曾對他們在精神上、身體上和生理上造成過傷害。也許酒精或其他藥品是你罪惡的根源，或許你自己的苦楚和不成熟反映到你的憤怒中。無論曾怎樣的失敗過，但要摧毀這片壁壘仍為時不晚。

最有效的彌補方式就是向你的子女坦白並希望獲得他們的諒解。你不可能劃掉你的所做所為，正如同你無法消除所有由此而產生的後果一樣，但你可以透過坦白和獲得諒解得到情感上和精神上的淨化。

無論你的孩子是否給予你諒解，你的坦白會使他們對你更加尊敬。過一段時間他們也許會認可你所做出的努力，並與你共建這座溝通之橋，誰知道，可能有一天他們會允許你與他們和他們的孩子建立比較親密的關係呢！

儘管你不是你所希望的那樣，但你現在可以從那種使他們真正感受到價值的方式來愛他們，當他們也有孩子的時候你會知道，你正影響著你家庭中的第三代人，那些有機會來無條件享受愛的一代人。

在得到愛的滿足後，你的孫輩們會在智力上、精神上和人際關係上顯得更加積極，更加充滿朝氣。當孩子們感到被真正的關愛時，他們的世界會更加光明。他們在生理上和心理上都會更加健康，而且他們會有挖不完的潛力可供發揮。

我夢想有一天所有的孩子都能在家庭的關愛與庇護下茁壯成長。這樣，他們的潛力便可完全放在學習和幫助別人上而不是去尋求他們在家中

得不到的關愛上。我希望為了那些孩子，這本書能讓為人父母的我們多少受到些啟迪。

那些有益於為人父母的「要求」大部分都寫在本書中。如果你想把它羅列出來，我可以為你開個頭，但也許不完整。你只有按照自己的想法去做，才會完整，這是我的一覽表，它對我來說是成為一名好父親的要求。

1. 運用五種愛的祕密來滿足孩子們對情感上的需求。
2. 運用積極的方法來調控孩子們的行為。
3. 用愛來教育他。要先問「這個孩子需要什麼？」然後理智的對待孩子的需求。
4. 盡量控制自己的憤怒，不要把它發洩在孩子身上。營造歡愉的氣氛但要有原則。
5. 盡力培養孩子以一種成熟的方式來對待憤怒。

我希望你能儘快提出適合你自己的要求。當你意識到你已做到你所寫出的那些之後，你會輕鬆的與孩子們相處，你更會生活得無憂無慮。

對孩子心中五種愛的祕密的問答題學習計畫。

這個學習計畫包含了一些方案和練習來幫助你能夠熟練運用五種愛的祕密和孩子進行交談。此外本計畫也以提問的形式來助你複習及應用關鍵概念。這個計畫適合個人使用。當然，最理想不過的是與你的伴侶共同分享，此計畫也適合團體或組織進行討論，而且我們也設置了一個稱作「小組討論」的部分來促進與其他家長的溝通。

正如學習使用愛的祕密需要花費時間一樣，這種活動也同樣要占用一些時間。我們對解釋愛所做出的努力將會是值得的。這種努力使孩子們帶著強烈的責任感步入青年時代。進而讓孩子們擁有一個美好、豐富、積

極、快樂的一生。

你是用一種你的孩子可以會意的愛的祕密來表達愛嗎？

每個孩子，甚至成年人，他們接受和表達愛的最佳途徑都是這五種不同的交流方式。如果家長使用這五種愛的祕密之外的其他方式，這勢必會造成孩子對家長的敵視。然而，在家長們做過充分準備之後，這些愛的祕密會幫助他們滿足孩子們情感上的需求。

你能夠流利的使用孩子們心中的愛的祕密嗎？

挖掘出孩子們心中的愛：善用時間、肯定的言辭、禮物、親身服務和身體接觸。在學習這五種愛的祕密之後，如何才能表達你那無條件的愛以及做出使孩子靈魂產生振盪的承諾呢？

用你孩子基本的愛的祕密講話並不意味著你的孩子（無論是男孩還是女孩）以後不會「叛逆」。真正的意義在於讓你的孩子懂得你們愛他（或她），這會為孩子帶來安全感和希望；會幫助你把孩子培養成有責任感的成年人。

這就是我們的主題：家庭教育，愛是基礎。

第一部分
如何真正地愛我們的孩子

第一章
愛是基礎

人生是花，而愛是花蜜。

—— 雨果（Victor Hugo）

家庭教育的核心就是愛，愛是兒童健康成長的精神糧食之一。缺乏父母愛的孩子，將會產生不健康的心理狀態。父母之愛子女，有智愛和溺愛，我們反對溺愛而宣導智愛。智愛就是說愛子女要受理智的支配，既要愛孩子，又要嚴格要求孩子。

獨生子女的家庭，很容易一家人成天圍著一個孩子轉，養成孩子任性、膽小、懶惰、不合群等壞習性。然而這樣的情況並非源於獨生而是決定於教育，尤其是家庭早期教育。要克服其弊端，家庭教育必須走出下列盲點：

其一、對子女期望值太高。很多家長期望子女十全十美、白玉無瑕、身體健美、容貌出眾、智力超群、品德高尚，成為理想中人物。於是就採取種種不切實際的教育方式，而不顧孩子的年齡特點、身體條件、生理心理狀況，強制灌輸。於是乎，我們幼小的孩子老成地發出了「讓我輕鬆一下」的呼聲。孩子可悲地成了家長理想主義的「奴隸」。

其二、對孩子憂患意識太強。「可憐天下父母心」家長心理總掛念著孩子，怕他營養不好、怕他受凍挨餓、怕他被人欺侮、怕他被人帶壞。所以家長樣樣事事自己包攬，不讓孩子做些許小事，哪怕孩子洗一塊手帕，也怕弄髒衣服。如此等等，造成了孩子的依賴心理，離開了父母，百事無成。這樣的孩子將來踏上社會能獨立生活嗎？嬌生慣養的孩子能接受生活挑戰和磨練嗎？

其三、對孩子過分溺愛。把孩子看作家庭的希望和樂趣，彷彿是祖、父兩代的「小太陽」。於是對孩子百依百順不敢怠慢。孩子就是要月亮，也恨不得長出翅膀飛到空中摘下來，以博一粲。久而久之，養成孩子「以我為中心」的不良性格，只要人寵，不知愛人。想做什麼就做什麼，不尊重別人，剛愎自用，獨來獨往。

反對過分溺愛孩子，同時我們也反對家長「恨鐵不成鋼」，用責罵、棍棒，甚至迫害、虐待來教育孩子。這樣「愛子心切」同樣是不理智的愛。我們提倡在「愛」的基礎上，有意識地、適當地對孩子進行「挫折教育」。

「挫折」教育作為一種教育方式，已得到社會、教育專家的承認。儘管現在物質生活豐富了，父輩所經歷的貧困已不可再現，但也正因為此，挫折教育才展現了它巨大的意義。「生於憂患，死於安樂。」我們今天的家長，自己孩提時代上學讀書，都是自己到校，很小就會買菜煮飯。而現在他們卻天天接送孩子上學，他們的孩子在生活或學習中稍碰到一點不如意、一點挫折，就出動父母，不會動腦筋，更不會著手去做，甚至於削鉛筆、繫鞋帶，也要父母代勞。

「挫折」教育就是讓孩子從小就養成自主、自立、自處的習慣和能力，養成獨立解決困難和應變的能力。所謂「挫折」並不是要孩子在磨難、困境中掙扎，而是要求孩子遇到困難或意外時要獨立思考、設法解決。譬如，孩子爬山不要攙扶，讓其體會攀登的艱辛；集體活動，不必為孩子準備豐富的食物，簡行簡食，讓其經歷非常規的生活，在大自然中餐風露宿，得到心志的陶冶和鍛鍊；平時讓孩子多參與家務勞動，既培養其勞動觀念、生活自理能力，又讓其體會勞動的艱辛和愉悅。

可見「挫折」教育的基礎也是「愛心」。在家庭教育中愛是教育的先導，有愛才有教。

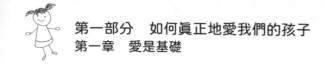
在培育孩子的過程中，所有一切都要依靠父母和孩子之間的愛的關係。如果孩子愛的需求沒有得到滿足，任何方法都無法發揮作用。只有孩子真正感覺到了父母的愛、父母的關心，他才能做到最好。你也許真的愛你的孩子，但是除非孩子感覺到了 —— 除非你說的愛的祕密能把你的愛傳遞給孩子 —— 否則孩子不會感覺到愛。

● 注滿孩子的「情感油箱」

現在的社會需要的不是單槍匹馬、一味蠻幹的人，而是需要有團隊精神，能夠接納合作夥伴，善於和別人合作的人才。這對一個成功女性來說是很重要的一點。現在的獨生子女實在是太孤單了，鋼筋水泥、高樓深院彷彿給他們構築了一個個的小籠子，而與電視、電腦、遊戲機的親密接觸，更減少了使他們與人交流的機會。

有教育專家指出，人際交往在孩子們的成長中占據著重要的地位，尤其是「關鍵期」 —— 孩子的少年時代，親子關係、師生關係、同學關係的緊張與疏離，都會直接影響到孩子性格的發展和品格的形成。特別是女孩子容易形成幾個人的小團體，自我封閉，忽視與其他人的交往，因此，我們不能不重視培養孩子的人際交往能力，這是一種駕馭生活、完善自我的能力。

美國人際關係學大師卡內基（Dale Carnegie）認為「一個人的成功30％靠才能，70％靠人際關係」。在競爭日益激烈的今天，如何讓孩子走出孤獨、學會交往，應是家長急需解決的課題。

與汽車一樣，剛懂事的孩子體內也有一個「油箱」，這個油箱裡充滿的是父母的情感，父母是孩子情感的加油站。每當孩子的情感油箱被父母的「愛」所充滿，孩子就能利用這個能源來發展自己；當「油箱」快空的

時候，孩子就自然要回到父母身邊，去補充「情感燃料」。了解和掌握這一規律對我們父母是意義重大的。因為油箱裡的情感燃料直接影響著孩子這部「汽車」的運行情況。

當我們看到孩子的表現忽然變得消極時，我們應該想到可能是父母的「加油站」出問題了，也許是我們過於關注自己的事情，忽視了孩子的內心需求，沒有安排出必要的時間和孩子共同度過。當你放下手中的事情，和孩子一起打鬧、遊戲、交談，孩子就會感受到他在你心目中的重要地位，並感受到你的愛。就為了這些，他可以做出許多讓你為他感到驕傲的事情。

愛是可以創造奇蹟的。父母不斷用愛充滿孩子的「情感油箱」，愛就會成為孩子奮發向上的無窮動力，從而有積極的態度、飽滿的精力，來走他們自己的人生之路。

透過愛的祕密，你能用愛為孩子的「感情油箱」加油。當你的孩子感覺到了愛，對孩子進行管教和訓練就要比他的「感情油箱」裡油量不足時要容易多了。

每一個孩子都有一個感情油箱，一個儲存感情力量的容器。這個油箱能夠在孩子度過挑戰性的兒童時期和青春期時不斷地提供能量。就像汽車由油箱裡的油提供動力，我們孩子的動力源自他們的感情油箱。我們必須為孩子的感情油箱加油，讓他們的行為舉止更加規範，充分發揮他們的潛能。

但是我們用什麼為油箱加油？當然是愛！用愛給孩子加油，讓孩子進步。

表現傑出能得到禮物、讚賞和榮譽，這種愛常以孩子的表現為基礎，是一種有條件的愛。有條件的愛是必要的，老師的愛通常就是這種。有條

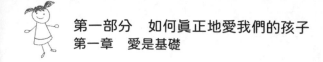

件的愛一定要在最終成為激發孩子內在動力的愛，而不是成為付出愛的條件。非常贊成，父母給予孩子的愛應該永遠是無條件的，無條件的愛是一種完全的愛。

美國的大衛‧韋伯博士就認為，每個孩子都有一個情緒箱子，一個補給他情緒力量的地方，就像汽車從油箱得到動力的來源，我們的孩子也從情緒箱子中得到精神力量。孩子的情緒箱子使用的是一種最高級的燃料 —— 無條件的愛 —— 來填滿，並且要不斷充滿，因為它們會耗盡。只有無條件的愛才能預防憎恨、不被人愛的感覺、罪惡感、恐懼和缺乏安全感等負面感受。在教養孩子之前，家長首先要學會如何充分地表達出自己的無條件的愛，當然這種愛可不是溺愛哦！

我們需要無條件地為孩子的感情油箱加油，因為真正的愛是沒有條件的。無條件的愛是完整的愛，這種愛是把孩子看作是自己的孩子來接受和確認，而不是看孩子做了什麼。無論孩子做了什麼（或沒做什麼）都沒有關係，父母仍然愛著孩子。糟糕的是，有些家長經常有條件地展示他們的愛；這種愛的給予往往視某種情況而定，而不是孩子的存在。有條件的愛依據孩子的表現，經常涉及到某種訓練方法。當孩子的表現或行為符合家長的願望，他們就會給孩子禮物，獎賞或某些特許的好處。

當然了，訓練和管教我們的孩子也是必要的 —— 但是只有在他們的感情油箱得到填充之後方可進行。這些油箱一定要添加優質油料：無條件的愛。我們孩子的「愛的油箱」隨時需要加油（以及補充加油，因為油料定期會有損耗的）。只有無條件的愛才能預防孩子出現的一些問題，例如怨恨、孤獨、內疚、恐懼、不安全感。我們只有透過給孩子無條件的愛才能深刻地理解他們，才能恰當地對待他們的行為，無論是好的行為還是不好的行為。

　　莫莉是在一個經濟條件一般的家庭裡長大的。父親上班的地方離家不遠，母親在家操持家務，偶爾出去做一點非全日性的兼職工作。父母都是勤勞肯做的人，為他們的房子和家庭感到驕傲。莫莉的爸爸做晚飯，並和莫莉一起收拾餐具、洗盤子。星期六是他們家大掃除的日子，到了晚上一家人坐在一起吃熱狗或牛肉餅。星期天早上一家人去教堂，而晚上的時間總是和一些親戚一起度過的。

　　在莫莉和弟弟還小的時候，父母幾乎每天晚上都要讀書講故事給他們聽。等他們上了學，父母則經常鼓勵他們好好學習。父母希望自己的兩個孩子都能上大學，儘管他們自己沒有得到這樣的機會。

　　讀國中時，莫莉和同學史蒂芬妮成了好朋友。兩個人經常一塊聽課，一起吃午飯。但是兩個女孩誰也沒有去過對方的家。假如她們去過對方的家，她們就能看到兩個家庭之間的巨大差別。史蒂芬妮的父親是一個成功的推銷員，能為家裡賺很多的錢，不過大多數時間他都不在家。史蒂芬妮的母親是一個護士。弟弟也不在家，寄宿在私立學校。史蒂芬妮也曾在寄宿學校讀過三年書。經過她一再哀求，父母才同意她在公立學校上學。由於父親經常不在家，母親工作又特別多，他們家經常在外面吃飯。

　　莫莉和史蒂芬妮的友誼持續到九年級，這時史蒂芬妮離開莫莉，去了她爺爺家附近的一所大學預科學校。分別後的第一年，兩個女孩相互寫信；後來史蒂芬妮開始與男朋友約會，寫的信越來越少，逐漸停止了通信。莫莉也有了自己的朋友圈子，而且開始與一個轉學來的男生約會。史蒂芬妮一家搬走後，莫莉再也沒聽到史蒂芬妮的音訊。

　　幸虧莫莉沒聽到，要是聽到了她會難過的。史蒂芬妮結婚以後有了一個孩子，但卻因販賣毒品而被捕，並被關進監獄好幾年。在服刑期間丈夫離開了她。與此形成對照，莫莉婚後有了兩個孩子，過著幸福愉快的生活。

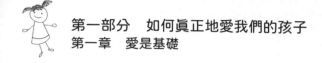
　　是什麼造成兩個同窗好友的結局如此不同呢？儘管答案也許不止一個，但是我們可以從史蒂芬妮對心理醫生說過的話裡找到一部分原因。她說：「我從來沒有感受到父母的愛。我第一次接觸毒品是因為我想讓朋友們喜歡我。」史蒂芬妮這麼說並不是責怪自己的父母，更多的是想弄清楚自身。

　　你注意到史蒂芬妮說了什麼嗎？不是父母不愛她，而是她感受不到父母的愛。大多數父母愛他們的孩子，而且希望孩子也能感受到愛，但是卻很少有家長知道如何恰當地表達那種感情。這樣的家長只有學會如何無條件的去愛，才能讓孩子知道父母是多麼真心地愛著他們。

　　家庭是孩子成長的第一環境，未來社會的健康發展取決於新一代的精神風貌，而良好的精神風貌又來自於和諧家庭的教育。而和諧家庭是孩子的加油站。

★ 什麼是和諧的家庭？

　　心理學家對家庭的和諧是這樣概括的：所謂和諧的家庭，是指家庭成員之間配合得非常融洽，齊心協力。在這樣的家庭中，成長起來的孩子沒有心理壓迫感，各方面都能得到正常的、自然的發展。

★ 家庭為什麼要和諧？

　　家庭是孩子成長的第一環境，未來社會的健康發展取決於新一代的精神風貌，而良好的精神風貌又來自於和諧家庭的教育。長期處於愉快心理環境下的孩子，往往表現為精神振奮、性格豁達、活潑樂觀、充滿自信。相反，一個壓抑的家庭氛圍，孩子往往是帶著忡忡憂心與精神負擔邁入家門，久而久之孩子就會表現為缺乏熱情、性格內向、感情脆弱，甚至造成嚴重的心理障礙，出現憂鬱症、叛逆心理等，形成子女與父母之間思想上的代溝或情感上的隔閡。

一位教育工作者曾經對某校一、二年級的 50 名不愛學習、行動懶散的孩子進行了一次調查。調查結果顯示：在 12 個家庭中，父母經常吵架、說髒話；在 7 個家庭中，爸爸或媽媽只顧自己賺錢，對孩子基本不聞不問；在 35 個家庭中，爸爸或媽媽愛打麻將、玩撲克，對孩子敷衍了事；在 9 個家庭中，孩子在父母前沒有申訴的權利。

可想而知，生活在這樣家庭中的孩子將來會有怎樣的發展！他們整天被吵吵嚷嚷或鄙俗的謾罵聲所包圍，小小的年紀就要學會看父母的臉色做事，稍有不備就可能換來一頓莫名的拳腳。驚恐和無助在孩子的腦中成了揮之不去的陰影。這些「病毒」在侵蝕著孩子幼小的身心，就像給幼苗噴灑不該用的農藥一樣，那將會帶來怎樣的結果呢？經過觀察和向老師同學了解，缺乏和諧的家庭中成長起來的孩子，在學校裡要麼惹是生非，要麼情緒低落、孤僻憂鬱，很少有朋友，缺乏友誼。有資料顯示，不夠和諧的家庭極易造成家庭的不完整和孩子的畸形發展，在青少年犯罪案件中，就有 24.1% 來自這樣的家庭。

★ 如何為孩子營造和諧的家庭？

首先，要和孩子交朋友，要多站在他們的立場來考慮問題，體會在他們這種年齡狀況下的心態，才能做到以心交流。不要認為孩子尚小，就剝奪他的各種權利，家庭各成員之間要做到人人平等，創造出一種比較民主的家庭氛圍，少一些專制和獨裁。父母言行出現問題的時候，要虛心接受孩了的意見和批評；孩子一旦做錯了事情，作為家長，一定要耐心誘導，切勿急躁，不能動輒就對孩子大發脾氣、拳打腳踢。為了孩子的健康成長，請您對孩子應該多一絲微笑、多一些鼓勵、多一分讚美。

其次，心胸要豁達。不要因為某件小事影響孩子稚嫩的心靈。尤其要

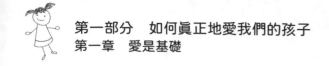

盡量避免家庭矛盾，更不要使矛盾激化，要求大同、存小異，保持和睦，父母不能在孩子面前大打出手，以免對孩子幼小的心靈造成嚴重的創傷。

● 如何讓孩子感受到愛

我們希望家長享受與孩子建立起的愛的關係。在這本書裡，我們把焦點放在養育孩子極其重要的方面 —— 滿足孩子愛的需求。如果孩子感受到父母的愛，他們就會在生活的所有方面對父母的引導做出很好地反應。我們寫下這本書是為了幫助你給予孩子更多愛的體驗。如果你所說的愛的語言，孩子能夠理解並受到感染，這種情況就會出現。

讓孩子感受到愛，我們必須學會用孩子獨特的愛的語言做事。每一個孩子都有自己特別的方式來感知愛。孩子（實際上包括所有人）所講的和理解的愛有這樣五種祕密：身體接觸、肯定的話、精心時刻、禮物和親身服務。如果你家裡有幾個孩子，很有可能他們說著不同的愛的語言，因為孩子往往有著不同的個性，他們也許用不同的愛的語言聽家長講話。常見的是，即使是兩個孩子也需要用不同的方式去愛。

所以我們家長必須要：從「心」學做好父母，讓孩子感受到愛。

從你為人父母的這一刻起，便展開了一場學習愛的旅程。這是一輩子的學習，也將是一生最珍貴的體驗。

還記得你成為父母的那一天嗎？孩子帶著懵懵懂懂的眼神，赤裸裸地來到世上，他完全無助的、且沒有選擇的，把生命交給了你，讓你成為他的父親、母親。他（她）渴望你的愛、期待你的擁抱，他（她）相信世上有人會用無條件的愛，孕育他（她）長大。

父母親對孩子而言，就像是一個可以永遠依靠的堡壘。「當父母親陪著小孩的時候，孩子會因為有爸媽的存在而變得有信心，他會繼續往前探索，當他感到不安時，他會回頭看看，看到父母還在，他會有信心繼續往前，即使跌倒受傷了，他知道有人會關心他，會看看他受傷的重不重」兒少精神科專家醫生王浩威說，這就是孩子想起父母時，腦海中會浮現的畫面。

父母的四種角色：

當你成為父母的那一刻，你便展開了一場學習愛的旅程。而唯有透過陪伴與參與，你才可能跟你孩子的生命有交集。在從事了二十多年心理諮商的工作中，教育學者鄭石岩發現，許多來找他諮商的孩子，他們所需要的並不是諮商和治療，而是需要一個能夠真正盡責、鼓勵他們、對他們有所期許的父母。

孩子要的是父母的陪伴，一旦父母不在孩子身邊，便失去了主導孩子成長的力量，也失去了能夠給孩子源源不絕的溫暖。隨著孩子的成長，父母也需要蛻變成不同的角色，根據心理學家的研究，父母親在孩子一生中大致扮演了四種不同的重要角色：照顧者、規範者、戰士兼保護者，以及精神導師。

這四種角色在孩子發展的階段都扮演著關鍵性的作用。父母在某些時刻需要特別凸顯某個角色。

「照顧者」的角色在孩子出生至六歲這個階段最為重要，根據澳洲親子專家畢度夫（Steve Biddulph）指出，從出生到六歲進小學前，是孩子「學習愛的階段」，他需要充分的關愛與安全感。父母要能充分流露出對孩子的感情，讓孩子感到安全與價值感。

6～12 歲，父母扮演「規範者」的角色逐漸加重，這時候需要為孩子在各方面樹立行為的規範，但父母應在規範者與其他角色中取得平衡，以

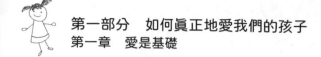
免過於嚴厲而失去感情，這反而會讓孩子長大後成為怕事、不敢自己做出決定的人。

12～18歲，「戰士兼保護者」這個角色成為父母的重點，尤其是父親，在孩子經歷青春期這個階段，父親對兒子而言相對重要，因為男孩會觀察父親的一舉一動，透過父親，男孩學著如何成為一個男人。在這個階段，父母親一方面要與孩子站在一起，幫助他們面對那些讓他們幾乎招架不住的青春期風暴，一方面要協助他們對抗外在許多引誘他們走上歧途的力量。

當孩子進入成年階段，「精神導師」的角色便成為父母的重點。這時候，父母親可以坦誠地和子女分享人生經驗，甚至可以暴露自己脆弱的一面。他們可以從容傾聽子女的掙扎，但未必要事事提供答案，而是以精神導師的身分給予子女「祝福」。

孩子最需要的六種養分：

為人父母是一個重大的責任，有些父母從小就給孩子最好的，卻未必能栽培出一個他們所期待的孩子；而有些父母雖然貧窮，甚至沒有受過太多教育，卻可以教養出快樂又優秀的孩子。

根據許多研究，學歷、財富、權位都與能不能成為好父母沒有絕對的關係，重點在於父母是否能在孩子成長的過程中，給孩子最需要的養分。從孩子身心發展的過程來看，父母可以給孩子最珍貴的禮物包括：

安全感 —— 孩子一生下來聞到媽媽的味道、聽到媽媽的聲音、心跳，就會自然產生一種安全感，這種安全感會延續到他長大，安全感可以說是生命的主旋律。

美國心理學家艾瑞克森（Erikson）的研究發現，嬰兒出生至一歲半左右，是發展對人的基本信賴感的階段。孩子一出生，父母就應常常給他擁抱、親吻，回應孩子的眼神、聲音，和他說話，這是建立親子關係最重要

的開始，也是讓孩子產生安全感的基石。

如果這個階段，孩子的照顧者常常更換，一下換這個保姆、一下換成阿公阿嬤、一下又放到托兒所，這種不穩定的狀態，孩子就不容易發展出與人基本的信賴感，沒有信賴感就沒有安全感，沒有安全感就不容易產生自信心。

鄭石岩教授特別提醒，人如果從小就缺乏安全感，將來就容易產生心理上的問題，最嚴重的三個問題是：不安、哀傷、敵意。

如果我們從小就把孩子丟來丟去，這三種問題都可能產生。如果一直持續到長大都沒有把這種安全感的缺乏處理好，也可能演變成憂鬱傾向或暴力傾向。

父母如果無法自己照顧孩子，至少讓孩子有一個穩定的照顧者，可能是阿公阿嬤或保姆，但晚上最好能和父母在一起。

親密的家庭氣氛 —— 英國教育學者史賓賽（Herbert Spencer）認為家庭能否給孩子力量，取決於家人之間的感情密切程度，因為不管孩子在外面遇到什麼，家庭總是他的加油站。

美國一九八九年的學業性向測驗最高分落在南達科他州，引起許多人的好奇。若從教育資源來看，這是全美教師薪資最低、每個小孩分配到的資源倒數第八的州，但卻有最好的成績表現。

他們做了一番研究發現，這個州的離婚率最低、家庭關係緊密，還保持了傳統的價值觀。長期關心教育的成人醫學院創院院長黃崑巖便特別指出營造家庭氣氛的重要性，他回憶小時後，放學回家總是圍在父母兄長身旁，哥哥喜歡講故事，他們的家庭娛樂常常是飯後聽哥哥說故事。

「想想看，一個全家人盯著電視看的夜晚，跟一個全家一起看書、喝茶、說故事的夜晚，有多麼不同。」黃崑巖教授說。

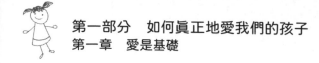
親密的家庭氣氛可以透過一些方法來營造，像是晚餐時間愉快的聊天，千萬別在這個時候訓孩子。可以一起玩一些家庭遊戲、和孩子談談家裡的往事、與孩子合力完成一件有趣的事情、建立家庭的傳統和儀式等。父母終會老去，但帶著這份與家庭親密的連繫，孩子必然會有更多面對未來的力量。

給孩子一個好榜樣 —— 如果說學校教育的重點在傳授知識與技能，家庭教育的核心則是培養孩子良好的品格。在現在傳統家庭結構瓦解、社會價值混亂、媒體的影響力快要凌駕老師時，父母扮演傳遞正確價值觀與進行品格教育的角色便愈來愈重要。

經常在各地演講教育主題的陽明大學教授洪蘭，在她的言談與文章裡，隨時可見她父親的智慧風範，從小她父親便教導孩子用正面積極的態度生活，不奢侈不浪費。「能走的就不要坐車；能坐公車就不要坐計程車。」

洪蘭當年出國念書，下飛機時只有口袋裡的 50 美元，可是她卻一點也不擔心害怕，因為她父親教過她「一身養一口」，只要學會過簡單的生活，就很容易面對未來。她的父親當年是法官，收受「好處」的機會很多，但洪蘭的父親卻清廉自持，為了養活一家人需要多賺點錢，他辭去法官做律師。

教育部醫學教育委員會主委黃崑巖的父親，在日據時代擔任員警，黃崑巖回憶當時常有人到家裡送禮給父親，父親在知道之後都會立即將禮物退還，以避免惹人嫌疑。

許多在日本占領時代擔任公職的人都被鄉人毆打，他父親卻依然受到尊重，主要是因為他擔任員警時為人公正、不貪不求，而能獲得大家的諒解尊重。

　　給孩子一個好榜樣，這是送給孩子最珍貴的禮物。因為孩子從出生開始，就透過模仿從父母身上學會許多事情，不管你願不願意，你的一言一行孩子都看在眼裡，也不知不覺中內化成他品格、價值觀的一部份。這也是為什麼許多教育學者會提醒父母，希望孩子成為什麼樣的人，父母就需要先成為那樣的人。在教育孩子之前，先面對自己。

　　發現孩子的特長，引導出孩子最好的一面 —— 做父母有時必須像個偵探，從與孩子互動中觀察出孩子的特長，並引導出他最好的一面。孩子的特長往往在許多地方展現出來，父母可以觀察孩子在做哪些事情時最投入、最能專心，並且感到最愉快，這往往就是興趣所在。

　　如果父母能夠給孩子的興趣一個發展的空間，並在身旁提供他需要的協助與環境，在他遇到學習瓶頸的時候陪伴他一起面對困難，孩子通常能夠培養出主動學習的習慣與能力，因為動力來自於自己的興趣，學習的效果會比父母師長外在勉強的學習效果好很多，也更能養成終身學習的習慣。

　　培養孩子健康的習慣 —— 希望孩子健康是所有父母的願望，但根據最近幾年的統計，我們的孩子在身心健康上都呈現了警訊。有超過五分之一的小學生就已經有近視眼，也有將近四分之一的小學生體重過重，青少年兒童患憂鬱症、自殺的數字，在各個不同的調查中都亮起了紅燈。缺乏健康概念、忽視培養孩子良好健康習慣的父母，讓我們的下一代正邁向健康弱化的危機中。

　　從孩子很小開始，就是培養健康習慣的重要時機，例如：從小就養成孩子均衡飲食的習慣，讓孩子多吃蔬菜水果，限制吃垃圾食物的機會、少喝含糖飲料，孩子過胖與蛀牙的機會就小很多。現在許多家庭邊吃飯邊看電視，更是對身心最大的危害，根據許多醫學研究顯示，一邊吃飯一邊看電視的小孩容易成為小胖子，而且容易發生營養不均衡的問題。

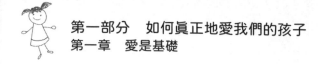

也應該從小就陪孩子多運動，養成孩子運動的習慣，必定讓孩子終身受益，運動不但有助體能發展，常運動的小孩也較開朗靈活，對身心甚至人際關係都有幫助。一旦為人父母，關於照顧孩子的健康知識是一門必修學分，因為孩子的健康是一切的根基。

當孩子情感的啟蒙者 —— 父母對孩子自然流露的愛，是對孩子最好的情感啟蒙。教育學者史賓賽認為，在一個人的教育中，情感起著重要的作用。道德告訴我們該怎麼做；理智告訴人們用什麼方法做；而情感告訴人們，願意怎麼做。孩子一生許多精彩的故事、高尚的行為，都來自於情感。父母對他人所流露出來的溫暖關懷、對大自然所表露的欣賞與尊重都深刻地啟發著孩子的情感智慧。

父母應常常對孩子表達你的愛、讓他感受你的關懷，也教導他能夠感恩並表達他的情感。心理學者游乾桂覺得，父母有時就像心理醫生，有些話和感覺一定要讓孩子知道，讓他感受到「我什麼事情都願意為他耽擱，即使他失敗了也愛他、也願意扶他一把」。

讓家庭成為孩子心靈的活泉，使內在有源源不絕的生命力。

當父母是一個漫長的摸索過程，人天生雖具有某些母愛、父愛的本能，卻不是天生就知道如何做父母。

做父母是一輩子的學習，而當孩子長大了還願意千里迢迢回來看你，想念你、愛你、尊敬你，那時你就會知道，身為父母的你已經獲得了最珍貴的回報，那就是子女永恆的愛。

● 無條件的愛

　　無論你的孩子最為理解的愛的祕密是哪一種，他需要這種祕密的表達方式只有一個，那就是無條件的愛。無條件的愛是黑暗中的一盞明燈，使我們作為父母在培育孩子的過程中清楚自己所處的位置，以及我們需要做的事情。沒有這種愛，如何培養孩子就會成為令人困惑、不知所措的難題。在探討五種愛的語言之前，先讓我們說一說無條件的愛之性質和重要性。

　　什麼是無條件的愛？最好的釋義就是看這種愛是怎麼展現的。無條件的愛表明無論什麼情況下都要愛孩子。不管孩子的長相如何，不管孩子有什麼長處或短處、有無生理缺陷，不管我們期待孩子將來成為什麼樣的人；而且，最為困難的是，不管孩子表現如何，我們就是愛。這並不是說我們喜歡孩子所有的行為，而是說我們隨時給予和表示我們對孩子的愛，即使孩子的表現並不好。

　　這聽上去是不是在寬容放任孩子？不是的。相反，要緊的事情必須先做。只有先給孩子的情感油箱加油才能有效地對孩子進行訓練和管教。情感油箱充滿的孩子能夠毫無怨言地聽從父母的指導。

　　有些人擔心這麼做也許會導致對孩子的溺愛，不過這是一個錯誤的概念。沒有哪個孩子能夠得到過多的，這種恰當的無條件的愛。一個孩子也許會被「寵壞」，那是因為缺乏訓練，或者愛的方式不當，或者管教方式不夠正確。真正的無條件的愛永遠也不會寵壞孩子，因為家長不可能過多地給予這種愛。

　　這些原則對你來說也許是困難的，因為與你以往以為正確的原則相反。如果是這種情況，你也許覺得無條件地愛你的孩子並不是一件容易的

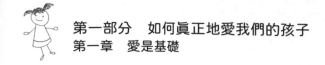
事。然而，當你實施這種愛，並看到了益處，你就會發現這麼做還是很容易的。請你堅持下去，做對孩子最有好處的事情，懂得你的愛將會極大的影響你的孩子，他們要麼成為很好適應環境、愉快的孩子，要麼成為缺少安全感、愛生氣、難以接近、發育不全的孩子。

　　假如你還沒有以這種方式愛過孩子，在一開始你也許覺得這麼做挺難。但是，隨著你實施無條件的愛，你將發現這種愛具有奇妙的效果，因為你會變成一個樂善好施、富有愛心的人，能夠更好地處理你與所有親朋好友的關係。當然，人無完人，你不能期待自己任何時候都能無條件地愛。可是，在你朝著這個目標前進的過程中，你會發現，你能更加一貫地根據自己的能力去愛，無論如何。

　　經常提醒自己關於孩子的一些顯而易見的事情，你也許覺得這麼做會有幫助：

★ 他們是孩子。

★ 他們的行為舉止往往就像孩子。

★ 大多數孩子的行為是不討人喜歡的。

★ 假如我盡了作家長的責任，愛孩子，儘管孩子有這樣或那樣的幼稚行為，他們必將長大成人，丟棄幼稚的做法。

★ 假如只有孩子讓我高興的時候我才愛他們（有條件的愛），而且只有這個時候我才表達我對他們的愛，孩子就不會真正地感受到愛，這會損害孩子的自我形象，使他們沒有安全感，而且實際上也妨礙孩子行為的更好自我控制和成熟。因此，孩子的發育和行為是我的責任，也是孩子的責任。

★ 假如我只是在孩子滿足我的要求或我的期望時才愛他們，孩子就會覺得自己無能，而且還會以為怎麼努力去做到最好也是白搭，因為怎麼

做也不夠。他們總是因缺少安全感、焦慮、不夠自信、憤怒而感到苦惱。為了預防這種情況出現，我需要經常提醒自己，培育孩子全面發展是我的責任。

★ 如果我無條件地愛孩子，他們就會感到輕鬆愉快，就能在他們長大成人的過程中控制自己的焦慮情緒和行為。

當然了，我們孩子的行為還要與年齡相稱。青少年的表現就與兒童不一樣。13歲孩子做出的反應就不同於7歲孩子。但是我們必須記住他們仍然是未成年人，還沒有成熟，所以我們可以預料孩子時而會做錯一些事情。在孩子學會成長的時候我們必須有足夠的耐心。

在我們的身邊經常能發現一些缺乏安全感的孩子。有一個朋友的女兒，在她5歲的時候，看到她的媽媽抱別人的小孩子，就會非常不高興，說：「媽媽，妳就喜歡別人的孩子，不喜歡我！」等到她8歲的時候，看到媽媽抱別人的小孩子，仍然會生氣落淚。哪怕是比她小很多的孩子，都讓她感覺到威脅，被她當成母愛的競爭者。從她的媽媽跟她的交流方式中，我看到了一些端倪。

「妳再這樣，媽媽就不喜歡妳了！」這對於孩子來說，就意味著媽媽的愛是有條件的。只有我做得好，媽媽才喜歡我。可是孩子成長的過程中總是不可避免地會犯錯，擔心犯了錯媽媽就不愛我了，可能會導致兩種結果：一種是犯了錯不讓媽媽知道，成為愛撒謊的孩子；一種是反正我犯了錯，在媽媽眼裡已經是「壞孩子」了，我就繼續犯錯吧，成為「老油條」式的孩子。其實，責備孩子的時候，要對事不對人，可以這樣說：「你這樣做，媽媽很難過。」

「你看誰誰誰都做得比你好，你怎麼不跟他學呢？」把自己孩子的弱點跟別人孩子的優點相比較，是不明智的做法。對於敏感的孩子，這句話

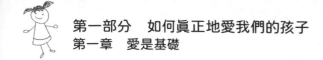

的含義就是：「媽媽喜歡那個孩子，不喜歡你。」可以這樣跟孩子說：「媽媽相信你還能做得更好。讓我們一起來想想有沒有提高的辦法呢？」

　　有一本很可愛的繪本叫《我永遠愛你》（*I'll Love You Forever*），講的是一隻叫「比利」的小熊，他早上起床，很熱心地想為媽媽做早餐，結果把媽媽最喜歡的碗打碎了。他知道自己犯了大錯，於是跑到媽媽那裡，問：「如果我把枕頭撕壞了，把裡面的羽毛弄得滿地都是，妳還愛我嗎？」在得到媽媽肯定的回答之後，又問了好幾個「如果……妳還愛我嗎？」的問題，又得到了肯定的回答。最後，比利終於鼓起勇氣，問媽媽：「如果我把妳最心愛的碗打碎了，妳還愛我嗎？」媽媽雖然感到很意外，也很心疼那只碗，可仍然告訴比利：「媽媽永遠愛你！」這個回答讓比利振作起來，發揮自己的創造力為媽媽做了一隻漂亮的碗，上面寫著「阿利愛媽媽！」

　　比利的媽媽給了他無條件的愛，這樣做的結果是，比利覺得內心充滿了安全感和富足感，他願意把自己做的那些錯事都無保留地告訴媽媽，更重要的是，他願意發揮主動性，去做讓媽媽高興的事。他做這些事是自願的，由內而外的，而不是媽媽強迫他做的，由外而內的。

　　每個孩子都會經常在心裡問：「如果……父母還愛我嗎？」的問題，並從父母的言行中尋求答案。一個人將來是否能成長為一個自信的人，一個負責任的人，一個願意對別人、對社會有貢獻的人，其實很大程度上都取決於他小時候是否從父母那裡得到了安全感。這種安全感來自於父母無條件的愛。

　　怎樣表達對孩子無條件的愛？

　　當我們明白了愛的真諦，怎樣愛孩子就成了技術問題。為此，我們要做到以下幾點：

★ **尊重孩子的獨立人格**：家長們必須了解，愛是建立在平等基礎上的，沒有平等就沒有愛。

所以，家長們首先應該把孩子當作和自己一樣的人來對待，尊重孩子的想法和感受，不強迫孩子做他們不喜歡的事情。絕大多數的家長，在他們的個人經驗中，發現孩子還小，很多事情他們都不懂，就不再把孩子當作獨立的人來對待了。這是一種愚蠢的錯誤。孩子固然對很多事情不懂，但那不是構成我們不尊重孩子的理由。其實，這個道理就像有教養的人要尊重身障人士是一樣的。

我們家長是否尊重孩子，是不以孩子的表現為前提的，它是我們對孩子應盡的義務，是我們家長的教養，是我們人格高尚的反映。

★ **家長愛孩子不需要理由**：你愛你的孩子，只因為他是你的兒子或她是你的女兒，除此之外再沒有其他理由了。

所以，我們愛孩子，就必須無條件。我們必須百分之百地接納孩子，把孩子當作你生命中最重要的人來對待，當作你手心裡的寶貝來珍愛。

★ **直接告訴孩子你愛他**：只有表達出來的愛，才是愛。

愛是需要明示的，必須直接表達出來，否則，對方可能根本就接收不到你的愛。因為我們人類的行為可以任意解釋，你認為你愛對方，你透過行為或禮物等方式表達你的愛，在你看來，你愛孩子是天經地義的，可是孩子卻可能理解為你的自私或對他的傷害。

所以，你愛孩子，就必須明確地告訴孩子你愛他。這樣孩子才能確信自己被家長愛著。

★ **用你的眼神告訴孩子你愛他**：眼睛是心靈的窗戶，它準確地反映我們內心世界。

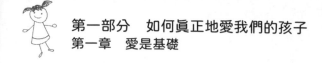
當我們愛孩子的時候，你眼神會準確地傳達你的愛意。所以，我們做家長的人，必須時刻注意自己的眼神，留神它是否偏離了愛孩子的軌道。當我們過分注意孩子的表現和學業成績時，常常忘了愛孩子，早已經把愛扔到九霄雲外去了。你以為孩子不會發現，其實，孩子百分之百地會知道你已經不愛他了。因為你眼神早已經把你的祕密洩露出去了。

讓我們尷尬的是，我們愛孩子的資訊，孩子不容易接收到，可是我們不愛孩子的資訊，孩子僅憑直覺就完全可以接收到。

★ **用體恤的態度傾聽孩子的心聲**：孩子是一個成長中的人，他每時每刻都可能遇到困難，隨時遇到迷茫費解的問題，並且他們的情緒非常容易受到干擾，一會是陽光明媚，一會又是暴風驟雨。他們在內心裡極其渴望有人能理解他們的感受。

所以，他們需要的首先是傾聽，其次才是指導。

遺憾的是絕大多數的家長，都不重視傾聽孩子的心聲，忽視孩子的感受，他們認為孩子還小，說不出什麼來，他們主觀地判斷孩子更需要指導。其實，家長們應該知道，傾聽孩子的目的，不是看孩子說的東西對錯，而是用「傾聽」的動作來給孩子支持和理解，透過傾聽的動作，來表達家長對孩子的愛，讓孩子感到他們在這個世界上並不孤獨，爸爸媽媽永遠是他們心靈的歸宿。

無條件的愛做孩子永遠的支持。

著名足球明星貝利、籃球明星喬丹，初上賽場時，他們的父母都發揮了很大的作用。每逢比賽，父母都坐在第一排，為自己的孩子歡呼助威，做熱情的啦啦隊員。他們偶爾感到膽怯時，只要看一眼父母，渾身就充滿了力量。

父母必須做孩子永遠的支持者，無條件的支持者。也只有在父母永遠的無條件支持下、在家庭溫情關懷下、在自我的成就感的支撐下，孩子才可能永遠充滿快樂與自信。

無條件的支持，就是父母對孩子無條件的愛。

孩子需要知道父母一直是愛他們的，不管他們在某一件事上是對還是錯，是成功還是失敗。這一重要概念就是「無條件的愛」。無條件的愛就是說無論發生什麼，父母對孩子的愛都不會改變。父母可能會表揚或批評某些具體的行為，但對孩子的愛卻是毋庸置疑的。

許多父母談到這個概念時都會說：「我的孩子當然知道我愛他。」那麼請問：「孩子是怎樣知道的呢？」然後，再問孩子時，發現他們很難分清父母是生氣還是不再愛他了。父母可以透過多種方式對孩子表達這種無條件的愛。

在必要時應該指出你對孩子某個行為的表揚或批評與你對他的愛是不同的。尤其是對嬰幼兒，你要明確說出這種區別。比如，一個孩子打碎了一隻獎盃，你可以這樣對孩子說：「我不是對你生氣，我只是覺得有些傷心，因為這個獎盃已經跟著我很長時間了。」

記住，要告訴你的孩子你愛他們，即便是有時他會忘記做一些事，也要告訴他，你的愛不是建立在他們的某些行動上。

愛是無條件的。而且僅僅因為他們是孩子而非其他原因，他們便擁有尊嚴與價值。

做孩子永遠的支持者，永遠愛孩子，永遠賞識你的孩子，而沒有任何附加條件，這樣才能讓他真切地體會到父母的愛。要永遠支持孩子，就別採取堵塞他嘴巴而不讓他說話的方法，隨時看他的表情、微笑地傾聽、用話語進行溝通，點點滴滴的親情往往就在這樣的情形下建立。

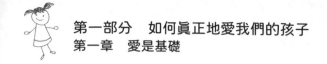
　　要永遠支持孩子，就要以普通人的價值觀來衡量孩子的所作所為。允許他嘗試錯誤，讓他表現他那個年齡的思想和行為，早熟的孩子往往會有過多的成長壓力。給孩子像風箏般翱翔天際的自由，而你只需扮演好拉繩線的角色。

　　孩子成長的每一天都會犯錯，都會遇到我們無法想像的挫折。所以，每天對孩子說：「我愛你！」這是培養孩子自信心的最簡單的辦法。

● 愛……更加完整的愛

　　這本書的焦點主要放在孩子對愛的需求，以及如何為孩子提供愛。這是因為愛是孩子最大的情感需求，而且極大的影響我們和孩子的關係。其他方面的需求，尤其是物質需求，容易識別，通常也容易滿足。是的，我們需要為孩子提供住所、食品和衣物。但是我們還有責任促進孩子在精神方面和感情方面的成長。

　　孩子需要健康的自我評價和相稱的成長感，關於這一方面的論著已經有很多了。自我感覺良好的孩子往往把自己看作比別人高一等 —— 作為上帝帶給世界的一份禮物，可以得到他想要的任何東西。低估自己價值的孩子則因一些想法感到苦惱，比如「我不如別人聰明、健壯，或漂亮。」「我不行」是他的主題歌，「我沒有做過」是他的現實。作為父母，這個問題值得我們做出最大努力，保證我們的孩子形成健康的自我評價，這樣一來，孩子就能把自己視為社會的重要成員，有著特別的才能和能力，產生為社會服務的強烈願望。

　　兒童另一個普遍性的需求就是安全。在我們這個充滿不確定性因素的世界裡，家長感到為孩子提供安全感日益困難。越來越多的家長聽到孩子提出的令人心痛的問題，「你會離開我嗎？」悲哀的事實是，孩子夥伴中

有些人的家長已經走了。假如雙親中有一個人離開，孩子就會擔心另一個人也會離開。

　　孩子需要發展交往能力，這樣他才能平等對待所有人，並透過給予和接受的平衡循環建立朋友關係。沒有這些技能，孩子就危險了，就有可能變得沉默寡言、怕羞、孤獨，甚至進入成年之後仍然這樣。缺乏基本交往能力的孩子將來還有可能成為品行很差的怪物，往往為了達到自己的目的而把別人推到一邊。交往能力的一個重要方面是處理與權威關係的能力。生活所有方面的成功是理解和尊重權威的成功。沒有這個能力，其他能力沒有多少意義。

　　父母需要幫助孩子發展某些特長和某些方面的才能，這樣孩子內心感到滿足，並透過使用內在的能力獲得成就感。清醒的家長必須在推動孩子和鼓勵孩子之間保持平衡。

　　胡女士自稱是悅悅的「現任媽媽」，之所以會這樣稱呼，是因為胡女士是孩子的繼母。在悅悅 9 歲的時候，胡女士和孩子及她爸爸相識，重新組成了現在這個新家庭。在這 5 年裡，自己和孩子的關係由陌生到現在的家長兼朋友式的相處，感觸很深，孩子和「現任媽媽」在人生的閱歷上都收穫匪淺。

　　胡女士坦言自己和悅悅能相處到今天這種關係很不容易。起初她很抵制「後媽」，甚至想方設法找出問題來難為胡女士。9 歲的她針對一個陌生人有這種想法是很自然的。鑒於這種情況，除了從生活上盡心盡力照顧她、幫助她外，更多的是胡女士要了解她的內心想法，知道她最擔心的是什麼、最反感的是什麼，排除掉她的顧慮心理。悅悅的思想也比同齡孩子更成熟，與她交流，不是三言兩語能「哄騙」的，一定要表露自己的真心想法，坦誠、實事求是地與之交流，讓她相信你、理解你、認可你。

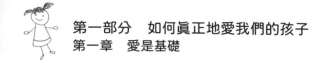

於是胡女士選擇與孩子的溝通方式主要是談心和寫信。孩子想跟大人說話的時候，要耐心地傾聽她的意見，讓她說出自己的想法，然後一一分析、作答。孩子心裡不痛快，或陷入一種「孤獨」狀態時，或某問題比較突出時，胡女士就寫信給她，讓她能系統地了解「後媽」對某件事情的看法。胡女士還記得給她的一封信曾這樣寫道：「我愛妳，因為妳的確是我的驕傲和自豪，妳是一個懂事、聰明、優秀的孩子。我相信妳一定會成為我心目中出色的孩子。我很慶幸能有妳這樣好的女兒，甚至暗自得意，自己沒有「辛苦」付出，就有了這樣大的收穫。」

對於重組家庭的孩子來說，是永遠不會有以前爸爸媽媽都在身邊的那種感覺。家庭的變化，給孩子帶來的影響是不可磨滅的。

孩子的父親是一個不善於與孩子溝通的人。父女之間或許常常因為一件小事，就吵起來。父親認為女兒不聽話，不理解家長的苦心；女兒認為爸爸只會一味地要求她、責怪她。在這種情況下，胡女士就常常扮演「潤滑劑」的角色，兩邊勸慰，化解他們之間的「矛盾」、「衝突」。

胡女士曾經跟她講過這樣的道理：「爸爸批評妳的時候是直接、簡單了一些。妳能接受的是循序漸進地和妳講道理的方式。這樣不傷害妳的自尊，妳聽起來也心平氣和。但是，妳如果要求父親像母親那樣對待妳，妳自己的性格發展會有所欠缺。對於一個女孩來說，不僅要具有女人的溫柔和賢慧，也要具備男人的果斷和堅強，這些特質是從爸爸身上學到的。妳不要把焦點放在計較爸爸的態度如何，更重要的是要明白他說的對不對、妳需不需要改正。良藥苦口，忠言逆耳，道理不就是這樣嗎？」

「我和妳爸爸希望給妳完整的愛，給妳家庭的溫暖。在妳高興的時候、不快樂的時候、心理困惑的時候，都有我們陪伴。」

目前隨著人們的生活、物質、精神的極大進步，社會上的單親家庭

或者重建家庭日益增多，那麼，就更需要愛 —— 這就需要給孩子更完整的愛！

欣欣，一個可愛的小男孩，說話時總喜歡撲閃著那雙黑亮亮的大眼睛，充滿了欣喜和歡樂。可是有一天，那雙大眼睛突然變得暗淡了，眼神中夾雜著絲絲憂傷，那是他那般年齡不該擁有的呀，這是為什麼呢？帶著疑惑，我漸漸走近他。

原來，前不久欣欣的父母因感情不和已正式離婚了。幼小的他既愛父親又愛母親，但他只能痛苦地選擇其中之一。跟著當司機的父親雖然生活上不愁吃穿，無憂無慮，但這些絲毫無法減輕孩子想念母親的情感，只要兩三天看不見母親欣欣就會失魂落魄，幼小的孩子就是在飽受思母的痛苦中熬過了一天又一天。

欣欣的學業成績在下降，整天無精打采，甚至連最喜歡的遊戲活動也心不在焉。由於得不到母親的愛撫，他常常會依偎在老師身旁，久久不願離去。原來活潑開朗的他至今變得脆弱、膽怯。有一次，幼稚園外出活動，大家歡天喜地，汽車經過火車站時，欣欣卻突然淚流滿面，老師以為他身體不適，問其原因，他卻哭著說道：「我媽媽就住在這裡，她已經幾天沒來看我了。」哦，原來是想起了媽媽！孩子的思母之心聽了讓人心酸。

父母離婚對孩子身心發展的不良影響遠遠超過了離婚者本人，尤其是幼兒。因為學齡前的兒童生活自理能力弱，生理調節能力差，所以對母親的依戀感特強，情緒反應也特別強烈，他們常常會因為見不到父母而寢食難安、坐立不安，使身心受到嚴重的創傷。

我們也曾試圖讓這對離婚的父母能看在孩子的分上破鏡重圓，重歸於好，讓孩子得到一個完整的愛，但一切的努力都無濟於事。

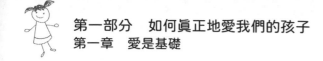
　　該如何來撫平這顆受傷的心靈呢？讓他也跟別的孩子一樣有一個幸福、快樂的童年。為此老師給了他比別的孩子更多的一份愛。平時老師主動、細心、熱情地關心他，指甲長了幫他剪；褲帶斷了幫他縫。老師給予他的是一份濃濃的愛，母愛在這裡得到了補償。

　　老師的愛只能暫時驅散思母之情，卻始終無法替代母親的愛。往年的生日是欣欣最快樂的日子，父母的愛包圍著他，母親吻他的左臉頰，父親親他的右臉頰。如今，父母各奔前程，無法相聚。臨近生日時，父親又因公出差，欣欣變得垂頭喪氣，情緒極其低落，剛剛恢復起來的一點笑容又消失了，上課時總是瞪著那大眼睛發楞。細心的老師覺察到了這一情況後，決定為他安排一次集體生日活動。在老師的啟發下，每位幼兒都為欣欣準備了一份自製的小禮物，教師也為他準備了一張精美的生日賀卡。

　　生日那天，欣欣頭戴金燦燦的皇冠，脖子上掛著美麗的花環，最使他興奮的是母親也來到了生日現場，並為他送上了祝福的話，他的眼中滾出了幸福的淚花。

　　生日活動是短暫的，但老師的愛，集體的關懷將永遠溫暖孩子的心田。

　　孩子在大家的關懷下漸漸地變了，性格逐漸開朗，不再膽怯、好哭、害怕困難，有時上課還能主動舉手問答問題，那雙大眼睛中又充滿了欣喜和快樂。

　　父母離異是一個社會問題，而作為老師尤其是幼兒的老師要多同情那些無辜的孩子，多關心他們，用愛去撫慰他受傷的心靈，使他們感受到人間的真情和集體的溫暖。作為一名教師，我可以把自己的愛無私地奉獻給天真的孩子，但老師的愛終究無法替代父母的愛。我無權干涉別人的私生活，更無權阻止年輕的父母去追求自己的幸福，但我想說的是，大人可以

選擇自己的生活，但孩子卻無法選擇父母。我要奉勸那些離婚的年輕父母，在你準備瀟灑走一回之際，可曾想到孩子的心靈在滴血、在哭泣……

請給孩子愛吧 ── 更加完整的愛！

那麼，就讓我們給孩子最想得到的 10 種東西，來更完整地愛我們的孩子。

第一件，爸爸媽媽的愛：

這一件禮物對於很多家長來說是太簡單的禮物，因為，沒有一個家長是不愛自己的孩子的。可是，孩子們要的愛，不是家長們取代一切的疼愛，不是一切都百依百順的溺愛，不是一切都以孩子為中心的寵愛，不是拚命搞智力投資的「關愛」。

所以，孩子們要家長把對孩子的愛表達出來，還要家長給他們完整的愛。

孩子臨睡前的一個吻、孩子遇到困難時輕拍他們肩頭的手、孩子受了委屈時一個溫暖的懷抱、孩子回家時的一個問候，還有一句「爸爸媽媽愛你」的表達。這是教育機構對接受採訪調查的數百名孩子表示出的想要的愛的方式。還有一些孩子提出：「爸爸媽媽為什麼不能在一起，一起來愛我？」

講究深沉含蓄的傳統，長輩都不願意表白自己對孩子的愛，可是，孩子們需要家長把愛說出來、做出來。另一方面，這些年來一直都居高不下的離婚率又讓很多孩子失去了完整的愛，作為家長應該創造機會讓孩子能盡量享受完整的愛。

第二件，請尊重我的個人形象：

把孩子打扮成帥哥、美女都是現在的家長們很願意做的一件事，至於孩子們是不是喜歡家長給自己設計的「包裝」就不管了。有些家長總是愛

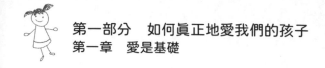
用自己孩子的缺點去比別人家孩子的優點，有些父母總是在別人面前說自己孩子的不好，而不當眾對孩子進行表揚。在我們的採訪中，有80%以上的孩子對家長的這些行為表示不滿。孩子也重視自己的個人形象。

　　所以，給你的孩子適合他們年齡的打扮，讓你的孩子獨立地去從事一些事情，然後說一聲：「孩子你做得好極了！」在外人面前，如實地誇獎自己的孩子。

　　第三件，爸爸媽媽的尊重：

　　把孩子的祕密當成笑話對別人講，家長們對孩子的一些良好行為通常無法給予適當而及時的稱讚，而對孩子的錯誤，總是不分場合地過分指責和嘲笑。

　　所以，少年兒童的自尊是透過父母對其尊重培養出來的。尊重意味著你必須將孩子看成是獨一無二的「這一個」，允許孩子發展自己的愛好和追求。尊重他的個性，不要什麼都替他做主，多對孩子伸出拇指而不是食指。

　　第四件，爸爸媽媽當我的榜樣：

　　在孩子的整個成長期，都會模仿父母的行為，並以父母為楷模。

　　所以，家長應時刻提醒自己，你的孩子正在觀察你，因此你必須十分注意自己的一舉一動。把你自己當成一個好榜樣，作為禮物送給孩子。

　　第五件，告訴我做人的道理：

　　孩子成長的道路上，需要家長提供一些為人處世的規則，以使其懂得凡事不能為所欲為，以及自我約束的重要性。但這些教育不能是生硬的。

　　所以，你所規定的一切一定要讓孩子理解，而且一定是正確的。對一切人和事要平等對待。

第六件，讓我和爸爸媽媽一起玩：

60％以上的孩子，和家長在一起遊戲的時間平均每天不到半個小時，20％的孩子不到 15 分鐘，另有近 20％的孩子在一天之內見不著家長。

對於孩子們來說，再多的玩具、再好的保姆、再高檔的幼稚園也代替不了爸爸媽媽。

所以，即使工作再忙再累，也要抽出時間來和孩子在一起盡情地玩，要讓孩子知道他在你心目中始終是第一位的。在玩的時候，你一定要愉快而不是應付，讓他知道你非常樂意與他在一起。

第七件，給我一個小夥伴：

孩子需要與同齡或略大的孩子玩耍，和夥伴在一起孩子能學會妥協、同情和合作，還會發展出一些新技巧、興趣、責任心等等。可是，沒有夥伴成為現在城市孩子最大的煩惱。

所以，家長們可以把緊閉的房門打開，迎接孩子的夥伴，或是讓孩子走到外面去接觸更多的朋友。

第八件，和我一起養成好習慣：

在現在這個時候，這一件禮物就更顯得重要，大部分孩子覺得以前父母不愛打掃衛生、不愛鍛鍊、不注意飲食衛生。而近來，家長們都在改變著自己的生活，孩子們很高興。

所以，請保持你的好習慣。

第九件，給我一個可達到的目標：

孩子還沒出生就開始學習，孩子剛睜開眼睛看世界就面臨著學習的壓力，孩子剛會說話就開始讓孩子學著閱讀，孩子一天天地長大，目標也一個個地增多，學習的壓力就越來越大。所有的孩子都不希望家長揠苗助長。他們說：「我們要的是學習的動力而不是壓力。」

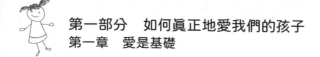
所以，對孩子來說，壓力過大會影響他們學習的內在動力。學習的興趣和動力來自家長的理解和合理的目標要求。

第十件，讓我們一起笑起來：

「我們的父母太嚴肅，太沒有幽默感。」這就是很多孩子覺得電視劇裡的父母很出色的一個原因，因為，那些父母總是和孩子一起歡笑。

傳統使很多父母覺得，在孩子面前就應該嚴肅，這樣才有威嚴，其實，愛笑的父母會讓孩子看到生活輕鬆和愉快的一面，讓他們對生活充滿信心。所以，請不要總是對孩子一本正經，笑聲能讓他們更加熱愛生活。

● 愛是最偉大的

孩子所有這些以及更多的需求都是正當的，合情合理，但是在這本書裡我們還是把焦點放在愛上。我們認為孩子對愛的需求與其他需求相比是最基本的。獲得愛，學會奉獻愛，就會形成一片愛的土壤，人類所有積極的努力都會在這片土壤上有所收穫。

母愛是世界上最偉大的愛 —— 母愛是孩子最強烈的需求。

我們常用這種想法來自欺欺人：我們已經給了孩子他們生活必需的，如漂亮的玩具、美味的佳餚，他們還缺什麼呢？是的，我們已經想得夠周到的了，吃的喝的都面面俱到，已經沒有什麼可以提供的了。然而真是如此嗎？

在一家慈善育兒機構裡，有一位長得很醜的小男孩被母親嫌棄。欣慰的是，那位看護他的阿姨非常喜歡他。一天，這位善良的阿姨告訴孩子的母親：「妳的孩子真是越來越漂亮了。」聽到這一消息後，媽媽便去看望那個小孩，但失望的是，她發現她的孩子還是那麼醜陋，一點也沒改變。過了一段時間，看護阿姨又向那位孩子的媽媽說，她的孩子又變漂亮了。

這位媽媽又半信半疑地去看望孩子，發現孩子真的比以前精神多了，言語之間多了幾分靈氣和活潑，看上去確實漂亮多了，這位媽媽不由得感到震驚。也許孩子就是在偉大的愛的影響下改變了。

這個看護阿姨到底給了男孩什麼？她好像什麼都沒有給，然而又什麼都給了。而那個媽媽呢，看似提供了一切，其實什麼也沒有給孩子。

是的，孩子缺少的是愛。一個幼小的生命需要在愛的包圍下才能健康成長。一旦愛的環境缺失，對於孩子來說，他受傷害的不僅是他的心靈，他的身體也將備受痛苦。

作為父母，我們一定要知道，豐衣足食與漂亮的玩具對一個孩子的成長來說，是遠遠不夠的；孩子的健康成長需要依靠靈魂的快樂，來自愛的巨大召喚！

在荷蘭的一個慈善機構，人們將一些失去父母的孩子安置在那裡，在那裡的孩子都處在一種看似很完善並且管理科學的環境中──那裡不僅有營養豐富的食物，還有受過最新觀念訓練的護士。但奇怪的是，沒多久這裡發生了疾病，導致許多孩子死亡。而當地其他由低收入父母照顧的孩子反而沒有患相同的病，而且比這些受到特殊照顧的孩子還健康。

經過研究發現，原來這些夭折的孩子是因過早缺乏母愛，導致患上心理疾病。後來那些受過訓練的護士開始用母親對待子女的方式對待孩子，平時注意多抱抱孩子們，面對他們經常微笑，並和他們玩遊戲。時間一長，這些孩子又逐漸恢復笑容與健康，以後再也沒出現過孩子的意外死亡。

一個幼小的生命作為父母愛的結晶，他需要在一個充滿愛的環境裡誕生並成長。法國生物學家法布爾（Jean-Henri Fabre）在總結物種延續的問題時提出，父母對孩子的愛，不僅是因為他們有天賦的自衛武器，更由於有一種偉大的母性本能。

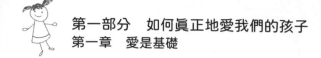

　　所以我們對於孩子的愛，是出於情感的需求，並不是刻意而為的，這種情感與慈善家、宗教家或社會活動家所要喚起的同情之愛不一樣，那是一種自我犧牲、無怨無悔的奉獻之愛，而對於父母來說，他們所做出的犧牲十分自然。

　　母愛是一種偉大的力量，然而，隨著時代的變遷和社會的發展，許多自然賦予母親的本能已經受到壓抑或消失了。以前，母親在用母愛保護孩子的同時，可以本能地帶孩子到各種地方，而這也正好為孩子敏感期的發展提供了所需要的環境，但現在的媽媽早已失去了這種本能。

　　作為母親，必須重拾這種失去已久的母性本能。我們在這裡強調母愛，是因為母愛和孩子自然發展的重要性一樣，兩者是相輔相成的。母親們必須意識到，她們一定要在孩子一出生時就給予心靈的保護，不要只是在表面上滿足了孩子生理上的需求。

　　如果說母愛是最偉大的，母愛是無私的，那麼父愛就是無邊的。父愛讓孩子更健康。

　　美國有位叫喬治曼斯爾的海員，在兒子剛出生不久便出海遠航。3年後，他回到家裡時吃驚地看到兒子舉止古怪，性格孤僻，自卑感很強，看不到一點天真活潑的孩童形象，這是由於嬰幼兒長期缺少父愛所表現的特有症狀。有的孩子還會出現哭鬧、易驚、煩躁、憂鬱、多愁善感等症狀。有人稱這些症狀為「缺乏父愛症候群」。

　　研究表明，與母愛相比，父愛對孩子智力影響更大，常與父親相處的孩子對外界刺激的敏感性、生活獨立感、學習自信心方面占優勢。而那些長期生活在女性群中的兒童，其性格特點和心理狀態很容易出現偏差，例如易擔驚受怕、煩躁不安、精神憂鬱、多愁善感，久而久之，男孩子的性格會變得女性化，缺乏應有的男子氣。

那麼，獲得父愛對女孩會有什麼影響呢？蘇聯心理學家證實，由於父親的形象是力量的象徵，勇敢、果斷、豪爽、眼界開闊、事業心強，所以女孩子受了這些影響，會更嚴肅認真地對待生活和事業。父親對孩子的影響，從孩子出生就已經開始，不管是在家裡或是在其他陌生的場合，嬰幼兒和兒童都渴望得到父親的愛撫。

另外，父愛的教育作用又是一種強大的精神力量，能給孩子潛移默化地樹立一種集體意識，增強自信心和意志力。因此，父愛絕不是母愛所能代替的。

幼兒心理學家葛塞爾（Arnold Gesell）曾指出：「失去父愛是人類感情發展的一種缺陷和不平衡。」心理學家和社會學家所做的大量調查表明沒有父愛的家庭會嚴重影響孩子的身心健康，造成孩子性格及心理的缺陷。所以，讓孩子感受到父親的存在，體會到父親對自己的愛，其意義在於使孩子有一種心理寄託，獲得安全感，正常健康地成長。兒童在成長過程中，既需要母愛，又需要父愛。孩子渴望父愛如同渴望母愛一樣。那麼，做父親的怎樣滿足孩子對父愛的需求呢？

★ 要學會照料孩子。不管工作多麼忙，下班回家也要先抱抱孩子，要協助妻子給孩子洗澡、換尿布，幫助孩子洗臉、刷牙、整理床鋪、穿脫衣服。

★ 要隨時注意接近孩子。多和孩子交談，傾聽他對你的講話；一有機會便帶領孩子到公園、郊外遊玩。

★ 要做孩子的玩耍夥伴。常和孩子玩耍，這是與孩子交流的最好機會。多跟孩子一起遊戲，使自己「返璞歸真」，回到童年，讓自己進入孩子的「玩伴」角色，認同和遵守孩子們的遊戲規則。這樣，父親和孩子是「玩伴」，是「朋友」，使孩子深深感到父愛的溫暖。

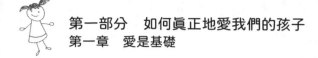
★ 讓孩子精神寬鬆愉快。在家裡，不要強行讓孩子規規矩矩地不吵不鬧；不能因工作忙而厭煩孩子；更不能因工作不順心而回到家裡就向孩子發脾氣。應時刻把愛心獻給孩子，讓孩子精神寬鬆愉快。

總之，在人類豐富而複雜的感情世界中，父愛也是一種偉大而崇高的感情。為了孩子的身心健康，父親應熱愛自己的孩子，充分滿足孩子對父愛的需求。

所以說，父愛母愛以及家庭對孩子的愛，都是偉大的！

那麼，在孩子的不同成長階段我們又怎麼給予愛呢？

● 嬰幼兒時期

在嬰兒階段，孩子不會辨別牛奶和溫柔、食品和愛。沒有吃的，孩子會餓。沒有愛，孩子會在情感方面挨餓，生活受到損害。大量研究表明，生活的情感基礎建立在孩子頭 18 個月裡，尤其建立在母子的關係上。未來情感健康的「食糧」是身體接觸、溫柔的話語和親切的關懷。

學步的孩子獲得更大的認同感後，開始把自己與他們喜愛的物體分離開來。儘管在此之前，母親也許已經移動離開孩子的視覺範圍，但是這個時候孩子有能力移動自身，脫離他所依賴的人。隨著孩子往外去的願望越來越強，他學會更加主動地去愛。再也不是被動的接受愛，他現在有能力作出反應。然而，這種能力是占有所喜愛物品的能力，而不是無私的能力。在接下來的幾年裡，孩子表達愛的能力不斷增強，假如孩子繼續不斷地接受愛，他就會越來越多地給予愛。

嬰幼兒時期建立起來的愛的基礎可以影響孩子的學習能力，而且在很大程度上決定什麼時候孩子能夠掌握新的資訊。許多孩子上了學後無法適

應學習生活，因為他們在情感方面還沒有做好學習的準備。兒童需要達到相應的情感水準，這樣他們才能有效地進行學習。簡單地把孩子送到一所比較好的學校或換老師不是解決問題的辦法。我們必須確保孩子在情感方面做好了學習的準備。（參見第九章「孩子的學習能力和愛的祕密」中更多的論述。）

父母冷淡嬰兒，長大不擅交際。

日前，德國一項民意調查結果顯示，「令人最害怕的聲音」竟是嬰兒的啼哭聲。現在大部分家庭只生一個孩子的，他們捨得讓孩子大聲啼哭而放手不管嗎？事實是，不少醫院經常接到因過度哭泣而來就診的嬰兒。這其中，除了嬰兒本身潛在的原因外，還有相當一部分是年輕父母養育不當造成的。

在一場心理治療大會上，中國和德國的心理學家不約而同提出：年輕而沒有經驗的父母對嬰兒的養育失誤，容易造成孩子成年後的人際交往障礙，嚴重的會導致社交恐懼症。

母親憂鬱，嬰兒對人沒興趣。

心理治療大會上，德國心理學教授們研究發現，從 1999 年到 2006 年，德國寶寶嬰兒期的「調節障礙」中，過度哭泣占 47.4%，沒有得到良好照顧和治療者，長大後相當一部分出現了比較嚴重的焦慮問題。

德國教授用錄影展示了一位年輕的德國母親和她兒子的互動場面。整整半個小時，5 個月大的男嬰只瞟了母親一眼，而這位年輕母親或者愣愣地看著東張西望的兒子，或者淡淡地說「你終於不哭了」，或者左顧右盼 —— 她不懂如何與自己可愛的寶寶交流。嬰兒天生有注視人臉的願望和能力，這對母子之間的溝通管道卻中斷了。原來，這位母親有強烈的產後憂鬱情緒，對孩子的哭泣十分厭煩，拒絕照顧他，喪失母愛的嬰兒漸漸

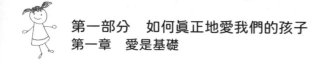

壓抑自己的需求，對人也越來越沒有興趣。

有關專家表示，這樣的嬰兒如果不及時治療，長大後必然出現嚴重的人格問題，甚至可能患上社交恐懼症。

母乳餵養寶寶更有安全感。

如今時尚的新媽媽們每天做運動，身材恢復得很好，但運動內容不包括「抱寶寶」，所以寶寶們似乎更喜歡和保姆玩。

心理系教授認為，嬰兒吸吮母乳，不僅從母親那裡獲得生理營養，而且也在心理上獲取愛的養料 —— 更有安全感。產婦如果不是因為生理問題無法提供乳汁，就應該盡到母親的天職。德國心理學教授也推崇母乳餵養，她表示，如果不得不人工餵養，那在餵奶粉的時候也要把寶寶摟在懷裡，輕聲細語地安撫，讓寶寶體會到父母的愛。

嬰兒期沒有得到足夠關愛，成人以後可能出現的人格問題包括：很難接受他人的親近、無法信任和接納他人、很難接受愛和給予愛、害怕和無法形成親密的人際關係。所以說父母脾氣差，孩子會受影響。

忽冷忽熱寶寶易焦慮成習。

某教授表示，嬰幼兒時期媽媽爸爸撫育孩子的方式會影響著孩子成年以後的人際模式。

一些年輕父母養育孩子沒有經驗，有時怨恨寶寶，或疏遠寶寶，有時又覺得對不起寶寶，又是摟又是親。結果，因為對寶寶忽冷忽熱，態度無常，弄得寶寶搞不清楚媽媽爸爸會在何時以何種方式回應其身心需求，這就容易使小寶寶焦慮成習，導致孩子將來發展出矛盾焦慮型的人際模式。

有的父母只關注自己的偏好，卻沒有考慮到寶寶的需求，其實「在對的時間給寶寶對的刺激」才是最好的。如果寶寶餓了，你卻要拍他睡覺；或者寶寶想玩耍了，你卻硬要給他吃東西，孩子就會反感焦慮。所以說，

家長的態度直接影響孩子。

　　另外有些年輕父母，尤其是年輕媽媽，因為忙於工作而疏忽了陪伴寶寶，這樣的嬰兒起初可能會哭鬧著要求獲得母愛，但因為得不到，漸漸他們就學會了壓抑愛的需求，就容易變得比較孤獨、內向，易缺乏人際交往能力與給予愛和接受愛的能力，這就是迴避型的模式。這樣的人可能因為壓抑自己對愛的需求，一生中都有可能找不到一段屬於自己的高質感浪漫愛情。

　　心理系教授表示，前面兩種是比較常見的錯誤育兒方式，而安全型的育兒方式是隨時滿足嬰兒身心與情感的需求。這樣孩子才會覺得自己是有價值的，是被人喜歡的，長大以後，他們更容易建立人際信任，交往能力也更強。

　　愛撫，愛的傳遞。

　　目前隨著人們保健意識的提高，很多醫院已經將新生兒撫觸作為常規的工作在產房進行了。每一個在那裡出生的寶寶從第一天就可以接受撫觸，真是非常有意義的事。大量的國內外文獻都報導了撫觸對小嬰兒生長發育的良性作用。可以肯定的是：撫觸可以促進體重的增長，可以促進大腦的發育，可以促進親子關係的建立。

　　在一些醫院裡，不僅在孩子出生後能夠接受這種服務，同時還教會家長操作手法，以便回家後繼續由父母給寶寶進行撫觸。我個人認為如果有效實施意義遠不止這些。

　　每次在接觸哪些剛剛「升級」當家長的年輕父母們時，他們總會討論「做撫觸」這個話題，多半家長會說自己能做撫觸，要麼堅持很好，要麼斷續進行，要麼操作者經常變化。我感覺，家長對此事或多或少有一些不解和盲點。比如家長經常會說：「洗完澡後，寶寶經常要睡覺，要吃奶，沒有辦法做。」有的會說一做寶寶就不高興，等等。實際上多多少少家長

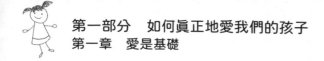
存在因為要完成撫觸而出現的焦慮。試想且不說操作是否規範和頻率適度，單單這種心情傳給寶寶一定會引起不好的作用，並且對剛剛生產完的產婦身體恢復和心理恢復均不利。換句話說：我們的初衷是好的……

撫觸最主要的是一種「愛的傳遞」！這種愛的傳遞一定是讓雙方都感到快樂！試想，哪個初為人母、人父的不是裝著滿腔的愛，甚至看著心愛的寶貝會忘了睡覺、吃飯和煩惱。即使有時因為身體原因或帶養技術不熟練會出現手忙腳亂的情況，會出現煩躁情緒，但那都是暫時的。濃濃的愛會隨時一股一股往上湧。

撫觸是釋放這種愛的很好方式！寶寶會用身體的每一寸皮膚接受這種愛！你只需要找準時機，在寶寶能夠很好地關注時輸出您的愛！沒有時間限制、沒有數量限制、甚至沒有方法的限制。有的只是您和寶寶是否都因此很愉快！當您懷抱寶寶餵奶時，寶寶的小手會輕輕撫在您的胸前，甚至會凝視著您的臉，這時輕輕的上肢、下肢的撫觸就是最好的時機……

皮膚與皮膚親密的接觸、眼神與眼神親密的接觸、輕輕訴說著您觸到的寶寶的每一處身體、慢慢地哼著一首您最喜歡的歌曲，這就是愛的釋放，也是愛的最好接受方式。撫觸的真諦也就在此！您一定想傳遞這些，不想傳遞憤怒、憂愁、擔心和焦慮。真的放鬆自己，調整好自己的情緒，累積愛的濃度，一股腦傳給寶寶吧！他（她）不僅需要而且非常喜歡，孩子已經感覺到了你的愛。

音樂伴隨寶寶快樂成長，是一種美妙的愛。

音樂不僅是一門給人以美感的聽覺藝術，而且是開發大腦潛能的最佳途徑之一，並能培養良好的品格和向上的激情，使人的生命充滿活力。這是當今競爭社會走向成功的決定因素之一。

小傑出生前，準媽媽就在他的小床上懸吊了一個電動玩具狗。它由色

彩不同的三隻狗，轉盤和彩球組成，可以自由翻滾和旋轉360度，並能放莫札特、貝多芬等經典音樂。才出生沒兩天，不管小傑多哭鬧，只要我們將他放在小床上，打開電動狗，他兩眼就會跟著小狗一上一下的移動，聽著優雅的莫札特樂曲，兩隻小腳就自然地，有節奏地動起來，這是小傑第一個，也是他最鍾愛的一個玩具，每天他都在玩具狗的音樂聲中很使勁地揮舞雙臂和雙腳。5個月大時，他在小床上，一個翻身，就會將電動狗的開關打開，一個人自得其樂地玩起來。

受電動狗的啟發，小傑過百日時，媽媽想買一個能讓他雙腳玩的禮物，最後在兒童玩具專賣店找到了特製的電子琴。它可掛在小床欄杆上，小傑用腳一蹬，電子琴娃娃就展開雙臂，用甜美的聲音說：「Hello，Baby！Peek-a-boo！」（你好，小寶寶，讓我們來躲貓貓！）然後小傑就可用腳蹬著彈出不同的音樂。小傑這下可開心了，一到床上，就雙腳直蹬電子琴。平時我們一對他說「Peek-a-boo！」，他就高興地笑起來了。

媽媽還給小傑買了有聲響的滾動套球，小傑常常在電動狗的伴奏下，不停地蹬滾球，腳勁特大，儼然像個小小足球隊員。

小傑頭三個月除了吃睡，主要是在他的小床上玩。

透過這些活動的玩具遊戲不僅使小傑的視覺和聽覺得到很好的發展，也大大地鍛鍊了他的體力，並培養了他獨立遊戲的能力。

每天早晚媽媽都給小傑洗澡，然後邊按摩，邊讓小傑聽小提琴曲，日復一日，重複地放。播放的音量低一些，每次15分鐘左右。小傑常常會面帶微笑，靜靜地聽著優雅的琴聲；有時我抱著小傑，一邊給他唱歌，一邊跟著音樂節拍跳舞。晚上就讓他聽搖籃曲，然後媽媽再給他哼哼小夜曲，輕輕地搖晃，給小傑最溫馨的感知刺激，他很快就能安靜入睡。

在音樂的薰陶下，既發展了小傑的聽覺、動作和節奏感，也培養了良

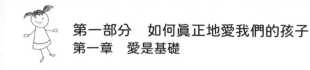

好的性格。小傑見人就笑，充滿活力，真是一個開朗、活潑的小精靈。

　　嬰兒吮手指是智力發育信號，應當給予充分的愛。

　　很多寶寶出生兩三個月，最愛做的事情是「吃手」，專家說，嬰兒與幼兒吮吸手指的意義是不同的。嬰兒時期吮吸手指是嬰兒智力發展的一個信號，是嬰兒進入手指功能分化和手眼協調準備階段的標誌之一。家長不要輕易打擾孩子的快樂。

　　通常新生兒只會雙手握拳，胡亂揮舞，其大腦尚不能指揮把自己的手放入嘴中。到 2 個月至 3 個月時，隨著大腦的發育，嬰兒逐步學會兩個動作：一個是用眼睛盯著自己的手看，另一個便是吮吸自己的手指。對於他們來說，吮指是一種學習和玩耍。起初他們只是將整個手放到嘴裡，接著是吮吸兩三個手指，最後發展到只吮吸 1 個手指，從笨拙地吮吸整隻手，發展到靈巧地吮吸某一個手指，這說明嬰兒支配自己行為的能力大有提高。吮吸手指動作，促使嬰兒手、眼協調行動，為 5 個月左右學會準確抓握玩具打下了扎實的基礎。另外，這一時期的嬰兒主要是透過嘴來了解外界，嬰兒認為手也是外界的東西，所以總愛將它塞進嘴裡吮吸感知。

　　在一般情況下，隨著嬰兒動作的迅速發展，他們逐步學會自由地坐、爬、站等，手指的動作也愈加精細，當長到能單獨玩玩具的時候，孩子吮吸手指的現象自然會大大減少。此外，細心的父母可以發現，孩子在吮吸手指的時候，通常是非常安靜，不哭也不鬧。實際上，有時嬰兒還以吮吸手指來穩定自身的情緒，這說明嬰兒吮吸手指對他們的心理發育也起著重要的作用。因此，對於嬰兒吮吸手指，父母不必焦慮煩惱，更不用強行制止。如果孩子的行為實在過於頻繁，父母可以經常對孩子的小手進行撫摩、擺動，以轉移其吮吸手指的注意力；會拿玩具時可把玩具放入他的手中，逗引他搖動、擺弄玩具，把嬰兒的雙手占住，使他無暇去吮吸手指。

應該提醒家長的是，家長需要做的是保持嬰兒小手乾淨，保持嬰兒口唇周圍清潔乾燥以免發生溼疹。如果孩子到了三四歲，仍然經常吮吸手指，就可視為一種不良行為，需細心了解形成原因，耐心糾正。

吃了藥，還有愛，幫寶寶從心理上戰勝疾病。

沒有誰希望自己的寶寶生病，但是每個寶寶在建立自己的免疫系統時，都不可避免地要感冒、發燒。常常看見為寶寶生病而焦慮萬分的父母，甚至遷怒於多事的寶寶，結果不僅弄得孩子哭哭啼啼，大人也情緒一團糟。其實，我們不妨換個思考方式，也許情緒就不至於那麼煩躁和焦慮。當寶寶生病的時候，我們至少可以做三件事：

親子活動 —— 作為家長，特別是身在職場的你，也許每天都忙於工作。當寶寶活潑健康的時候，你的注意力更多地被工作內容牽扯：明天就要交策劃稿，後天還要開全體會議，甚至週末也不得不在辦公室度過。所以一直苦於沒有時間搞親子活動的家長們，當寶寶生病需要照顧的時候，正好給我們一個親子的機會。

和大人一樣，生理的不適會造成孩子心理比較脆弱。如果在孩子最需要我們的時候，我們陪伴在他身邊，給予孩子恰當的愛和關懷，有時會起到事半功倍的效果。當然，如果你的愛給得太多，潛意識中甚至責怪自己沒有照顧好孩子，認為一切都是自己的責任，甚至想要加倍補償平時沒有給予的愛，那可要小心孩子生病「上癮」哦，他會產生爸爸媽媽只有在他病了才會疼他的誤解。所以，適當地給予愛，會讓病中的孩子感覺溫暖、安全，在回憶和父母相處的日子裡，不再只有他們忙碌的背影。

品德教育 —— 這裡的品德教育是指和戰勝疾病有關的特質，比如勇氣、同情心、堅強等。

勇氣、堅強方面的話題可以試著用一些孩子熟悉的卡通人物作為借

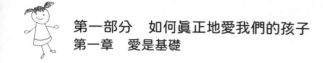
鑑，也可以在醫院裡現場找一個「榜樣」。當寶寶配合醫生的時候，你的表揚一定要具體，例如：寶寶真勇敢！醫生讓你不動你就忍住，我知道那其實是有點難過的。當然，當寶寶抽血，忍不住大哭的時候，你也不要責罵孩子，而是假裝大聲向別人介紹：「我們的寶寶很勇敢，通常只哭一分鐘，當我說時間到的時候，他就不哭了，不信你看。」大聲說是為了分散寶寶的注意力，而話語的內容則是暗示寶寶，他還有機會表現得跟偶像超人一樣勇敢。

同情心可以引導孩子由自身的感受去體會其他人生病的痛苦。你可以告訴孩子，他現在感覺到的「難受」，和爸爸媽媽感冒發燒，或者奶奶頭痛時候的感受是差不多的，這會讓孩子更具有同情心。女兒樂樂得了病毒性感冒，護理了她一週，我也倒下了。那天中午正睡得迷迷糊糊，突然感覺有人在搓我的腳心，抬頭一看，原來是樂樂正用稚嫩的小手在「幫助媽媽恢復」，一如我對她生病時做的一樣。那一刻的感動，真的幫助我提升了不少免疫力。

發展想像力 —— 生病和想像力有什麼關係呢？我們可以讓孩子想像白色的小藥丸像士兵一樣在勺子裡排隊，準備游進寶寶的體內，然後打敗細菌魔王。難聞的藥水下面埋伏了許多勇敢的小士兵，正躍躍欲試顯示技藝呢。然後請寶寶想像，那些小士兵游進身體以後，會在身體哪個部位抓住細菌魔王，他們是怎麼一下一下消滅細菌魔王的，在想像的過程中，也蘊含著治病的原理。孩子的想像力原本就比較豐富，而且對自己的想像信以為真，這就達到了意念治病的效果，在減輕病痛的同時，也有助於身體儘快恢復健康。

總之在寶寶生病的那段時間，如果身為家長的你善於利用，說不定真的會起到意想不到的效果呢。

● 青春期

　　滿足孩子對愛的需求也許不像聽上去那麼簡單，尤其是孩子進入青春期的時候。青春期的危險本身就足以令人恐懼；但是，進入這個時期的孩子，如果情感油箱裡沒有油，就特別容易出現一些青少年問題。

　　用有條件的愛培養的孩子只學會如何有條件地去愛。等他們到了青春期，他們經常操縱和控制家長。他們高興的時候，他們讓父母高興；他們不高興了，他們讓父母灰心喪氣。這使得父母無可奈何，因為他們正等待著孩子讓他們高興；但是這些青少年不知道如何無條件地愛。這種惡性循環通常導致青少年表現出憤怒和怨恨。

　　所以，愛也需要成長，跟我們青春期的孩子們一樣。

　　其實，大部分的父母面對青春期的孩子，都有著無法解釋的疑問與困惑。

　　常言道「可憐天下父母心」，但處於青春期的我們偏偏就不「領情」，問題究竟出在哪？左思右想，我覺得還是在父母身上。首先，幾乎所有的父母都會用一頂「為你好」的大帽子扣住孩子，「為了你我做了專職母親」、「為了你我苦口婆心」……從行動到話語完全專制，不許辯駁、不能逾越、不得動彈，讓我們無法呼吸。

　　其次，父母不知道也沒有耐性關注我們想什麼、缺什麼、需要什麼，只是一味地往我們的身體和思想裡猛灌「營養品」，能否吸收、能否消化卻不問不管。殊不知，再「營養」的東西如果沒有對症下藥，或者用量太大，也可能變成「毒品」。

　　再有，父母過分強調的「危機意識」就是「緊箍咒」，不學習如何如何，不學好怎樣怎樣，天地一片昏暗，世界危機四伏，把美麗的世界、燦

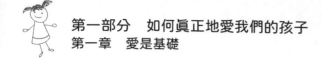
爛的青春渲染得沉重壓抑，讓我們不堪重負。試想，天天生活在這樣一種空間裡，是個人都會厭煩的，更何況是青春期的孩子了。

青春沒有對錯，因為成長始於困惑。解決這個問題，我們建議，父母必須矯正自己的思想。當然，我們可以提供幾個「歪招」，出奇制勝。比如，和孩子來次「好夢一日遊」，父母把居高臨下的說教、盛氣凌人的訓斥統統拋掉，做一次「堅定盟友」，和孩子們一起吃、一起玩、一起瘋狂，玩個昏天黑地，或許可以讓我們不再「討厭」你。比如，跟我們也耍一回「酷」，你不是有個性嗎，我也有，把叛逆心理完全「冷處理」，或許會贏得我們的尊重。比如，充當一次無怨無悔的「救世主」，孩子們犯了錯或闖了禍，父母在做到不抱怨不哀怨的同時，也表現出一種不拋棄不放棄的堅毅，默默地與孩子們一起打掃戰場收拾「爛攤子」，用實際行動說明，這才是真正的愛。

所以，爸爸媽媽們，請記住 —— 對於青春期的我們，按常理出牌肯定不行，有時候反其道而行之，或許會收到意想不到的效果。

青春期孩子帶「刺」不奇怪：

★ **家長也要會索取「愛」** —— 吳女士（高一孩子家長）：「不少家長在『愛』的問題上，只盡『給予』的義務，不講『索取』。如此一來，日久天長就會在孩子心中形成這樣一個概念 —— 父母的愛是應該的。因此，要向孩子索愛，讓孩子學會感恩。一般家長對孩子的要求太低，如果孩子在餐桌上給自己夾菜就會感動萬分，其實家長可以向孩子要求更多，聰明媽媽不妨撒嬌，要讓孩子覺得家長的不容易。當然可以向孩子多要求一點，孩子自然也會多回報一些。」

★ **不要開口就下「命令」** —— 白女士（國一孩子家長）：「青春期的孩子特別敏感，所以父母不要開口就是下命令，『你應該……』、『你

不能……』如此一來，在孩子心裡，你只是一個長官。其實，青春期的孩子渴望被當成大人，要讓他感覺受到了尊重。我平時就會這樣考慮，我會說：『老媽提醒你，剪那樣一個髮型，可能會讓老師有意見……』」

★ 簽一份「保密合約」──李先生（高二孩子家長）：「偷聽孩子打電話、偷看孩子日記，或者是上網看孩子的留言等美其名曰為了了解孩子的行為，千萬不要有。事實上，這是破壞孩子對家長信任度的首要殺手。我就和孩子簽了一份『保密合約』，寫下什麼事情是父母可以知道的，哪些是屬於孩子的祕密，然後雙方違規會怎麼樣。」

★ 同一錯誤別「老調重彈」──秦女士（高一孩子家長）：「對於同一錯誤，千萬不能『老調重彈』，會引起孩子的厭煩情緒。在批評中要切中要害，簡短數語指明問題，也要避免『廉價』的表揚，過多的表揚使孩子對表揚失去敏感性，就會失去激勵作用，甚至懷疑表揚的真實性。」

處在青春期的孩子有了對事物的自我辨知能力，做父母的如果沒有注意到孩子的變化，而是一味地像以往一樣，牽著孩子按自己設計的路線走，自然就會引起孩子不滿，有意跟家長對抗。

那麼我們如何幫助孩子順利度過青春期呢？

尤其是到了國中階段，是孩子成長的關鍵時期，這就是我們常說的青春期。到了國二，彷彿一夜之間，我們也許會發覺，孩子真的長大了，不再是我們眼裡的懵懂青少年了。他們變得敏感、叛逆，脾氣也大得不得了，一說即跳。一些家長閒聊時，談到這一點，他們大多無奈地搖頭說，孩子進了國中後，就管也管不得了，往往是你一句話還沒有說完就發脾氣。也許你的孩子目前還沒有這種情緒偏激的情況，但有時你想對孩子進

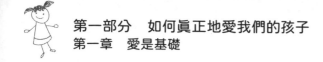
行一些思想教育時，孩子也會嫌你嘮叨，會不耐煩地說：「好了好了，知道了！」那就讓你只有發楞的份了。

在孩子成長的每一個階段，我們都應該試圖去了解這個階段的孩子的心理特徵。因為只有這樣，我們才能去理解孩子的行為，才能與他們溝通，引導他們去走好每一步。

當然，每個孩子面臨的問題不一樣，所以，我認為，該怎麼教育自己的孩子，只有自己最有發言權。在這裡，我也只是談談部分當家長的一些故事或是體會。

第一，關注孩子的成長過程。

處於青春期的孩子為什麼會容易發怒，說話也很偏激？因為這個階段的孩子正處於身體急劇變化的時期，比如男孩子開始長鬍鬚，聲音也變粗了，甚至會有遺精的現象；女孩子乳房開始發育，有了月經。這些變化，對於他們來說，往往是很突然的，假如事先沒有準備，他們會驚慌不安，會煩惱，以為自己的身體出了問題，尤其他們不了解別人其實也和他們一樣面臨同樣的煩惱，因而，這種「與眾不同」的感覺讓他們變得特別敏感，也特別自卑。

我知道很多家長在這方面做得很不錯，很早就告訴了孩子這些常識，所以孩子能從容應對，情緒上的波動相對也少些。假如有的家長還沒有和自己的孩子談論過這方面的話題，我建議你們不妨先看點書，了解一點常識後再去和孩子交談。這方面的書很多，我推薦兩本，是美國的學者詹姆斯‧杜布森（James Dobson）博士寫的：《預備青春期》（*Preparing for Adolescence*）和《正當青春期》（*Raising Teenagers Right*）。這兩本書我覺得家長應該和孩子一道來讀。讀完這兩本書，我們大致就可以知道青春期的孩子面對哪些困惑，然後，對照自己的孩子來想一想自己該怎麼做。

　　我覺得除了孩子自身的困惑外，我們還應該主動和孩子談一談性、談一談愛情，告訴孩子一些他需要知道的科普知識。因為你不談，孩子也多的是地方去了解這些資訊，比如網路、比如現在很流行的一些校園文學，還有手機訊息，不健康的資訊多的是管道！而這樣得來的資訊往往會貽誤孩子。所以，我們不去爭取孩子，網路、影視等傳媒就會把我們的孩子爭取過去！

　　除了這兩本書，還有一些採訪實錄書，接受採訪的基本上是國中生或剛邁入大學校門的大學生，他們在國中階段戀愛、甚至懷孕、墮胎。看的時候讓人感到觸目驚心！我建議這類書主要是家長看，看了你就會了解處於青春期的孩子一旦感情衝動，會有什麼樣的後果。而且還要分析一下為什麼這些學生會這樣？據我的印象，大部分學生是因為缺少家庭的溫情，感到孤獨。所以，你真的要格外關注你的孩子，多給他一份關愛。據我所知，有個別孩子甚至偏激地認為「親情一文不值」！這話很讓我心痛。

　　不論發生什麼事，千萬不要讓孩子對家庭、對親情失望！比如女兒還在讀小學時，你就告訴她：「不論妳犯了多大的錯，不論妳受了多大的委屈，也不論妳挨了多嚴厲的批評，妳一定要記住回家。只要妳回到家裡，什麼問題都能解決！」家長最怕的是孩子出走，所以，我們一定要讓孩子明白，不論何時何地，不管發生了什麼事，家永遠是她最溫暖的港灣，而且家裡的大門永遠對她敞開！我們想讓孩子明白這一點很重要，我們也會很高興當別人要她回答：「愛是什麼？」這個問題時，她的回答是：「愛爸爸，愛媽媽，愛我自己。」

　　第二，培養孩子的自信心。

　　到了國二，我們發現我們的兒女學習起來比國一時從容一些了，當然他們的成績不是很突出，如果你的孩子從小學開始成績就沒有突出過，但

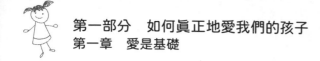
我們知道自己孩子的特點，我們也不要強迫孩子去爭取班級前 3 名，畢竟班上的前 3 名只能給予 3 個孩子！

　　所以我想對各位家長說，幫你的孩子確定學習目標時，一定要先看看他的現狀和他的潛能，尤其有些孩子目前成績不是很理想，我覺得一個比較切合實際的辦法是，你可以幫孩子制定一個分階段的學習目標。這個目標要以他現在的成績為基點。假如他這次只考了 50 分，那麼，你最好不要期望他一下子可以升到 80 分或 90 分，當然這樣的奇蹟也可能會發生，但不論怎樣，我們的期望值不妨低一點，比如說他下次及格了，你就可以獎勵了。這樣對於孩子的壓力小一些，而且當他的成績大大出乎我們意料地好時，我們可以和孩子一道分享這難得的喜悅！而這，更能增強他的自信心。

　　第三，給孩子一個笑臉。

　　像我們這樣的成年人，在公司工作壓力很大，工作了一天，回到家裡，真的很累，有時就不想說話。甚至還免不了受一些閒氣，心裡很惱火，臉色不自覺地就有些難看。但是我們現在應該做到總在進門之前提醒自己：調整好心態，當孩子開門迎接你的時候，給她一個笑臉。這點很重要。讓孩子看到我們笑容滿面，其實也減輕了她的心理壓力，讓孩子覺得我們是很容易接近的，這樣一來，孩子對我們就少了一份戒備心理和牴觸情緒，有話也願意和我們家長說了。而孩子說話時，我一般也是認真去聽，很平等地對待她，這樣，她感到了對她的尊重，所以，也樂於和我說話。有時是她一個人滔滔不絕地說，我們當聽眾。這個年齡層的孩子都有傾訴的慾望，我覺得我們最好做一個認真一點的聽眾，因為這表明你重視他，這種傾聽本身就是對他的一種安慰。否則，他會覺得受到冷落。受到冷落怎麼辦？到外面去找能安慰他的人。為什麼有的小孩子會結交不良少

年，會誤入歧途？原因當然很多，但我覺得其中根本的一點，就是缺少家庭的關懷、缺少親情的溫暖。我希望我的這個觀點不會偏激。

第四，多陪陪你的孩子。

現在的獨生子女，都很孤單，缺少玩伴，所以，我們做父母的就又多了一個任務，陪孩子玩。我的同事和朋友們都對孩子看得重，許多的應酬和聚會都能推就推，一是他們不大喜歡應酬，再來就是孩子的父母不在身邊，孩子就沒有人陪她了。所以，他們經常是和孩子一起去選擇適合她讀的書籍、看他們喜歡的卡通、和他們一同上網、和他們玩遊戲、一起運動。在這個過程中，我們做家長的又可以了解孩子的好惡，並可以適時引導他們。

多陪陪你的孩子，陪他玩，陪他說說話，也許他們就不會到虛幻的世界裡去尋找精神的寄託了。

第五，了解你的孩子，信任你的孩子。

孩子們都在想什麼，父母大概也不完全知道，孩子有孩子的祕密。比如，在上小學時，女兒就在她抽屜的盒子上貼紙條：「本人的隱私，任何人不得偷看！」家長或許會覺得好笑，其實無非是孩子畫的一些卡通畫。但既然孩子說了不准偷看，所以，我們大人就應該尊重他們的意見。

孩子長大了，更重視自己的隱私權，有些家長偷看了孩子的日記，發現了孩子的一些祕密，就沉不住氣，勃然大怒。我覺得不能這樣，假如你覺得你只能透過查看孩子的日記來了解孩子在想什麼，那當然也未嘗不可，但最好不要動怒，要讓自己冷靜下來，分析一下其中的原因，想一想應對的辦法。而最主要的一點是不要讓孩子知道你看了她不讓看的東西。否則，容易讓她對你產生信任危機，產生叛逆心理。

因為我們想讓孩子明白這一點：信任是用來投資的，不是用來透支

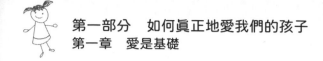
的。投資就有豐厚的回報，而如果透支的話，遲早有一天會變成窮光蛋一個，而且再也沒有人會信任她。

總之，要與孩子融洽相處，父母就得正確認識孩子，讓孩子學會承擔責任。「給予」孩子愛，同時也不要忘了「索要」孩子的愛。

● 愛與我們孩子的感覺

從根本上講，孩子是有情感的生物，他們最初對世界的理解也是情感上的。最新幾項研究表明，母親的情感狀態甚至能影響到子宮裡的胎兒。胎兒能對母親憤怒或愉快的情緒做出反應。隨著孩子一天天長大，他們對父母的情感狀態特別敏感。

在家裡，許多時候孩子能夠意識到父親的感情，甚於他們自己的感情。例如，其中一個孩子經常識別父母的感覺如何，而這個時候父母們自己可能還沒有意識到。孩子就會說：「什麼事讓你這麼生氣，爸爸？」儘管父親沒有意識到自己的憤怒情緒，但是也應該停下來想一想，然後意識到，是的，自己是在為白天發生的某件事而不高興。

另外一些時候，有的孩子就會問父親：「什麼事讓你這麼高興，爸爸？」

「你怎麼知道我高興了？」父親會這樣反問道，希望知道自己是否給出了什麼線索或暗示。孩子會說：「因為你用愉快的音調吹口哨。」原來父親自己甚至沒有意識到自己在吹口哨呢。

孩子們是不是很棒？他們對大人的感情十分敏感。這就是為什麼孩子那麼敏銳地意識到大人們表現出來的對他們的愛。而且這也是為什麼孩子那麼害怕我們大人發火。這個話題我們稍後將進一步討論。

我們必須用我們孩子理解的語言傳遞愛。離家出走的孩子往往是那些確信自己沒有人愛的孩子，而他們的家長卻一再申明自己真的很愛孩子。他們說的也許是事實，但是他們沒有成功地傳遞那種愛。父母為孩子做飯、洗衣服、提供交通工具，給孩子接受教育或娛樂的機會。假如首先把無條件的愛放在適當的位置，所有這一切都是有效的愛的表達。但是為孩子洗衣服做飯之類的事永遠也代替不了這種最為重要的愛，而且孩子知道其中的區別。如果孩子正在接受他們最深切渴望的東西時，他們就知道。

「孩子最喜歡愛他的人……也只有愛才能培養他。當孩子看到並感覺到父母對自己的愛的時候，他會努力聽話，不惹父母生氣。」這是捷爾任斯基（Feliks Dzierzynski）的名言。

是啊，給予孩子愛，這是任何一個做父母的都可以做到的。正如蘇聯大文豪高爾基說：「愛孩子這是母雞也會的事情，可是要善於教育他們，這是一椿大事，也需要有才能和淵博的生活知識。」

由於很多家庭是以獨生子女為主，父母對孩子愛的認識也不一樣，採取的方法、方式也不同，因而影響了孩子性格的形成。有的父母對孩子愛得過分，由愛轉成了溺愛，對孩子百依百順，包辦代替，沒有原則的遷就，造成了孩子以我為中心，從來不知道替別人著想，養成孩子任性、自私、膽小怕事、依賴的性格，長大以後，無法融入到社會中去，這種愛實際上是害了孩子。也有的父母愛孩子太深，將孩子看成是自己的私人財產，是自己光宗耀祖的籌碼，自己沒有實現的目標想在孩子的身上找回來，因此對孩子的要求過高，甚至採取強制的手段讓孩子按照自己的意願去學習。這樣，孩子對父母就會產生隔閡，有的孩子也就變得冷漠、膽小，甚至喪失了自信心。個別的父母寵愛自己的孩子，可是卻虐待老人，孩子從中獲得了不良的情感教育，等長大成人以後，也會步其後塵。

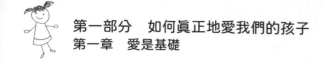

　　每個父母都愛自己的孩子，父母的愛對孩子的健康成長起著很大的促進作用。怎樣才算是真正愛孩子呢？也就是說應該如何拿捏愛孩子的「分寸」呢？

　　第一，要有理智的愛。

　　這就是說，愛孩子要能自覺地控制自己的感情，克制那些無益的激情和衝動。蘇聯著名教育家馬卡連柯（Anton Makarenko）的《父母必讀》（A Book for Parents）一書中的序言有這樣一段話：「子女固然由於父母方面愛的不足而感受痛苦。可是，他們也會由於那種過分洋溢的偉大感覺而腐化墮落。理智應當成為家庭教育中常備的節制器，否則孩子們就要在父母最好的動機下養成了最壞的特點和行為了。」這段話講得十分深刻。然而，我們有些父母，尤其是相對年輕的父母，在對待孩子的問題上，往往缺乏應有的「分寸感」。他們對待孩子往往是無原則的，過分地寵愛。有的對孩子姑息遷就，任其發展；有的只知道想方設法滿足孩子的錦衣美食，卻不懂得給孩子良好的精神食糧和思想營養。這樣，勢必把孩子慣壞、寵壞。這種「愛」是盲目的、有害的。

　　第二，疼愛要與嚴格要求相結合，嚴格要求也是疼愛孩子的一種體現。

　　所謂「愛之深，責之切」，就是說，嚴格要求正是出於深切的愛。所以，做父母的不應該受盲目的愛支配，要「嚴」中有「愛」，「愛」中有「嚴」。當然嚴格要求並不是意味著對孩子的嚴厲、動輒訓斥打罵，而是要做到以合理為前提。同時，態度應該是耐心的，循循善誘的。

　　對孩子嚴格要求是很重要的。這是因為，兒童往往缺乏經驗，是非界限有時不清，而且對自己的情感和行為往往也不善於控制。如果家長對他們不嚴格要求，他們往往無法主動、自覺地學習和按行為道德標準來行

動。這就更需要父母對他們的思想和行為有嚴格的要求，使他們養成良好的思想和行為習慣。但是，只有愛並不能教育和培養出優秀的孩子，而應該把愛和嚴格要求結合起來。

第三，愛與理解、尊重結合。

最早注意兒童教育的思想家盧梭，第一個提出「兒童有受教育的權利」。在兒童教育中了解孩子、尊重孩子是很重要的。孩子不是成人的私有財產，也不是成人的玩物。孩子有自己的需求和興趣，他們應該受到正確的教育，應該受到尊重。不少家長只知道愛孩子，卻不懂得尊重孩子。孩子從小受到尊重，才會產生自尊心，而且懂得尊重別人。

理解孩子的童心世界，尊重孩子好動、好奇、好玩的天性，為孩子創造這樣的氣氛和機會，遠比一套漂亮的衣服、一頓精美的晚餐、一件昂貴的禮物重要得多。尊重孩子與溺愛孩子不同，尊重孩子是滿足他們合理的要求，培養他們的自信心和接受教育的自覺性。父母與孩子之間要有民主氣氛，從小要和孩子講道理；父母要學會「安民告示」，當孩子有了心理準備後，就會愉快地接受成人的要求；不要在眾人面前議論、指責孩子，這樣才不會傷害孩子的自尊心。

愛孩子，就要讓他感覺到。

在家庭與工作之間忙碌奔波的你，也會經常忘記孩子愛的需求。美國賓夕法尼亞的兒童教育專家海瑞特博士說，讓孩子感到愛的最好方式就是和孩子維持真正有意義的接觸。那麼什麼是有意義的接觸呢？就要從下面幾個方面著手。

拿出一點時間保持有意義的接觸。一個最有效的方法是每天留出 15 分鐘的時間給孩子。在這個時間裡你不是父母，也完全拋開你的工作。坐在地板上和剛剛學步的孩子玩玩具；幫助你 12 歲的孩子做一個手工作業；

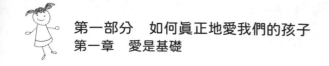
帶著你已是國中生的孩子去買幾張音樂唱片。

這時你一定要記住孩子是這個時間的主宰。你要按照他的指導去做，少提建議和約束。這些時間裡，孩子能在你面前盡情表現自我，他們才有一種被愛和被接受的感覺。

如果你實在沒有 15 分鐘，少一點也不要緊，關鍵是你要在短暫的時間裡充滿愛意地看、聽、積極地參與、滿足孩子的興趣。

變化一下語言。你對孩子的語言有著神奇的力量，不同的詞、不同的順序、不同的語氣都能表達不同意思，在孩子心裡產生不同的效果。比如孩子放學回來，又生氣又傷心地說：「今天老師沖著我發火了。」你不要馬上生硬地說：「她肯定有她的理由。」你可以說：「你一定感到很尷尬吧！」這樣的話表示了你的理解和愛。孩子覺得你是站在他的一邊的。當然，這樣說並不代表你要縱容他的任何行為，稍後你還是要切入正題，其實在你表示了理解之後，孩子更容易接受你的意見。

比如孩子興高采烈地回到家，到門前就喊：「我們的球隊贏了！」這時你不要只答應一聲知道了就行了，或者說快把外套掛上。你應該用具體的問題表示你的興趣和關心：「比分是多少？」或「你們怎麼踢得這麼好？」這樣的對話，才會讓孩子感覺到你想知道更多，你對他的事感興趣。對孩子來講，興趣是最能證明你的愛的。

耐心表露情感。對孩子各種情感的表露要有耐心，父母是孩子情感智力的主要指導者，要抓住每一次孩子不安的機會，告訴他們這種感情的來源，怎樣撫慰自己，解決衝突。

在限制孩子行為的同時，也要證實他情感的表露。比如，你剛剛學走路的孩子非要爬到廚房的桌子上，當你阻止他時，他大發脾氣，就要打滾。這時你不要拋下他不管，而是要告訴他：「因為我不讓你爬桌子，你

就氣得發瘋是不是。」讓孩子知道每一種情感的來源，並幫助他接受它，慢慢地讓他學會控制自己的感情。孩子在生氣、害怕、失望、悲傷和喜悅時最需要父母的幫助，再沒有比這個時候更能建立你們的親密關係了。

愛和約束並行。你有沒有意識到愛和約束可以同時表達？對孩子一些錯誤行為的限制，會在短時間內讓孩子不高興，但過一段時間，你合理的約束會讓孩子知道你在意他，你有興趣和能力來關心他。

你可以繼續說不，不過可以加上一些愛的資訊。比如你可以說：「我不允許你騎車去超市購物，那很不安全，你知道我多麼愛你，不想讓你有一點危險。」

會有一段時間，你可能感到你總是對孩子嘮叨、責備。其實，這種建立在愛的基石上的行為是很容易被孩子理解的，他們知道在他們需要的時候，總有你在那裡等候。這一點對孩子今後對愛的表達和接受也很重要。

你的溫暖、值得依賴的反應，會給孩子安全感，使他們更勇於探索，更勇於走出家庭、走向社會，他們會更自立，建立更好的生活圈。

很多研究都表明，感到被愛的孩子有更好的社交能力，工作學習起來也更有熱情。所以你完全有理由、有意識地表達你對孩子的愛，讓你的孩子感受你的愛，讓孩子沐浴在愛的陽光中。

愛與我們孩子的感覺這很重要，但是我們也不可忽略了愛與孩子心理缺陷的問題。

在孩子成長的過程中，愛的因素是很重要的。缺少愛或過多的愛都會使孩子情感和心理上產生各種缺陷，這往往會導致孩子身心健康發展出現障礙，不利於孩子將來的人生成長。

身為父母應該懂得如何正確地去愛孩子，這是一件很重要的事情，愛孩子愛得不適當，就會產生適得其反的結果：過度的溺愛，使孩子對人無

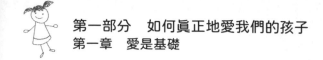
愛；過度的縱容，使孩子做事無情；過度的保護，使孩子做事無膽；過度地替代，使孩子做事無能；過度的強制，使孩子做事無志；過度地加壓，使孩子的精神崩潰，這一切的一切不得不引起父母們的警惕和重視。

不正確的愛與孩子心理缺陷的表現有：

第一種情況：有的父母認為只要無限地滿足孩子的要求，就是疼愛孩子，其實這是一種無知的愛，是溺愛，是把理智給淹沒的愛。

孩子有點事，家長就受不了。孩子還沒冷，家長就說冷了；孩子還不累，家長就說累了，時時溺愛他們，處處維護他們。家長的情感失去了控制，先把自己的理智淹沒了，再去「淹沒」孩子。由於在溺愛保護的環境中成長，孩子們往往自以為是，以自我為中心，產生各種不健康的心理，進入團體生活後，那些不健康的心理就會更加明顯的表現出來，他們會強烈地感受到自己遭到冷落，不被別人重視，這種現實的反差，致使孩子容易產生自卑等不健康的心理。在父母的讚揚中成長，逐漸成為一個自大而傲慢的小孩，等到他上學了，適應不了學校的生活，對於學校的紀律感到處處受束縛，缺乏讚揚鼓勵，逐漸地由好勝好強，變得膽怯自卑。

溺愛孩子的家長，無止地滿足孩子的需求，這樣容易使孩子形成貪婪、自私、任性的性格，更增強了孩子依賴性。蘇霍姆林斯基（Vasyl Suk-homlynsky）說：「鐵石心腸的人大都生長在那些父母過分溺愛子女的家庭，對他們百依百順，一味遷就，對他們沒有任何要求，這樣的家庭往往以溺愛開始，以寒心和憤怒告終。」

這樣的例子，在現實生活中可謂司空見慣了。一位母親含辛茹苦，將孩子培養成大學生，後來這個孩子也找到了一個好的工作。這個女孩子總是怕把沒學識、又老又難看的母親介紹給人認識而丟自己的臉，她總是把母親藏進一間小屋裡，一次在歡聚送走朋友之後，打開小屋門一看，母親

已上吊自殺了。

第二種情況：家長過分地維護孩子，為孩子做了許多本該由孩子自己做的事，這無形地就剝奪了孩子發展自我的機會，也降低了他的自信心。這種愛限制了孩子的自我發展，對孩子將來獨立於社會產生不良影響。

前幾天，看到一篇文章，寫的是一位叫小涓的女孩，她美麗、端正、溫柔，可是缺乏一般女孩的朝氣和熱情，她膽怯、怕羞，20多歲的年輕人，幾乎沒有朋友來往，更談不上男朋友了。膽怯、怕羞，也並不是她的天性，只是她的父母中年得女，視她為掌上明珠，從小百般護衛、過度照顧，總是讓她在眼皮底下活動，鄰居的孩子玩各種各樣的遊戲，而她只能趴在窗戶上看別人玩。父母也為小涓買了許多玩具，卻從不允許小涓和別人一起玩，怕別的孩子傷害到她，以為自己的努力一切都是為孩子好；而事實上，他們錯了，正是由於他們的溺愛造成了孩子性格畸形發展。

第三種情況：對孩子的要求過於苛刻，常常責罵，甚至是體罰。有的家長非常愛孩子，但是觀念上錯誤地認為「棍棒出孝子」、「不打不成器」。每當孩子的表現與家長的想法不一致時，就透過打罵來解決問題，逼迫孩子按照他們的想法去做。這樣往往給孩子的身心造成難以彌補的創傷。這種愛只會帶給孩子痛苦，而不是快樂。這種過分望子成龍的愛往往讓孩子形成相反的情緒 —— 恨，對家長、他人、社會，甚至對自己的恨。

以上的種種讓人觸目驚心的表現，怎麼能不讓我們心痛，怎麼能不讓我們感覺到悲哀呢？那麼作為父母的應如何去愛孩子，才使愛成為明智的愛，而不是害呢？

★ **不要過分地溺愛孩子**：現在家庭很多都是獨生子女，父母愛孩子無可厚非，但愛的方式應恰當，不要讓孩子在你們的愛中毀滅。日常生活中，對於孩子提出的要求，家長應適當地給予滿足，對於那些無理的

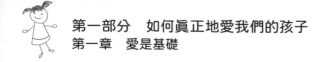

要求則要進行教育、批評，並拒絕他們。這樣就可以讓孩子知道，不管什麼要求和行為都有一個限度，只有在條件允許的範圍內才能得到滿足，而且自己能夠做的事就要自己動手去做，教育他們天下沒有白吃的午餐，一切都得要靠自己的雙手去爭取。家長對孩子的要求需要切記的是：不能一概允許或禁止，這都不利於孩子的身心健康地發展，更不利於孩子的成長。

★ **培養孩子心中有他人**：從小就應培養孩子的同情心，引導孩子學會觀察周圍的人與事，讓他們感到幫助別人是一種快樂，是一種榮幸。日常生活中，可供孩子助人解困的機會隨時隨地都可以遇到，家長要善於抓住每一個機會，鍛鍊自己孩子成為一個會關愛他人、關心社會的孩子。並以身作則，為孩子作表率。在家庭中，父母要孝敬長輩，關愛他人、關心社會，並與孩子一起做，讓孩子在正確的指導下成長，讓他們學會怎麼做人與處世。在社會上，家長也要帶頭關心、照顧身邊的人。俗話說：「身教重於言教」。久而久之，孩子就會效仿家長的做法，去關愛他人。

★ **不要過分的維護孩子**：有的家長對待孩子是：捧在手裡怕摔，含在嘴裡怕化。時時擔心、處處憂心，對孩子的行動干涉太多，這也不許動，那也不能去，嚴重束縛了孩子的行動，限制孩子的自由。這也是不利於孩子的發展。家長應有意識地培養孩子獨立性格，只要對孩子沒有危險的，沒有傷害的，並是他們力所能及的事，都應當放手讓他們自由發揮，讓他們習慣自己動手去做自己的事，讓他們親自動手，去實踐，親臨其境地去體驗。

總而言之，孩子由小到大，到進入社會生活，家長們都要從小訓練他們獨立的能力，不要盲目的溺愛和維護他們，更不能代替他們做事，應該

使他們取得應有的鍛鍊機會。愛於孩子的感覺，正確的愛會讓孩子感受到陽光；不合適的愛就會讓孩子在將來遭受到烏雲。

● 如何傳遞你的愛

悲哀的事實是，很少有孩子感覺到有人無條件地愛他們、關懷他們。另一方面，大多數父母深深地愛著自己的孩子，這也是事實。為什麼會有如此可怕的矛盾？主要原因在於許多家長不知道如何把他們衷心的愛傳遞到孩子的心裡。有些父母假定，因為他們愛孩子，孩子自然而然會知道的。另外一些家長則認為簡單地告訴孩子「我愛你」就足以傳遞那種愛。遺憾的是，事情往往不是這樣。

東方的文化是一個羞於說愛的文化，很少有父母會說「孩子我很愛你」，孩子也很少說「母親我很愛妳」。不過也有一些青少年的父母接受了西方新的思潮，會親孩子，告訴孩子我愛你，有時候效果反而不好。孩子單純模仿，在學校抱著同學，無論是男生還是女生去親，還說我愛你，也是很麻煩的事情。我們東方人羞於直接用言語表達我們的愛，並不是說我們不能用其他的方式表達愛。

比如說一個善意的眼神、一個笑臉、用手撫摸孩子的頭，或者是給孩子送一件心愛的禮物，這也是表達愛、傳遞愛的一種方式。

我們要學會向孩子傳遞愛的資訊。

當我們像往常一樣對五歲的孩子大聲呵斥：「快點收拾玩具，看你到處亂扔像什麼樣子！」孩子卻一動也不動，嘴裡還嘟囔著：「我就喜歡放在這裡，不用你管，你根本就不愛我！」接著，他飛快地衝進了房間並且「砰」地一聲用力甩上房門。

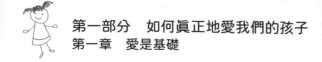
　　我們一定會吃了一驚的，然後立刻就想把孩子從房間裡揪出來狠狠地揍一頓，但理智馬上阻止了我們的衝動。過了十幾分鐘，我們的情緒平復了，憤怒消失了，取而代之的是不安：孩子說我不愛他，他難道真的不知道我有多麼愛他？他為什麼感覺不到我的關愛？我們會回想自己剛才的言行──口氣生硬粗暴，換個位置，我們也一定會難以接受，難怪孩子會認為我們不愛他。

　　在年幼孩子的意識中，他無法領會到父母埋藏在心裡無言的愛的資訊，是因為我們作為父母，沒有用行動更明確地傳遞情感。其實，在日常生活中，我們應該採取更多簡單明瞭的方法，讓孩子感受到我們的愛。

　　盡量避免用命令的語氣和孩子說話──「你給我聽著！」、「快點！」、「別亂動！」這類帶有警告、責備、拒絕或者諷刺味道的話語，或許是許多家長經常習慣使用的。這種居高臨下的命令語氣，最容易激起孩子的反感。而採用了情感訴求的語言，讓孩子感知到我們的要求是出於對他的考慮。比如說：「寶貝，我們得快點，不然會遲到的。」或「這件事我覺得這樣做比較好，你覺得呢？」這些多點建議性口氣的話，既能讓孩子愉快地接受我們的建議，也不會因為叛逆情緒而故意跟我們作對。

　　蹲下來，看著孩子的眼睛──我們習慣了站著跟孩子說話，對他發號施令，把自己的思想和主觀願望強加給孩子，而很少去考慮孩子內心真實的想法。孩子在一再被告知該怎樣做的聲音中長大，便會漸漸產生一種印象：我是爸爸媽媽的附屬品，自己的想法無足輕重！這一點或許正是在我們不經意的言行中使他誤解的。如果我們蹲下來，蹲到和孩子一樣的高度，用眼睛注視著他，和他說話：「嗨，小傢伙，我聽見玩具們哭了，它們說找不到回家的路，需要你的幫助呢。」孩子聽了，肯定會很快地把玩具都送回玩具屋。眼睛是心靈的窗戶，的確，透過眼神交流，孩子能從中

找到我們對他的愛與關心。

做即使一秒鐘的身體接觸 —— 許多為人父親者都不喜歡過多地摟抱孩子，認為這會助長孩子的嬌氣。過多的摟抱的確不是正確的教養方式，但必要的身體接觸能夠讓孩子覺得父母親切可靠，這將給予他們被接受、被支持、被關愛的感覺。因此，每天下班回到家，不妨拍拍孩子的小腦袋，或者握一下他的小手，微笑著說：「嗨，寶貝，今天過得怎麼樣？」孩子可能會像一隻「嘰嘰喳喳」的小麻雀，快樂地訴說著這一天的學習生活，這時你要做的，就是坐下來認真地傾聽他的訴說。

正確對待孩子的錯誤 —— 在孩子的成長過程中，錯誤是不可避免的。孩子犯了錯，家長不能不管，關鍵是怎樣去引導。其實，並不是每個錯誤都需要粗暴干涉或嚴加懲罰，民主地對待更容易解決問題，用這樣的口氣或許更加合適：「寶貝，我覺得你今天好像變了個人，怎麼回事？」也可以這樣評價：「這不像是你做的事情！」如果是一些嚴重的錯誤，一定的嚴屬性是必要的，可以加重語氣：「你的這種行為真令我失望，希望你不要再犯這種錯！」讓孩子深刻反省他的錯，然後再指出他的犯錯原因和解決方法，給他一個自己思考並改正的機會。

耐心對待孩子的問題或要求 —— 好奇是兒童的天性，諸如「我是從哪裡來的？」這種問題，經常會把父母搞得不勝其煩。「沒看見我正忙著嗎？」、「去，去，別來搗亂！」孩子遭到拒絕的情形多了，不僅扼殺了他的好奇心，而且也讓他覺得爸爸媽媽只是在打發他。認真傾聽，不要因為太忙太累而簡單應付，如果有些問題父母一時難以回答，應該坦然地告訴孩子：「爸爸現在也無法解釋給你聽，等我去找資料明白了，再告訴你好嗎？」或者說：「爸爸也不知道呢，等你長大了，我相信你一定會自己找到答案。」這就充分表明父母的誠意，孩子會感到自己已經被尊重了。

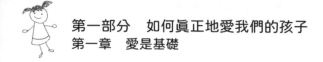

所以我們要說：愛不需要理由，但是愛需要方法。

熱情的愛是發自內心的，是一種深存於人內心的樂觀向上的精神狀態，它具有可傳遞性。那為人父母的該怎麼傳遞呢？這裡也簡單介紹三種方法。

★ **目示**：爸爸媽媽或老師一個親切的目光，會使孩子興奮不已。有的孩子因為老師上課時總不看著他，他便認為老師不喜歡他，使他感到傷心。

★ **手示**：不同的手勢表達不同的感情。拍拍肩膀，表示鼓勵和表揚；打屁股則是一種懲罰。孩子學習上有了進步，或幫助別人做了好事，你拍拍他的肩膀，表示對他的讚許和信任，孩子一定會十分高興。如果這時大人無動於衷，就失去了傳遞熱情的機會。

★ **語示**：用最熱情的語言給孩子送去希望。話不必多，一兩句就能表達出你的愛；聲音不必大，但要能表現出你內心的興奮。嘮嘮叨叨說個沒完，是最令孩子心煩的。如果孩子犯了錯，不要粗暴地打罵，可以到一間沒有旁人的屋子裡，看著他的眼睛，嚴肅地對他說：「爸爸（媽媽）知道你這是第一次，也是最後一次，是不是？」孩子會感到是自己不對，對不起父母，會下決心改正錯誤。

兒童的心就像一片廣袤的土地，種植愛心和親情，便會收穫友愛、尊重、寬容和同情。正因此，父母從小給孩子心靈播下愛的種子，比給他們任何財富都強。愛需要怎樣表達？有人說，重點是教年輕的父母如何去愛孩子，進而讓孩子學會怎樣愛父母。的確，不少初人之父母者不知道如何向孩子表達自己的愛，有的一味溺愛，有的仍信奉打罵即愛。

教育孩子學會愛，父母先要給予孩子愛，並把滲透在生活中每時每刻的愛意明確地表達出來，讓孩子感同身受，銘記在心，伴隨其成長。

　　父母愛孩子不需要理由。然而，愛孩子與教育子女同樣需要學問。不是嗎？當你在為寶寶餵奶、換尿布時，在聆聽孩子咿呀學語、吟誦兒歌時，在牽著孩子的小手逛逛公園、散步時，甚至半夜起身為孩子掖好被角時，每一個細小的動作中都包含著對孩子的關愛。問題是你意識裡有沒有一根弦，重視不重視時時表達愛、傳遞愛。

　　現實中有些父母儘管自身有許多生活艱辛和身體病痛，但他們總是竭力在孩子面前掩飾，以為這是愛孩子，卻不知在害孩子。生活中有苦才有樂，家長不要刻意掩飾生活的另一面，而應讓孩子從小學會分擔你的痛苦艱辛，理解生活的不易，長大後他才會珍惜眼前的生活，才會以真誠之心關愛別人。

　　某幼稚園有次調查發現，中班的一百多名幼稚園兒童在家中吃東西時，常常想不到父母的占一半以上；而對父母沒有禮貌、任性、發脾氣的占三分之二以上。是孩子不懂得愛父母，還是我們沒有教給他們感悟親情？教孩子懂得愛的過程，也是親子之間的相互溝通學習。當妳餵寶寶食物時，說一句：「好香，給媽媽嘗嘗好嗎？」通常孩子會舉起小勺送過來，妳吃一口，對他表示讚許，這些言行會告訴孩子，媽媽把好吃的先給我吃是愛我，好吃的要大家分享。愛心和善良的品德，是孩子親和社會的基礎和前提。父母是愛心的播種者，父母所做的一切要孩子明白，自己從父母這裡獲得愛，也要以愛回報。

　　愛心和親情的培養要從細小的事做起。引起幾個月大的寶寶和身邊的絨毛狗狗、布娃娃做親密的朋友，用友善的態度對待這些玩具夥伴。如果孩子亂扔布娃娃，勸阻他：「看，你把娃娃摔受傷了，快給它揉揉。」如果孩子大聲叫嚷，制止說：「小聲點，別把小狗狗吵醒了。」孩子長大些了，帶他去親近小動物，聽小鳥唱歌，給小魚餵食；告訴他花草樹木和小

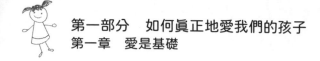
動物一樣都是有生命的，我們要愛護它們。孩子的愛心在這樣的情境中會不斷萌發壯大。

家庭中要建立好東西與大家分享的氛圍。孩子小的時候父母就要做出榜樣，吃飯時主動給長輩夾菜，遇到高興的事講出來全家一起分享快樂，有了喜事邀請親朋好友共同慶賀，左鄰右舍遇到困難伸出援助之手；鼓勵孩子好吃的東西或新玩具拿給小朋友一起吃、一起玩，等等。有了這樣充滿愛心和親情的環境，孩子就能從最初的行為模仿到一點點強化，最終塑造一顆寬容、謙讓的愛心。

家庭中愛心和親情要靠父母精心營造。父母要用愛薰陶孩子的心靈，就應該多關心和尊重孩子，說話要溫柔體貼，注意傾聽孩子的感受，多與孩子進行情感的溝通交流，多給孩子講互助友愛、善良戰勝邪惡的童話故事，讓濃濃的愛意滲透到家庭的每個角落。父母及家庭成員之間的對話要充滿愛心，經常把「謝謝你為我做的 ×× 事」、「我真為你高興」、「你辛苦了，歇一會吧」、「不要著急，我來幫助你」等禮貌語言掛在嘴邊。夫妻之間互相關愛、體貼、尊重和孝敬長輩，過生日、逢年節送小禮物等。帶孩子買玩具或衣物時，和他商量：「我們幫爸爸（媽媽）也買一件，給他（她）個驚喜。」所有這些情感的溝通和交流是孩子愛心得以生根發芽的催化劑。

不要讓孩子在家中當特殊人物，養成茶來伸手、飯來張口的壞習慣。父母要讓孩子知道，每個家庭成員都要分擔家中的事物，不勞動者不得食。要循序漸近地教孩子做些力所能及的事，比如擦桌子、擺放碗筷、洗手帕等。在孩子稍大些時，還可以讓他分擔相對重要的家務，既讓他獲得成功感，又使他從小養成勤勞的好習慣，並從中體會到父母為家庭付出的辛勞和養育之情，體會到愛也是需要付出的。

● 透過你的行為激發孩子

當然，感覺到愛，並用言語表達出來是好的，但是還無法充分地讓孩子感覺到父母對他們的無條件的愛，原因是孩子還要靠家長的行為來激發。孩子對行動做出反應 —— 也就是說你為孩子都做了些什麼。所以，接近孩子，你必須按照孩子的條件愛他們，或者說你的行為符合孩子的要求。

這種方法對家長來說具有很好的優勢。例如，假如你哪一天過得特別不好，回到家後你情緒低落，垂頭喪氣，你不會覺得自己有愛心的。但是你可以用一種溫和的方式表現出來，因為行為是簡單的。你能夠把愛給予孩子，即使你沒有這種感覺。

你也許想知道這麼做是否誠實，孩子是否能看穿你的行為。有時候孩子能看出來，因為他們在情感方面非常敏感。你興致不高的時候他們知道，但是孩子是依據你的行為體驗你的愛。難道你不認為在你表現出慈祥溫和時，孩子會更加愉快和感激你嗎？無論你內心的感覺如何。

用你的愛和技巧養育你的孩子。

有的人說「這孩子照書養」，也有的人說「孩子照豬養」。當然這都只是笑話而已，著名的親子教育專家說，其實養孩子要有兩點：愛和技巧。

一提家庭教育，人們所能想到的就是家庭中長者對孩子的單向教育，父母是家長，是威嚴的，孩子處在被教育者的位置。

親子教育專家用一個簡單的比喻來表示家庭教育之於孩子的重要性：「一輛車性能最好的時候就是出廠時，如果這輛車開到八十萬公里仍然不出問題，只能說明是位優秀的駕駛員，但是不可能再讓這輛車比出廠時的

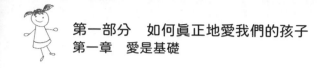
性能更好。孩子也是一樣，每個出生時的孩子都是最好的，只是我們後來怎樣才能把孩子的天分和優勢給展現出來。」在親子關係的調適中，對父母的培訓和提升是能達到的，從而更好地促進兒童身心健康並和諧地發展。

專家肯定會主動認錯的父母才是合格的父母，也提倡家庭教育中的心理效應──增減原則；並提出了一些挑戰和顛覆傳統家庭教育中常見的錯誤和盲點，如「黑臉白臉」是不當教育方式、最糟糕的方法就是讓爺爺奶奶照顧孩子等等。

盲點一：假扮黑白臉。

在傳統家庭中，父母總是津津樂道於他們的一種教育方法：「角色扮演」。角色分工上多傾向於媽媽當白臉，爸爸當黑臉。很多家長集體認同這種教育模式，似乎還能從孩子的成長過程中看到顯著的成效。但是專家卻否定了這一說法：「國際通行慣例要和諧一致，不需要雙方各扮角色，比如說一個嚇唬孩子，一個呵護孩子；一個威脅和一個利誘。這種方法不值得提倡，因為它並不符合孩子成長的心理原則，即便有時非常有效，也不能過度嘗試，因為這種東西會給人的一生帶來很嚴重的後續後果，容易導致孩子心理上的失衡。」

盲點二：遷就孩子就是善待孩子。

很多時候我們以為我們在善待孩子，什麼都遷就他們，孩子總想再多看幾分鐘動畫片、多玩幾分鐘玩具、多睡幾分鐘覺，在孩子提出「無度」要求之初，家長初衷都是想做個「善良」的父母，一味的遷就和忍讓，會讓孩子的貪婪的本性一次次擊發你底線，最後到怒不可遏，你在動手收拾孩子才算了事。「你的行為實際上是遷就孩子，你並沒有表達出你的本源，你的技巧恰恰地傷害了你的孩子，傷害了你的本源。」專家告訴

家長如何不走入這種惡性循環的局面，「教育子女首先要相信孩子，相信所有的孩子都是好孩子，因為孩子的本能和他的原始程式，都有守信譽這一條。如果你能用誇獎、鼓勵等方法去激發他，孩子守信譽的本能或者說原始程式是很容易被激發的。做父母的怎麼去激發孩子的機智，這是關鍵。」

盲點三：隔代撫養的惡果。

父母忙於工作，把孩子送到爺爺奶奶家裡，這種情況在很多的家庭都非常普遍。專家說這是最糟的主意：「我經歷了很多孩子，被爺爺奶奶帶的孩子大多都被毀掉了。舉例而言，我曾經為一個十一歲的小女孩諮商，這個小女孩父母離異，離異以後母親要上班，她就把她交給爺爺奶奶了。到了十一歲來找我，她的狀態已經和其他的孩子完全不一樣了。比如她要是問媽媽我想買霜淇淋，媽媽說今天已經吃過兩個不能再吃了，再吃會拉肚子了，她就開始踢門，能夠把腳踢流血，你只要不給霜淇淋，她能把腳踢流血，她能踢到半夜兩點不睡覺，直到你把霜淇淋給她買來。這就是被爺爺奶奶帶的結果，爺爺奶奶是最無規矩的，而這將破壞孩子心目中所有的規矩，孩子在爺爺奶奶這種極端縱容下，會不相信世界上有任何條件和規則。如果爸爸媽媽不管，交給爺爺奶奶管，孩子就會覺得，我的爸爸媽媽為什麼不要我，我哪裡做錯了，我是不是不如別的孩子可愛，他肯定會有這種觀念。這種觀念是揮之不去的，在他一生當中，都會產生人生的衝突。」

盲點四：孩子都有叛逆期。

西方觀點認為孩子只有青春期，沒有叛逆期。「那麼孩子青春期的時候，只要你處理得當，遵循教育中的心理增減原則，零花錢你也按時給了，孩子你也陪他在一起玩了，你有言而有信了，孩子一般不會叛逆。所有的叛逆，都是因為你說話不算數，孩子才可能會叛逆，甚至在心裡鬧彆

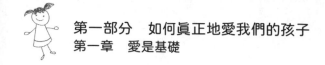
扭、使壞情緒。」專家說如果家長能夠在孩子的青春期更多的關心孩子，多陪伴在孩子身邊，這樣孩子會把你當作她最好的朋友之一，叛逆也就不會出現了。家長應該記得，你的言語就是魔咒，所以要把自己對孩子說的話做一個計畫，不能口無遮攔，守信於孩子的每一句話，如果家長身上有了錯，也要及時道歉，有向孩子承認錯誤的勇氣。

盲點五：不要過早開始培養孩子的良好習慣。

什麼時候應該開始培養孩子的良好習慣，懷孕的時候就該開始，並非危言聳聽。

心理學家發現，在哺乳期期間，如果一個媽媽天天情緒不穩定，這個孩子長大以後容易出現尿床、夜間啼哭、飲食不規律等等這些問題。孩子將來的情緒不穩定，它會影響孩子讓孩子比較急，因此好習慣應該是從懷孕就開始。

那麼在幼年就養成的良好習慣，能保持多久呢？

據專家說，這樣的良好習慣會保持終生，人最好的改變期是三歲以前、六歲以前、十二歲以前、最終十八歲，大不了到二十五歲，一個人二十五歲以後，除了重大的人類歷史事件，或者非常高明的、有催眠技巧的心理師，否則幾乎是改變不了。

所以家長的很多不良行為會導致孩子的不良後果，這是個事實，已經無可厚非。但是問題是在於我們怎樣能透過我們的行為激發孩子呢？

在一個關於兒童社會化問題的調查中發現，涉及到兒童社會化表現的60個問題中，其中得分最低的幾個題目有「吃飯隨叫隨到」、「吃飯時不說笑」以及「家長不叫看電視就不看」等。而這些正涉及了令無數幼兒家長頭痛的一個大問題 —— 家長認為這是孩子不聽話，專家則認為是沒有好的行為習慣。

　　專家認為，幼兒的好行為是父母訓練出來的，而訓練的基本技巧就是 —— 小狗能算算術、鸚鵡學會騎車……這些馬戲明星的驚人表現都是用「獎勵 —— 懲罰」的辦法「強化」出來的：做到了要求的行為，餵牠點吃的；否則，抽一下鞭子。

　　人當然不能完全像動物那樣簡單地調教，但「獎罰」的強化作用一樣有效。不光孩子，大人也一樣，你在工作單位表現好了，拿到的獎金多，或者考績優等，就會容易保持好的表現。

　　強化孩子的行為，一個基本的前提是：在愛孩子的前提下，不滿足孩子的所有要求；要利用這些要求作為條件，作為強化物，來培養孩子的好行為。

　　獎勵：激發孩子良好表現。

　　要有效施行獎勵，家長自己手裡要隨時掌握著一些籌碼 —— 孩子非常需要、非常想得到的東西。這包括三個方面，分別是物質的，如孩子特別想吃的食品或特別想得到的玩具；活動的，如給孩子講故事、帶孩子出去玩、允許孩子看電視等等；以及精神的，如孩子做得對就予以讚賞、表揚，爸爸媽媽就表現得很高興等等，把它們作為獎勵物，在訓練孩子好行為的時候使用。

　　當孩子表現出一個好行為之後，家長就可以派出手中籌碼讓他的需求暫時得到滿足；孩子為了進一步得到獎勵物，自然會進一步表現出該好行為。比如，到了吃飯時間，孩子沒有按時上餐桌，上了餐桌也不能好好吃飯，就可以和孩子講好條件：「你想買玩具，好，只要你每天開飯時按時吃飯，好好吃，一個星期天天做到，就買給你。」

　　對幼兒來說，玩具這類物質獎勵是最直接有效的。但家長也應注意，它畢竟是最低級的獎勵，隨著孩子的成長，要逐漸向活動性獎勵和精神獎

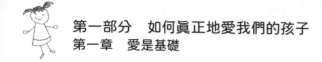
勵轉變。實踐證明，把三種方式經常結合起來，效果會更好。

懲罰：糾正孩子不良行為。

懲罰，是從另一個角度糾正孩子壞毛病的好辦法。通常有四種方式：一是撤銷物質性承諾，如收起孩子喜歡的玩具、不給買原來答應好的玩具等。如上例中，玩具買了，孩子的目的達到了，又恢復了原來的樣子，家長可以繼續提要求：「玩具雖然買回來了，但你要好好吃飯，才能給你玩，不好好吃飯，玩具就收起來。」；二是撤銷活動承諾，如不帶孩子玩、不給孩子講原來答應講的故事等；三是精神上暫時「撤回」對孩子的愛，如批評、斥責、情感上冷落等等；四是體罰，如命令孩子待在屋子裡不許出來活動、罰站等。不過體罰產生的負作用很大，家長應盡量避免採用。

舉個讓不少家長最頭痛的例子。孩子在商店裡見到某個玩具，一定要買，甚至大哭大鬧，躺在地下打滾。在這種情況下，最好的辦法就是立刻把孩子抱離商店，回家以後，採取冷處理的方式冷落他，讓他知道他今天的表現讓父母不高興。等孩子平靜下來後再給他講道理，告訴他不買玩具的原因，以後遇到這種情況應該怎麼做。同時還要結合物質懲罰，如收回孩子愛玩的玩具，讓孩子知道，他必須為他今天的「壞」行為付出代價。不出幾次，孩子就不會在商店裡大哭大鬧了。

有的家長會擔心這種方法會使孩子有好處就做、沒有好處就不做。但研究表明，對於不太懂事的孩子來說，唯有運用這種方法訓練，才能使他們養成好的行為習慣；同時還可以讓孩子從小就懂得是非、對錯，懂得什麼是公平、公正、守信和互惠。這對他們將來適應現代社會大有好處。

但是要注意的是，我們在對孩子進行行為訓練時，應該掌握好下面兩個原則：

1. 愛自己的孩子是前提，任何時候都不能粗暴地對待孩子，不到萬不得已的情況不使用體罰；

2. 要拿捏好寬嚴度，在親子關係中，寬嚴度、控制權應該在父母手中，父母絕不能被孩子控制。

　　行為習慣的養成只是教育的目的之一，最終目的是要培養孩子好的個性品德，而個性品德是學習、情感和行為習慣的「合金」。因此，獎懲之外，講道理是家庭教育的永恆法寶。

　　你的孩子能夠根據你對待他們的行為方式來感知你的態度。正如使徒約翰（John the Apostle）曾寫過的那樣：「親愛的孩子，讓我們不要用言語和舌頭，而是用行動，實實在在的行動相愛。」假如你列出所有愛孩子的行為方式，我敢說你能寫滿一頁紙。其實沒有那麼多，幾條就夠了，因為你想把事情弄得簡單一些。最要緊的是填滿孩子的情感油箱。你只需記住愛的行為表達可以分為身體接觸、精心時刻、禮物、親身服務和肯定的話語。

● 用孩子愛的祕密講話

　　正如我們前面提到的，愛的祕密有五種，而你的孩子可能擁有一個基本的愛的祕密，可以最好地向他或她傳遞愛。用你孩子愛的祕密講話就能在深層情感方面滿足孩子對愛的需求。這並不是說你只能用這種基本的愛的祕密講話。孩子需要所有五種愛的祕密來保持他們情感油箱的油量充足。這意味著父母必須學會如何用所有這些祕密講話。我們將在以下五章裡逐個介紹。

　　你的孩子可以用所有這些祕密接受愛。然而，大多數孩子都有一個基本的愛的祕密，對他們來說，這種祕密與其他方式相比更為重要。如果你

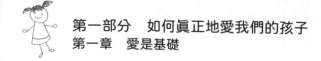
希望有效地滿足孩子對愛的需求，發現孩子基本的愛的祕密至關重要。

　　從第二章起，我們將幫助你揭開孩子基本的愛的祕密之蓋子。不過，先提出一個告誡：如果你的孩子不到 5 歲，不要期待你能找出孩子基本的愛的祕密。你找不到，孩子也許會給你一些暗示，但是他的愛的祕密還很難清楚地看出。那就用所有五種愛的祕密吧。溫柔的觸摸、鼓勵性的話語、多跟孩子在一起度過愉快時光、禮物、親身服務，把所有這些結合起來滿足孩子對愛的需求。如果這種愛得到滿足，你的孩子就會真正感受到父母的愛。這種愛與孩子所有其他方面的需求相互作用。等孩子長大了一些的時候，你還是要繼續對孩子們使用這五種愛的祕密，因為孩子的成長需要這些愛，儘管他對某一種愛的祕密的渴望要比其他東西強烈一點。

　　第二條告誡：當你發現了孩子的愛的祕密，而且孩子得到了他所需的愛，你不要以為孩子生活中的所有事情都能正常進行，仍然還會有挫折和誤解。但是你的孩子，就像是一朵花，會從你的愛那裡得到呵護。有了愛的澆灌，你的孩子就會茁壯成長，以最美的姿態感謝這個世界。沒有這種愛，孩子就會變成枯萎的花朵，祈求水的澆灌。

　　由於你希望孩子長大成人，你就會想用所有這些祕密向孩子展示你的愛，並教會孩子如何自己使用這些祕密。其價值不僅僅是為了你的孩子，也是為了與孩子生活在一起，並交往的人們。成熟成年人的一個標誌就是透過所有愛的祕密 —— 身體接觸、精心時刻、肯定的話語、禮物和親身服務 —— 表示感謝和接受感謝的能力。很少有成年人能夠這麼做；大多數人給予或接受愛的方式也就是那麼一兩種。

　　父母的話對子女影響很大。心理學家建議父母用另一套字眼跟子女交談 —— 這就是我們所說的孩子愛的祕密。

　　你可曾對著遊樂場的哈哈鏡看自己扭曲歪斜的模樣？你怎樣想？很不

自在吧？還有，你覺得可笑，因為明知道那是顛倒錯誤的形象。但假如你只見過自己那副模樣，你也許會相信鏡子反映出來的確實是自己，並不會懷疑鏡子不可靠，或責怪鏡子歪曲了你的形象。

孩子同樣不會懷疑從父母談話中所看到的自己的形象。即使父母批評他不好，他通常也深信父母說得對，很容易認為自己的確是愚蠢、懶惰、笨拙、自私或不負責任。對孩子說「你真難看」或「你什麼都做得不對」，並不會使他覺得自己漂亮、能幹、優雅。他需要的不是批評，而是不把他貶低的意見。

13歲的史蒂芬用湯匙幾乎把一鍋巧克力布丁都舀進自己的大碗裡。母親正要責備他：「你真自私，只顧自己吃，家裡不止你一個人呀！」幸而她明白，光指出孩子的缺點幫不了他，不會令他關心別人。於是她說：「史蒂芬，這個布丁要分給4個人吃的。」「噢，對不起。」他回答說，「我舀些回去吧。」

我們不知道自己每天說話用的字眼影響有多大，只管恣意對孩子嚷叫。我們發命令、提意見、橫加干涉，想到什麼便說什麼，時常說得不清楚，也說得不對，沒有察覺有些字眼可能會傷害孩子的心靈。我們聽不見自己的嗓子和語氣，不講究說話的技巧和禮貌。

孩子受到傷害，不是由於沒人愛他，而是無法和他們溝通心意。我們缺少一種能夠轉達愛心，使孩子覺得有人需要他、尊重他、欣賞他的語言。

我們知道應該用什麼字眼，那是我們父母跟客人或陌生人談話用的字眼，既不傷害感情，也不挑剔別人的行為。我們跟最親愛的人交談，當然應該用產生愛而非產生恨的話；減少爭議，而非打破願望的話；令人生氣蓬勃，而非挫人銳氣的話。

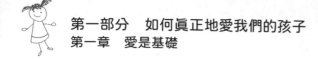
　　一天下午，8歲的葛瑞格放學回家，垂頭喪氣。「我恨老師！」他尖聲叫，「她向我大聲喝斥。我以後再也不去學校上課了！」許多家長會這樣說：「這是你上課不留心聽課的結果，希望你受到了教訓！」

　　幸而葛瑞格的媽媽明白，孩子生氣時，需要人諒解而不是批評。她說：「這搞得你多難為情！在朋友面前受申斥，真丟臉！難怪你這樣生氣。誰都不喜歡被人這樣對待！」她既不怪老師，也不怪兒子，反而詳細說出兒子給老師責備時的感受。人人都似乎注意孩子的行為，關心他的成就。可是孩子依賴父母關懷他心裡的感受。

　　孩子對於心裡的感受不能自已，告訴大人需要勇氣。我們不要令他畏縮，不敢說出痛苦的經歷。

　　四歲的黛碧告訴媽媽：「我討厭奶奶！」媽媽大吃一驚，急忙回答：「不，妳不會的，妳喜歡奶奶。我們家不作興憎惡。她送禮物給妳，帶妳到處玩。妳怎麼可以說這樣的話？」黛碧還是堅持：「我就是討厭她！」

　　現在媽媽真惱了，決定用更嚴厲的「教育法」：打黛碧的屁股。但孩子很聰明，不想再受罰，就改變語氣說：「媽，其實我愛奶奶。」於是媽媽抱著她、吻她，稱讚她是好孩子。

　　黛碧得到了什麼教訓呢？說真話有危險，屁股會挨打；說謊會討人喜歡。媽媽喜歡說謊的小孩子，只能說些她喜歡的話。如果要鼓勵黛碧說真話，她媽媽應該這樣說：「我明白妳的感受。妳不一定要愛奶奶，可是我希望妳尊敬她。」

　　如果是心理治療專家，知道用不同方式跟病人說話有不同的效果。言語就是他們的工具之一。我們會發現，說話不講技巧的父母會傷害了孩子，再由他們這些受過訓練的心理治療專家去挽救，實在毫無道理。這是我無意中發現自己怎樣跟孩子說話時覺悟出來的。原來我就像母親跟我講

話一樣：責備、使人羞愧難堪、憤怒狂喊。我決意在今後對待子女猶如對待病人一般，不能讓我幼年時期在父母家中受過的委曲重演。

我們總以為只有心理失常的父母才會傷害子女。不幸的是，仁慈而好心的人也會說出令人氣餒的話，甚至稱讚孩子時都時常引起反感。正面批評孩子的個性或成績，即使是嘉許，孩子聽了總有點懷疑。還不如說，你多麼欣慰，表示尊重他。

一位父親在女兒的吉他上留下字條：「妳每次彈吉他都令我心曠神怡。」第二天早上，女兒對他說：「爸爸，謝謝你說我彈得好。」父親說出他的感受時，讓女兒知道他是在欣賞，這是最好的讚美。

每逢我試圖鼓勵做父母的學習說些關懷的話時，他們總是大聲嚷道：「我的子女都十幾歲了！木已成舟，無可挽救！」

想挽救人，會不會太遲？對青少年來說，肯定不會。事實上他們特別幸運，因為他們有第二個機會。青少年看來似乎雜亂無章，拿不定主意，其實正在改造自己，以適應環境。我們做父母的可以影響他們所選擇的方向，用愛的語言和他們交談，效果自然不同。

如果你以前沒有這麼做，你也許會發現自己在理解關係和關係品質方面出現變化和進步。遲早有一天，你會擁有一個充滿愛的「語言」的幸福家庭。

本章課外作業問答

1. 回憶一下當你感受到愛或你向你的子女表達愛時的情景，那些情景中的大多數是否都與你子女的價值觀有連繫，是否取得一些成績，或使他們在某些方面表現得更積極一些呢？換句話說，就是你的愛是有條件的還是無條件的呢？

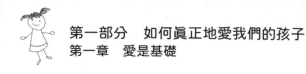
2. 在最近發生的事情中，你是否對孩子隱瞞了你的愛呢？這是否由於孩子的期望無法滿足？如果是這樣，那麼尋找一條途徑把你那無私的愛和適當的教育方法結合在一起。

3. 設置 0～10 的模式，找出你子女的愛處在哪一個階段，思考一下要怎樣做才能在各個方面提高你孩子愛的水準。那麼在下星期裡，每天你都要把精力集中在以三種方式來提高孩子愛的水準。

4. 回想一下你童年時的美好記憶，你的父母是怎樣滿足你情感的需求及幫你建立起自尊的呢？什麼又是你孩子美好的記憶？這些記憶是怎樣和無私的愛連繫起來的呢？

5. 再看一下描繪孩子們行為的 7 個要點。哪一點對你來說是嶄新的呢？哪一點對你來說是最難以接受的？哪一點是最需要你吸收了解並照此行動的呢？

小組討論

給孩子那種有條件的愛會使他們恐懼、焦慮、缺乏自尊和憤怒。你的孩子在性格的展示上處於什麼水準？討論小組應允許組員提出有條件的愛的觀點。接著小組成員應就如何給孩子以無私的愛提出建議。

第二章
愛的祕密（一）

愛情的快樂不能在激情的擁抱中告終。愛，必須有恆久不變的特質，要愛自己，也要愛對方。

—— 波普（John Pople）

● 身體的接觸

薩姆·安薩是一個五年級學生，他們家最近搬到了一個新的社區。「這一年過得挺不容易的，搬家了，還要結交新朋友。回到我原來的學校，我認識所有的人，他們也認識我。」我們問她是否覺得父母不愛她，因為是他們讓她離開了原來的學校和城市。薩姆·安薩說：「不，不，我從來沒有覺得他們這麼做有什麼不對。我知道他們愛我，因為他們總是給我更多的擁抱和親吻。我雖然希望不要搬家，但是我知道爸爸的工作更重要。」

薩姆·安薩的愛的語言是身體接觸；這些接觸告訴她，爸爸媽媽愛她。擁抱和親吻是表達這種愛的語言最常用方式。爸爸把 1 歲大的兒子向上拋起；爸爸拉著 7 歲大女兒旋轉，女兒開心地大笑。媽媽把 3 歲大的孩子抱在腿上給孩子讀書講故事。

這樣一些身體接觸活動往往出現在父母和孩子之間，但是次數不像你想像得那麼多。研究表明，許多家長只是在必要的時候才觸摸他們的孩子：給孩子穿衣服或脫衣服，把孩子放進汽車，或帶孩子上床睡覺這樣一

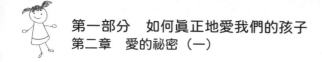
些時候。似乎許多家長沒有意識到他們的孩子是多麼需要觸摸，也沒有意識到運用這種方法，加上無條件的愛是多麼容易就能填滿孩子的情感油箱。

身體接觸是最容易無條件使用的愛的語言，因為家長不需要什麼特殊的場合或藉口就能進行。他們可以說有的是機會利用觸摸向孩子的內心傳遞愛。觸摸語言並不限於擁抱和親吻，而是包括任何種類的身體接觸。即使家長很忙，他們也可以經常輕輕地拍一拍孩子的後背、胳膊或肩膀。

有些家長情感比較外露，而有些家長則幾乎試圖避免接觸自己的孩子。這樣有限的身體接觸經常出現的原因在於家長沒有意識到自己的方式或者不知道如何加以改變。許多家長很高興，因為他們學會了如何以這種最基本的方法表達自己的愛。

弗雷德為自己與 4 歲大女兒珍妮之間的關係而苦惱，因為女兒總是擺脫他，似乎不願意和他在一起。弗雷德是一個充滿愛心的人，但是非常保守，一般很少把他內心的感情表現出來。透過身體接觸表達自己的感情讓他覺得很不舒服。由於他特別想親近珍妮，弗雷德願意作出一些改變，開始從輕輕的拍女兒的胳膊、後背和肩膀來表達對女兒的愛。他逐漸增加這種語言的次數，終於能夠擁抱和親吻自己心愛的寶貝而不覺得有什麼不舒服。

這種變化對弗雷德來說並不容易，但是隨著他變得有些感情外露，他發現珍妮需要更多的父愛；如果珍妮沒有得到父親的愛撫，她就會朝父親發怒。弗雷德逐漸懂得，缺少父愛就會扭曲珍妮以後與所有男性的關係。

現在的年輕父母大都有忙碌的工作和社會生活，無暇時時與幼兒在一起。與以前不同，現在的父母多讓老人幫自己帶孩子，或請保姆來照看孩子，自己與孩子的連繫卻減少了。

　　事實是，嬰兒與雙親的連繫對於嬰兒的成長是至關重要的，這種連繫使嬰兒獲得安全感、信賴感與幸福感。最初與父母連繫的滿足感，成為嬰兒日後成長的基礎，同時也被認為是其人際關係圓滿的起步。

　　曾經替為人父母者著述了許多優良指導書籍的美國心理學家拉多遜博士這麼說：「嬰兒對人生是保持信賴感與幸福感，還是保持絕望感與不幸感，關鍵取決於其與父母的感情連繫是否順利。」充滿了滿足與幸福的嬰兒，還能夠有自信地活動，不斷學習新的事物。

　　提到與嬰兒之間的接觸，大家一定以為只是身體肌膚的接觸。的確，擁抱、撫摸等的接觸是不可缺少的。然而，這只是雙親單方面愛的表示。嬰兒比我們想像中來得聰明，他們也渴望向父母傳達愛的感覺，尋求雙向式的交流以及和諧的人際關係。所以，除了肌膚的接觸之外，他們更希望擁有其他豐富而愉快的交流，例如：呼喚時立即得到回答，微笑時也獲得同樣的回報，觸摸到時就能得到擁抱等，這些豐富的接觸就叫連繫。嬰兒均渴望此種連繫，所以請父母們能不吝於給予。

　　身體語言，讓你與孩子更親近！

　　人際間的溝通，除了透過口語，還會用身體語言來加強，爸媽和孩子之間的互動亦是如此。例如，對孩子表達關心和愛意，爸媽除了說「我愛你」以外，也常會用擁抱、親吻的方式，讓孩子感受到爸媽深厚的愛。

　　身體語言在親子互動的過程中，占有非常重要的地位，爸媽若能多加練習身體語言，不但能更清晰地表達自己的意思，提升親子溝通的品質，也能使親子間的感情更親密哦！

　　距離與角度，大有學問。

　　人與人間的距離及相關位置往往代表其關係是否親密，也意味將來談話內容能否切題。想跟孩子講道理、要給他一些壓力時，就要面對面跟孩

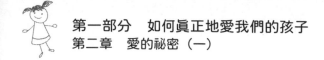
子說話；在安撫孩子時，要配合身體動作如擁抱，孩子會覺得爸媽全然接
受他；若希望孩子慢慢平靜、可以聽解釋，就與孩子成九十度，孩子較沒
有壓力；當表示讚賞時，則可以摟摟孩子的肩，成一百八十度，讓他有地
位平等的感覺。明確的眼神示意可以讓孩子知道他應該做什麼，而孩子愈
大，也愈能感受眼神的力量，會去推測眼神背後的意義。爸媽若能恰如其
份地運用眼神，孩子就不會妄加揣測，更能適時發揮作用，如以堅定的眼
神表示「不行」；以慈祥的眼神鼓勵、肯定孩子，孩子將更能明瞭爸媽的
意思，並適切響應。

　　適時的身體接觸。

　　身體接觸，可讓親子之間更親近。人的上半身與雙手張開所圍成的空
間如果愈大，表示他可以跟你接觸的面積愈大，也愈有接納的感覺。像麥
當勞叔叔的坐姿是略往後躺，手是擁抱人的，造成胸前廣大的空間，這種
「接納」的態度，也是受小朋友歡迎的原因之一。因此，經常抱抱孩子，
摸摸他的頭、臉，拍拍他的背，可讓孩子感覺到爸媽的愛，覺得爸媽可以
信賴，就會產生安全感；孩子情緒不佳時，更可以安撫他的情緒。

　　現代父母強調親子溝通而非單向的指示，因此不僅要懂得語言的運用
技巧，更需了解身體語言的奧妙及影響，要能察言觀色、心領神會，才是
真正的溝通！

● 小孩對觸摸的需求

　　弗雷德找到了這種特別的愛的祕密所具有的力量。近些年來，許多研
究報告已經得出了相同的結論：經常被父母抱著、觸摸和親吻的嬰兒在情
感生活方面就要比那些長時間得不到身體接觸的孩子更健康一些。

身體接觸能發出愛的最強音。這種語言喊道：「我愛你！」撫摸孩子的重要性並不是一個現代概念。早在西元一世紀，居住在巴勒斯坦的希伯來人就把孩子抱到耶穌那裡「請他撫摸」。馬可福音寫道，耶穌的門徒阻擋家長，認為他們的老師正忙於一些「重要的」事情，沒有時間花在孩子身上。但是耶穌對門徒的做法表示憤慨：「讓小孩到我這裡來，不要禁止他們；因為在神國的，正是這樣的人。我實在告訴你們，凡要承受神國的，若不像小孩子，斷不能進去。」說著，耶穌把孩子抱在懷裡，用雙手撫摸，祝福孩子。

你將在第七章裡學會識別孩子基本的愛的祕密。這也許不是身體接觸。然而，這沒有關係。所有的孩子都需要觸摸，而聰明的家長（無論處在什麼樣的文化環境）意識到了撫摸孩子的重要性。他們還意識到要讓孩子接受一些重要的成年人親切的觸摸，比如阿公阿嬤、老師或宗教領導人。是的，那些使用身體接觸這種愛的祕密的人需要更多的觸摸，但是所有的孩子都需要成年人的擁抱和撫摸，來感覺「我愛你」的真實性。

許多家長已經退卻，不再給孩子健康形式的觸摸，因為害怕出現性騷擾問題。這可令人遺憾。也許這種顧慮阻止你使用愛的最自然的表達方式。當然，我們知道有些成年人有反常的和過分的性行為；這樣做惡的人應該受到起訴，接受嚴厲的懲罰。但是，不能懷疑某個擁抱孩子的人就是一個戀童癖患者。我們也許需要採取一些預防措施，不過我們絕不能因為害怕挨罵就不敢適當地表示我們的感情。你應該感覺不受約束地親吻孩子，例如你的親戚小孩，以及與你關係密切的孩子。

我們會發現一個現象，幾個兒童走在一起，他們常常會互相推擁擠壓，甚至是碰碰撞撞，摔摔打打。這完全是由於小孩的天真活潑嗎？不是，從生理學角度而言，這是為了取得對「皮膚肌餓」狀態的自我滿足，

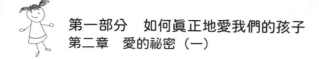
更有甚者，有的孩子會在家中故意尋釁挨打，來獲得同樣效果。

根據相關專家研究表明，人類和所有恆溫動物都具有互相接觸和撫摸的特殊生理需求，即所謂「皮膚飢餓」。例如，在孤兒院或長期住醫院的兒童，如果他們長期缺乏與他人身體接觸，就會變得孤獨怪僻，煩躁好動，有的甚至會出現把腦袋或身體往牆上碰撞的怪異行為。

美國麻塞諸塞大學的西德尼‧西蒙強調指出：人類對觸摸的需求是天生的，溫柔體貼的觸摸具有治療作用。兒童的皮膚飢餓在大多數家庭中能夠得到滿足，但是有一些兒童卻得不到應有的愛撫。因此，我們應用科學的態度和方法，滿足孩子的需求，使兒童能得到健康成長。

在托兒所、幼稚園和小學中，可以適當進行分組活動，經常用下述方法對兒童進行有益的活動，例如：全身摟抱，盡可能做到全身的接觸；背部撫摸，用手指輕搔，或用手撫摸背部。此法還具有解除疲勞和緊張情緒的作用；頸背撫摸，以手輕輕撫摸頸背；手背按摩，從腕部向上按摩至肩膀，按摩時可以輕重交替，輕則如搔癢。

對於年幼兒童，每日至少由父母分別摟抱一次，每晚睡前再做一次背部或頸背撫摸。對較大的兒童，則無一定規律，但當他們情緒緊張或身體疲乏、身心受損時，如能及時進行撫摸治療，可以使他們減輕疲勞或心理壓力，感到愉快而恢復良好的生理和心理狀態。

● 嬰兒和學步的孩子

在出生後的頭幾年裡，我們的孩子需要大量的觸摸。幸運的是，抱孩子對母親來說幾乎是一種本能行為，而且在許多國家父親也會積極參與，表達父親的愛。

　　但是在繁忙的今天，家長有時就無法像他們自己父母那樣撫摸孩子，儘管小的時候他們經常被父母撫摸。這些家長工作時間長，回到家經常是感覺很疲憊。如果母親工作，她應當確保孩子隨時有人替她照看。一天下來，孩子是否得到了愛的撫摸，還是孤零零地被放在嬰兒床裡躺著，沒有人看護，沒有人愛？在撫育孩子的過程中，孩子應該得到細緻入微和溫柔的撫摸，無論是換尿布、餵奶、餵食還是抱著行走的時候。即使嬰兒也能分辨什麼是輕柔的撫摸，什麼是手感粗糙的撫摸或不耐煩的撫摸。家長應當作出各種努力，保證自己外出的時候孩子有人悉心照料。

　　隨著嬰兒一天天長大，他會變得更加好動，但是對觸摸的需求並沒有減少。擁抱和親吻、在地板上與大人摔跤、騎在父親的肩背上，以及其他有趣的愛的觸摸對孩子的情感發育是非常重要的。孩子每天需要許多有意義的身體接觸，而家長應當想方設法提供這樣的機會。如果你天生就是一個不喜歡摟摟抱抱的人，你也許覺得自己是在存心違背自然傾向。不過你可以學。當我們逐漸理解了愛的觸摸的重要性，我們就有了改變自己的動力。

　　男孩和女孩都需要愛的身體接觸，然而，男孩的機會一般要比女孩少。這種情況出現的原因很多，但是主要原因是家長擔心身體接觸會使男孩發生程度不同的女性化。這種說法當然是不正確的。事實上，家長給孩子情感油箱加的油越多，孩子的自我評價和性別認同就越健康。

● 你的上學的孩子

　　當孩子開始上學了，他仍然需要身體接觸。每天早晨孩子離開家時給他一個擁抱，也許就能影響孩子這一天在感情方面是否有安全感。孩子放學回到家時給他一個擁抱，也許就能決定孩子是否度過一個平靜的夜晚，

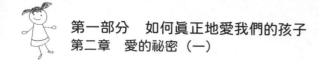
積極地寫作業或玩遊戲；或者為了引起你的注意而蠻橫的無理取鬧。為什麼是這樣？孩子每天在學校面臨著新的體驗，對老師和同學的感覺有正面的，也有負面的感情。因此，家應當是一個港灣，一個確保有愛的地方。記住，身體接觸是一種有力量的愛的語言。由於這種語言是以一種自然而又輕鬆的方式發出的，你的孩子就會覺得愜意，與別人交流也會變得更加容易。

有些家長會反駁道，家裡的男孩，隨著他們一天天長大，他們需要的愛撫越來越少，尤其是身體接觸。這種觀點站不住腳。所有孩子在兒童階段和青春期都需要身體接觸。許多男孩到了 7～9 歲時會經歷這樣一個階段，即不喜歡充滿柔情的撫摸，但是他們仍然需要身體接觸。他們往往願意接受更強有力的接觸，例如角力、推撞、玩耍般的擊打、粗魯的擁抱等等。女孩也喜歡這種類型的身體接觸，但是她們也不拒絕溫柔的觸摸，與男孩不同，她們不用經歷這樣一個階段。

在孩子生活中的這一階段，多數身體接觸是透過玩遊戲進行的。籃球、足球和英式足球都是身體接觸運動。當你在後院與孩子一起打球，你就把精心時刻和身體接觸結合到了一起。不過，身體接觸不應當只限於此類運動。用手梳理孩子的頭髮，摸摸孩子的肩膀和手臂，拍拍孩子的後背或腿，配合一些鼓勵性的話語，這些對一個正在發育的孩子來說都是很有意義的愛的表達。

許多家長最喜愛的接觸方式就是把孩子抱在懷裡讀書講故事給他聽，可以使家長獲得更長些時間與孩子的身體保持接觸。這種做法對孩子而言意義深遠，能夠成為孩子一生的記憶。

其他時候，比如說孩子生病、身體受傷或感情受傷、累了，或者發生了可笑的事或悲哀的事，身體接觸也是非常重要的。這些時候，家長需確

保自己對待男孩的方式與對待女孩的方式相同。大多數男孩在發育的某個階段往往會認為接受愛撫有點「女孩子氣」；當男孩抵抗時，家長很容易與孩子保持距離。另外，有些成年人認為男孩到了某種階段就不那麼願意求助大人。如果家長遇到這樣的情況，重要的是加以阻止，先行一步，給予男孩他們所需的身體接觸，即使他們表面上似乎不願意接受。

● 臨近青春期的孩子

在孩子上學讀書的這些年裡，必須為孩子度過兒童時代最困難階段的青春期做好準備，這是極其重要的。孩子較小的時候，情感油箱也小，所以填滿他們的油箱相對來說容易一些，儘管添加的次數多了一點。但是隨著孩子的成長，他們的情感油箱也在增大，填滿這個油箱就變得困難一些。最終男孩會長得比你高、比你壯、比你聰明 —— 不信比比看！而你的女兒也會令人驚嘆地長成大人的樣子，比你伶俐、比你漂亮！

繼續用愛為孩子的油箱加油，即使他們也許沒有發出需求的信號。臨近青春期的男孩也許會在身體接觸時躲閃，害怕這麼做太像女生，而女孩則會發現是自己的父親在退縮。如果你希望正確地為青春前期的女兒未來做準備，不要放棄這些身體接觸。為什麼呢？

青春前期階段，女孩特別需要父親的愛。與男孩不同，確信自己能夠得到無條件的愛對女孩來說變得越來越重要，大概在 11 歲左右這種感覺似乎達到了頂點。出現這種特別需求的一個原因在於，母親在這個階段與女兒的身體接觸遠遠多於父親。

如果觀察一下學校裡一群六年級女生，你就能看出差別。有的女孩對青春期的來臨是有準備的，而有的女孩則在掙扎。隨著女孩臨近人生這一微妙階段，她本能地知道自己需要感覺良好。她還下意識地知道自己需具

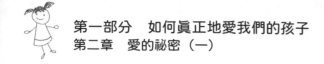

有一個良好的性別特性，以便平安順利地讀過以後幾年。最為關鍵的是女孩感覺到了作為女性的珍貴。

　　觀察這些女生你就能看出，在這個階段有些女孩與男同學的關係變得比較困難。她們要麼覺得害羞，躲避身邊的男同學；要麼挑逗，甚至勾引男同學。儘管男生也許喜歡嫵媚女生賣弄風情，但是他們對這樣的女生評價並不好，並經常在私下裡加以嘲笑。不過，對這個女生來說，真正的痛苦不僅僅是她的名聲，還有和其他女生的關係，因為她與男生在一起的行為往往會引起別的女生忿恨。到了這個年齡，與其他女孩建立正常的、牢固的友誼遠比與男孩子打交道重要。這些友誼還會確立終生的模式。

　　你所觀察的女孩當中也有一些不採取笨拙的行為來與男生交往。她們只是做好自己，因為她們具有健康的自尊心和性別個性。她們的行為模式穩定不變，始終如一，無論是遇到橄欖球明星還是害羞的、遲疑的男同學。你還會注意到，男生對這樣的女生評價很高。不過，更重要的是她們與其他女孩有著親密的、牢固的關係。

　　有了健康的自尊心和性別個性，女孩就能很好地經受異性同學的壓力。她們更有能力堅持在家裡學到的道德標準，更有準備為自己思考。

　　這些女孩的差別是什麼東西造成的呢？有的女孩不會處理自己與同學的關係，而有的女孩則做得漂亮。你猜對了 —— 是愛的「情感油箱」。大多數表現好的女孩都有一個好父親，是他在不斷地給女兒的油箱加油。不過，假如哪個女孩的父親不經常在家，那也不是一點希望也沒有了。她也許可以在阿公、叔叔或舅舅那裡找到父愛。無論從哪個方面講，許多沒有父親的女孩也能成長為一個健康的女人。

● 你的十幾歲的孩子與觸摸

當你的孩子步入青少年階段，你就應當注意使用正確的方式表達你的愛，而且還要注意時間和地點是否合適，這是很重要的。母親切記不要當著兒子同學的面擁抱兒子，因為兒子正在努力形成自己獨立的個性，這樣的行為會讓他感到窘迫；再說這也很有可能使兒子成為同學開玩笑的對象。然而，到了晚上在家裡就可以這麼做了。比如兒子在外面練習踢球回來，累得不行了，媽媽的擁抱也許真的是一個很好的愛的表達，兒子也會欣然接受。

有些父親在擁抱和親吻自己十幾歲的女兒時縮手縮腳，覺得這麼做不太合適。事實上，情況恰恰相反。十幾歲的女孩需要父親的擁抱和親吻；如果父親退避，她很有可能去到別的男性那裡尋求身體接觸，常常是以一種不健康的方式。再說一遍，時間和地點非常重要。在公共場所，除非女兒主動要求擁抱，否則的話最好還是忍住。不過在家裡，你可以採取主動。

十幾歲的孩子覺得，當他們經歷了不愉快的事情，或者在學校的學習不太順利，擁抱和其他形式愛的觸摸特別有幫助。另外不要忘了，父子之間和母女之間同性身體接觸也是重要的。父親擁抱兒子、母親擁抱女兒在孩子成長的各個階段都是適宜的。男孩除了需要母親的觸摸，也需要父親的觸摸，而女孩不僅需要母愛，也需要父愛。

假如你在尋找愛撫孩子的方法，你是能找到的。例如，孩子做完自己最喜愛的運動之後回到家，腰酸背痛，你就可以主動為孩子按摩，使孩子肌肉放鬆。或者，在孩子緊張地學習了幾個小時之後，為孩子揉一揉僵硬的脖子，以及其他愛的撫摸，這樣孩子會覺得渾身放鬆。另外，許多孩子

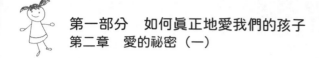
都喜歡讓父母抓撓後背，甚至長大離開家以後也是如此。

　　然而，你不能強迫十幾歲的孩子接受身體接觸。如果你的孩子從你的懷抱裡掙脫出去，或者在你拍他的肩膀時跳著閃開，你千萬不要糾纏。由於某種原因，你的孩子這個時候不希望有人碰他。這個原因也許和你沒有關係，也許和你的某個方面有關係。十幾歲的孩子已經有了豐富的情感、想法、慾望，所以有時候他們只是不想進行身體接觸。你需要尊重孩子的感覺，無論這些感覺是用語言表現出來的還是用行動表現出來的。不過，假如孩子一直拒絕你的觸摸，那麼你就得找時間和孩子談一談，找出其中的原因。

　　記住，你是孩子仿效的角色模型和行為榜樣，他們會觀察你進行身體接觸的方式。如何判斷孩子是否在照你的樣子做呢？一個好的辦法就是觀察孩子如何使用身體接觸。看到你的孩子使用這種愛的語言有效地與他人交往，你會覺得妙極了。

● 當愛的祕密是身體接觸

　　你的孩子的基本愛的祕密是身體接觸嗎？一定要讀一讀第七章來加以確定。不過，這裡我們介紹一些線索。對那些懂得這種愛的祕密的孩子來說，身體接觸能夠傳遞更深的愛，其作用超過說「我愛你」、送禮物、修理自行車，或花時間和孩子在一起。當然，孩子透過所有愛的祕密接受愛，但是其中最清楚，最響亮的語言就是身體接觸。沒有擁抱，沒有觸摸，沒有其他形式的身體接觸表達你的愛，孩子的情感油箱不會充滿。

　　當你在這樣一些孩子身上運用身體接觸，愛的資訊就會清楚響亮地發出。親切的擁抱可以向任何孩子傳遞愛，但是對特別喜歡這種愛的祕密的孩子作用更加明顯。相反，假如你透過身體接觸表達憤怒或敵意，你會極

大的傷害孩子的感情。打耳光對任何孩子都是難以忍受的，但是如果孩子的基本接受愛的祕密是身體接觸，後果會更加嚴重。

直到瑪莉琳的兒子喬伊長到12歲，瑪莉琳才開始學習愛的五種祕密。她跟一個朋友說：「我現在終於明白了喬伊。這幾年他一直不斷地抓弄我，讓我感到煩惱。當我洗盤子時，他走到我身後用手蒙住我的眼睛。如果我從他身邊走過，他就伸手扭我的胳膊。如果我在房間裡走動，他躺在地板上時，他就抓我的腿。有時他在我背後拽我的兩隻胳膊。他曾經喜歡在我坐著的時候梳弄我的頭髮，直到有一天我告訴他不准碰我的頭髮。他和父親在一起時也是這樣。他們父子倆經常在地板上打鬧。

「現在我意識到了，喬伊的基本愛的祕密是身體接觸。這些年來，他一直找機會觸摸我，那是因為他想讓我觸摸他。我承認我不太喜歡身體接觸 —— 我的父母就是不喜歡擁抱的人。現在我意識到，我的丈夫克里斯一直是透過和兒子在室內打鬧玩耍來表達他對兒子的愛，而我卻躲閃在一旁，不讓兒子從我那裡得到這種愛。我怎麼會一直沒有注意到呢 —— 現在看來似乎一切都很簡單。」

那天晚上，瑪莉琳與丈夫克里斯談起了她的感悟，克里斯有點吃驚。「我沒想到和孩子打鬧也是愛，不過這麼做真的很有意義。」丈夫告訴瑪莉琳，「對我來說，與孩子打鬧是很自然的事。其實，身體接觸也是我的基本的愛的祕密。」

當瑪莉琳聽到這裡，心裡的另一盞燈亮了。難怪丈夫那麼喜歡和她擁抱親吻，即使是不想做愛的時候。她還沒見過像丈夫這麼喜歡身體接觸的人。那天晚上，瑪莉琳覺得自己的心裡又增加了負擔，但是她決心學會使用身體接觸這種愛的祕密。她決定先從接受兒子和丈夫的觸摸開始。

等到兒子喬伊又一次來到廚房洗碗槽，用手蒙住她的眼睛，她甩了甩

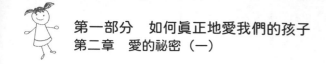

溼漉漉的手，轉身給了兒子一個緊緊的擁抱。兒子嚇了一跳，但是接著就大笑起來。而等到克里斯又一次主動過來擁抱和親吻她時，她用當年與丈夫約會時的動作迎接。丈夫也會心地笑了起來。

瑪莉琳努力堅持學習這種新的愛的祕密。經過一段時間，她開始覺得觸摸已經不讓她感到那麼難受。然而，早在她感覺舒服之前，丈夫克里斯和兒子喬伊已經在為她的身體接觸所產生的益處進行回報，並透過運用她的基本愛的祕密 —— 親身服務，做出反應。喬伊在洗盤子，而克里斯在用吸塵器清掃房間，瑪莉琳覺得自己幸福極了。

● 孩子們的看法

對許多孩子來說，身體接觸的作用要比話語、禮物、精心時刻和親身服務的作用大一些。缺少這種語言，你永遠也不可能加滿他們的情感油箱。關於身體接觸所具有的力量，看一看孩子們都說了些什麼。

艾林森，7歲。「我知道媽媽愛我，因為她總抱我。」

傑瑞米，大學三年級學生。他告訴我們他是如何知道父母愛自己的：「他們始終表現出了對我的愛。我記得，每次離開家時媽媽都會擁抱我，要是爸爸在家，他也會這麼做。而每次我回到家，他們也是這麼做的。總是這樣。我的一些朋友覺得不可思議，不相信，因為他們沒有生活在這樣的家庭裡，但是我喜歡。我盼望著父母的擁抱，這能讓我的內心感到溫暖。」

馬克，11歲。我們問他：「從 0 ～ 10，假如 10 為滿分，你父母對你的愛能打多少分？」馬克連眼睛都沒有眨一下，脫口答道：「10 分。」我們問他為什麼這麼肯定，他說：「這個，首先爸爸媽媽是這麼說的，但是

更重要的是他們對待我的方式。每當爸爸從我身邊走過，他總是碰撞我一下，而且我們經常在地板上打鬧。他是個很有趣的人。媽媽也經常擁抱我，親吻我，雖然當著我同學的面她現在不這麼做了。」

潔西卡，12歲，大多數時間與母親住在一起，每隔一週的週末去看望父親，並住在那裡。她說她覺得父親特別的愛她。我們問她為什麼，她說：「因為每次我去看爸爸，他都擁抱和親吻我，還告訴我他非常高興見到我。在離開的時候，爸爸長時間的擁抱我，還說他會想念我。我知道媽媽也愛我 —— 她為我做了許多事情 —— 但是我希望媽媽能夠像爸爸那樣熱烈的擁抱我。」

如果身體接觸是你孩子的基本愛的祕密，而你天生就是一個不喜歡觸摸的人，但是又想學會這種愛的祕密，那就從觸摸自己身體開始，也許會有幫助。是的，我們不是在開玩笑。首先，用右手摸你的左胳膊，從手腕慢慢地往上摸到肩膀。在肩膀處揉一會。然後換到左手同樣做一次。兩手梳理自己的頭髮，從前向後按摩頭皮。身體坐直，兩腳踩地，拍打雙腿 —— 願意的話可以加點節奏。一隻手放在腹部。彎腰摸腳並按摩腳踝。坐直，然後說：「瞧，我做了。我能夠觸摸自己，我能夠觸摸我的孩子！」

對那些較少經歷身體接觸，並覺得身體接觸不舒服的人來說，這種練習是打破障礙的第一步。如果你也是這樣一個人，你也許可以每天做一次這種練習，直到你有勇氣主動地觸摸自己的孩子或配偶。一旦開始行動，你可以確定一個目標，有意識地每天觸摸你的孩子一次。用不了多久，你就能逐漸發展到每天觸摸多次。假如身體接觸是你孩子基本愛的祕密，而你又能學會，那就值得你盡最大努力去做。

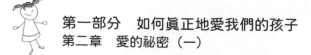
本章課外作業問答題

1. 在你的家庭生活中有多少是和身體接觸有關的？你的父母是否擁抱親吻過你或有過其他身體接觸的舉動？這對你今天作為一個成年人產生過什麼影響？

2. 依據本章中的觀點，你是否和你的子女在適當的場合有足夠的接觸，為什麼有或為什麼沒有？

3. 身體接觸所產生的不同尋常的意義是什麼？那些非傳統的身體接觸是如何滿足情感需求的？身體接觸對每個孩子可能產生害處的界限是什麼？

4. 討論那些令人敏感的身體接觸方式，除了正常的對你子女的擁抱、親吻以外，尋找把那些敏感的方式付諸於實踐的機會。

5. 到下週增加和你子女的身體接觸，但要使得這種接觸適合孩子的年齡，同時也要適合孩子的個性，思考一下這對他們的影響及他們可能作出的反應。

小組討論

　　仔細考慮一下身體接觸是否是所有孩子心中接受愛的祕密，如果是，那麼解釋一下你為什麼會得出這一結論。另外，和小組成員共同討論在他們各自的童年裡和父母有身體接觸的經歷，是積極的還是消極的，在這些經歷中你能學到些什麼？

第三章
愛的祕密（二）

為了孩子，我的舉動必須非常溫和而慎重。

—— 馬克思（Karl Marx）

● 肯定孩子說的話

父母的肯定是孩子的動力。

「了不起！」

★ **什麼情況下說這句話**：當孩子有了一個好的轉變時，你應該對孩子說：「了不起！」

★ **學會用這句話激勵孩子**：每天晚上，方方總說他要做作業，但是接下來卻一拖再拖，遲遲不動手，直到睡覺之前，他還是沒有把作業完成。儘管媽媽為他準備好了紙和筆，陪著他、監督他，卻總是枉費力氣。媽媽想盡了各種辦法，打也打過，罵也罵過，開始還好些，可沒堅持幾天又故態復萌。現在方方的成績更差了，他似乎對學習一點興趣也沒有。但是父母都知道，他有能力比現在做得更好的。

碰到這樣的情況，父母要想辦法激發孩子做作業的興趣。孩子沒有完成作業，你懲罰他，不如他完成作業時你獎勵他的效果好。當一份作業看起來過多的時候，就把它分成若干份，按份設獎。每當孩子成功完成一部分，你就給他一個獎勵。比如，與孩子約定如果他完成作業的三分之一，就可以得到一樣他喜歡的小東西，或一段自由活動的時間。如果完成了作

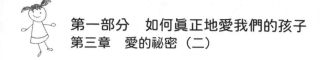

業的一半，可以允許他多看半個小時的電視，或得到一個霜淇淋，這樣一來可以激勵他不斷地努力學習。

父母還可以讓孩子自己列出一個他願意爭取的獎勵清單，但不能是什麼昂貴的、特別大的獎勵，可以是一些實物獎勵，比如一些小零食，或者是小玩具，又或是和父母一起玩棋等。

然而像孩子有了小小進步父母要給予獎勵一樣，如果孩子對本應該做到的事情沒有完成，一些小小的懲罰也是很有必要的。這可以讓孩子記住教訓，但懲罰不要太嚴厲。父母要不斷堅持對孩子的成績進行多表揚、少批評，當孩子能按時完成比較難的作業時，父母要明確地表揚孩子：「你都做對了，真了不起。」這樣一來，孩子在第二天將會更積極地做作業。

其實孩子的人生才剛剛開始，離失敗還很遠，就跟摔跤一樣，他小時候摔跤你覺得他失敗了嗎？沒有。孩子吃飯時飯粒掉下來，或者說話沒說好，你覺得他失敗了嗎？也沒有。為什麼上了學成績不好就是失敗了呢？如果家長對孩子的態度是欣賞的、肯定的，孩子就覺得有親和力；而如果家長對孩子不欣賞、總是指責，孩子肯定會疏遠自己的父母。

孩子自身儲存的能量很有限，我們不能老是打擊他，必須不斷給他蓄電，孩子的信心需要被啟動。有的孩子做一門功課時比較吃力，假如這時父母說「你沒悟性」，那麼他學習的興趣會驟降。但假如他取得了一點成績，父母表揚說「你真了不起」，他則可能眼睛一亮，就來「電」了。

有一個小女孩，她做作業時媽媽就坐在旁邊盯著，寫一點，媽媽就嚷：「錯了！」再寫，媽媽又嚷：「錯了！」小女孩越做越緊張，最後她說，當時大腦裡一片空白，後來就什麼也不會做了。這樣的教育方式破壞了孩子的學習環境，使孩子本應寧靜的空間裡卻充滿了噪音。

作為父母，在孩子失敗的時候不僅不能批評，還要給予安慰，更重要

的是要給以鼓勵和支持。不管孩子做錯了什麼事,不管孩子遭到了什麼樣的失敗,不管這種失敗給家庭帶來多大的損失,父母都不要指責孩子,也不能譴責孩子,更不能懲罰孩子。一方面這是孩子在成長和學習過程中的失敗,是一種十分寶貴和有意義的失敗;另一方面對這種已經出現的失敗使用指責、譴責和懲罰的方法,不但無法解決任何問題,還可能把孩子的創造精神消融掉,使孩子難以從失敗中再站起來。那麼,今後等待他的將是更大的失敗。最好的辦法,就是連失敗兩個字都不要提,甚至可以告訴孩子,這是一種很「了不起的事」,能夠做就已經很不簡單了,別說失敗一次,就是失敗一百次也是值得的,也是應該的。這種態度和話語在孩子的心裡產生的積極作用將是無法估量的。

凱夫是第三代美籍華僑,爸爸為了讓他不忘本,每個週末都送他去學中文。有一天天氣很不好,屋外的春雨淅淅瀝瀝地下著,連綿不絕,爸爸不由得把臉轉向窗外思索著。凱夫受到影響,也不禁欣賞起雨景來。忽然,凱夫「詩興大發」,一邊搖頭晃腦,一邊大聲吟出一句「窗外雨綿綿」。這句話惹得全家人哈哈大笑,凱夫見狀立即羞紅了臉,緊張地注視著爸爸。爸爸的心裡頓時一動,立即大聲表揚:「你說得很好,說出了爸爸想說的話。你真是一位了不起的詩人!」然後又問:「你能給這句話對個下聯嗎?」凱夫頓時來了勁,他又想出「室內靜悄悄」、「心頭暖融融」、「山中霧濛濛」 等出乎爸爸意料的妙句,讓爸爸驚嘆不已。

有時,我們給孩子一次機會,孩子就會還我們一個驚喜,事情就是這麼簡單。

「我的父親愛我嗎?愛我。因為當我打球的時候,他總是到場為我歡呼喝彩,而且比賽之後他會說,『你很努力,謝謝。』他說,重要的不是輸贏,而是看你是否盡力。」14 歲的菲力浦繼續說,「有時我也犯錯,但

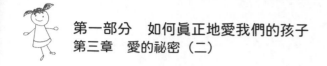
是爸爸告訴我不要著急。他說，只要努力去做，就一定能夠做得更好。」

在愛的交流中，話語具有強大的力量。充滿柔情的話、表示親愛的話、讚美的話和鼓勵的話、給予積極指導的話，所有這些話都在說著「我關心你。」這樣的話就像和風細雨滋潤孩子的心田，培育孩子內心的價值感和安全感。儘管這樣的話說起來很快，但是不會很快被孩子忘記。肯定的話語能讓孩子受益終身。

相反，尖刻的話、氣急敗壞的話就能傷害孩子的自尊心，使孩子懷疑自己的能力。孩子往往對我們所說的話深信不疑。古希伯來人的諺語沒有誇大現實：「舌頭雖小，卻執掌著生死大權。」

第二種愛的祕密就是肯定的話語。有些孩子覺得，對愛的最大感受就是家長對他們的肯定。正如下面我們將要看到的，這些話語不僅僅是「我愛你」之類的表達。

● 表達親情和愛的話語

早在小孩能夠聽懂大人的話之前，孩子接受的是情感資訊。輕柔的語調，溫和的情緒，關愛的氛圍，所有這些都會在情感方面讓孩子感受到溫暖和愛。每個家長都與自己的嬰兒說話，而孩子所能理解的是父母臉上的表情和溫柔親切的語音，以及身體接觸的緊密程度。

由於小孩使用詞彙和概念的能力需要逐漸培養，更多的時候他們並不明白我們所說的話，即使我們說了「我愛你」。愛是一個抽象概念。孩子們無法像看見玩具或畫冊那樣看見愛。孩子們通常需具體地去想，所以我們應當幫助孩子理解我們所表達出來的愛。等孩子能夠把「我愛你」這句話與你愛的關懷連繫起來，這句話才能獲得更大的意義。例如，當你在孩子睡覺前給他讀書，把他緊緊地抱在懷裡，讀到故事當中讓孩子感覺溫暖

和親情時，你就可以輕輕地說「我愛你，寶貝。」

一旦孩子開始懂得你所說的「我愛你」的意思，你可以在不同的時間，以不同的方式加以使用。這樣，孩子就能逐漸把你的話與日常事件關聯起來，例如送孩子出去玩或送孩子去上學。另外，你還可以把愛的話語與真心讚揚孩子的話語結合到一起。現在已是一個兩歲孩子媽媽的艾麗絲說：「時至今日，我仍然記得媽媽如何談論我漂亮的紅頭髮。每次上學前，媽媽都要給我梳理頭髮，而她的積極評價一直是我的自我知覺的一部分。過了好幾年我才發現紅頭髮的人其實是挺少見的，但是我從來沒有因為自己是紅頭髮而有什麼不好的感覺。毫無疑問，媽媽充滿親情的話與我的良好心態有著極大的關係。」

來自父母的親情之愛本是天然而成，不需回報的。子女愛父母也是與生俱來，天經地義的。可是為什麼近年來一些躺在蜜罐中長大的孩子缺少了愛心和孝心，只愛自己，不愛父母，更不會關愛他人、關愛集體。這不得不讓人們反思，父母對子女的愛到底缺失了什麼？

事實告訴我們，父母對孩子的愛不同於母雞之愛，這源於天然的愛也需要學習。

在中國生活了五年多的美國駐華大使館官員大衛・菲爾斯坦（David Firestein），曾花了大量的時間了解一些中國朋友的家庭，發現中美兩國的父母在表達感情及教育子女方面存在很大差距。中國父母不太會用語言表達對孩子的愛，他們的話多是含蓄、間接的，很少聽到他們對孩子說「我愛你」、「我想念你」之類的話。他們也不太習慣用親吻或擁抱來表達對小孩的關愛。而美國父母恰恰相反，他們不僅用語言也用行動直接表達自己的愛意，同時還經常熱情洋溢地稱讚孩子，誇獎孩子：「你（妳）是這個世界上最聰明、最漂亮的小男孩（小女孩）。」

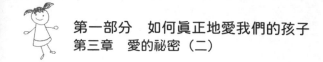

這些文化上的差異，或許也是東方國家很多人長大成為父母後不會表達愛的原因。於是在物質生活水準逐漸提高的今天，出現了雖少有語言來表達愛意，卻不乏用大量高級的食物、玩具寵愛孩子的父母。這種育兒方式如不及時糾正，那將是民族下一代的悲哀。

教孩子學會愛，父母先要給予孩子愛，並把滲透在生活中每時每刻的愛意明確地表達出來，讓孩子感同身受，銘記在心，伴隨其成長。

● 讚許的話語

讚揚和慈愛在我們給孩子的資訊中經常是混雜在一起的。需要我們加以區分。慈愛是指對孩子存在的欣賞，對孩子所具有的某些特點和能力的欣賞。與慈愛截然不同，我們讚揚孩子是因為他做了什麼，無論是成績、行為還是認真態度。本書使用的讚揚則是指孩子對某些事情的控制程度。

如果你想讓讚揚的話真正對你孩子有意義，你需要當心自己所說的話。假如你過於頻繁地使用讚揚，你的話就不會產生積極的效果。例如，你也許會說：「妳是個好女孩。」這是很美妙的話，但是在使用時你應該聰明一些。當孩子完成了某件事情，感覺很好，並期待有人誇獎，這個時候讚揚孩子效果會更好。孩子知道什麼時候父母給予的讚揚有正當的理由，什麼時候只是讓他們感覺好一些，而後者他們往往認為是沒有誠意。

頻繁而又隨意的讚揚是危險的。原因在於，如果孩子過於習慣這種類型的讚揚，想當然的認為這是很自然的事情，他們就會凡事都期待別人的讚揚。當他們做了某事而沒有得到讚揚，他們就會假定自己做錯了什麼，變得焦慮起來。當他們看到別的孩子並不十分在意這樣的讚揚，他們就想知道為什麼自己這麼過分地需要讚揚。

當然，我們希望讚揚我們所關心的孩子，但是我們更希望確保讚揚的真實性和合理性。否則孩子也許會認為這是奉承，把它和謊言同等對待。

許多父母把賞識與讚揚等同起來，以為賞識孩子就是告訴孩子：「你真棒！」事實上，賞識教育遠遠不是說一句「你真棒」這麼簡單。賞識首先應該是一種心態，一種欣賞孩子的心態。而讚揚只是賞識的一種手段而已，只有把賞識的心態融入讚揚之中，孩子才會真正感受到賞識的力量。

賞識孩子應該發自內心

杜魯門（Harry Truman）當選美國總統後，有一天，一位客人來拜訪他的母親。

客人笑著對杜魯門的母親說：「有哈里（杜魯門）這樣的兒子，您一定感到十分自豪吧！」

杜魯門的母親微笑地回答：「是這樣的。不過，我還有一個兒子，他同樣讓我感到非常自豪。他現在正在田裡挖馬鈴薯呢！」

杜魯門的弟弟是一位農夫，但是，母親並沒有認為這位做農夫的兒子是無能的。對她來說，每個孩子都令她感到自豪，無論兒子是總統還是農夫。

在接受記者採訪時，杜魯門的弟弟是這樣評價哥哥和自己的：「我為哥哥感到驕傲，他將是美國最優秀的總統之一。但我同時也為自己感到驕傲，我是一名農夫，用自己的雙手養活了自己，照顧了父母。」

這是何等的自信！而這種自信正來自於母親的賞識。

作為父母，我們總是希望自己的孩子是最好的。但是，在我們的眼裡，自己的孩子總是不如別人的孩子好。這到底是為什麼呢？

這源自於父母們望子成龍的心態。但是，每個人都有優點，也有缺點，孩子也是一樣。父母由於天天跟孩子生活在一起，眼中看到的似乎總

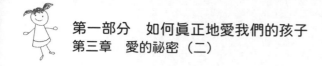

是孩子的缺點，而忽視了他們的優點。

在現實生活中，父母經常會把自己孩子的短處和別人孩子的長處相比，甚至把別人的孩子過度地美化和誇張，本想給自己的孩子樹立榜樣，其實卻給孩子帶來巨大的傷害，甚至會因此影響孩子的一生。

每一個孩子都有他的長處和優點，雖然孩子的天資有別，學習事物有快有慢，學業成績也有高有低，但判斷一個孩子的好壞，不能只取決於一個方面。

作為家長，不能只憑長相、成績等某個方面就認定自己的孩子不如別人、沒有出息，而是應該善於發現他們的優點，發現他們與眾不同的地方，要始終相信自己的孩子是優秀的，要把讚美留給自己的孩子，讓他們在你的讚美聲中繼續發揚自己的優點和長處。

賞識孩子的努力而不是聰明

有一位到北歐某國做訪問學者的華人曾經歷過這樣一件事：

週末，她到當地的一位教授家中做客。一進門，她就看到了教授5歲的小女兒。小女孩滿頭金髮，漂亮的藍眼睛讓人覺得特別清新。她不禁在心裡稱讚小女孩長得漂亮。

當她把帶去的禮物送給小女孩的時候，小女孩微笑著向她道謝。這時，她禁不住誇獎道：「妳長得這麼漂亮，真是可愛極了！」

這種誇獎是東方父母最喜歡的，但是，那位北歐教授卻並不領情。在小女孩離開後，教授的臉色一下子就陰沉下來，並對訪問學者說：「妳傷害了我的女兒，妳要向她道歉。」

訪問學者非常驚奇，說：「我只是誇獎了你女兒，並沒有傷害她呀？」但是，教授堅決地搖了搖頭，說：「妳是因為她的漂亮而誇獎她。

但漂亮這件事，不是她的功勞，這取決於我和她父親的遺傳基因，與她個人基本上沒有關係。但孩子還很小，不會分辨，妳的誇獎就會讓她認為這是她的本領。而且她一旦認為天生的漂亮是值得驕傲的資本，就會看不起長相平平甚至醜陋的孩子，這就給她造成了誤導。」

「其實，妳可以誇獎她的微笑和有禮貌，這是她自己努力的結果。所以……」教授聳聳肩說，「請妳為妳剛才的誇獎道歉。」

訪問學者只好很正式地向教授的小女兒道了歉，同時讚揚了她的微笑和禮貌。

這件事讓這位訪問學者明白了一個道理：賞識孩子的時候，只能賞識孩子的努力，而不應該賞識孩子的聰明與漂亮。因為聰明與漂亮是先天的優勢，而不是值得炫耀的資本和技能，但努力則不然，它是孩子後天的付出，應該予以肯定。

在人生的旅程中，聰明的人，常常在最後變笨了；而笨的人，卻常常在最後變聰明了。

遇到寒冷酷熱，聰明的人逃開了；笨的人親身嘗試，卻意外地在寒冷酷熱中成長。笨的人逐漸意識到：「努力不一定會成功，但成功卻永遠需要努力。」

作為父母，應該賞識孩子的勤奮和努力，對他們的努力給予最熱情的支持和鼓勵。不要因為自己孩子的不聰明而氣餒，而應該為孩子的不努力而擔心。始終記住一句話：「所謂天才，是百分之一的聰明加百分之九十九的勤奮！」很多情況下，父母應該故意淡忘孩子的聰明，而重視孩子的努力，並把這種理念傳遞給孩子，讓他們感覺到只有努力才能獲得父母的認可和誇獎，進而逐步明白一個道理：聰明往往只能決定一時的成敗，而努力則決定了一世的命運。

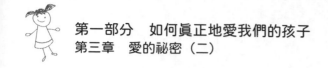

　　所以，家長若想激勵孩子在學習上取得更好的成績，最好的辦法不是讚揚他們聰明，而是鼓勵他們刻苦學習。

及時讚揚孩子的成就

　　「媽媽，今天跑步我得了第一名。」樂樂高興地對媽媽說。

　　「和誰跑步啊？為什麼跑步啊？」媽媽淡淡地問了一句。

　　「今天上體育課，老師讓我們比賽跑步。我是跑得最快的，老師誇我很有運動天賦呢。」樂樂的臉上帶著得意的笑容。

　　「哦，知道了。今天有作業嗎？快去做作業吧！」媽媽好像沒有聽到樂樂說的話。

　　聽到媽媽這麼說，樂樂非常失望，悶悶不樂地躲進了自己的房間。他不明白為什麼自己跑了第一名，媽媽卻一點都不高興，更沒有誇獎他。

　　正當樂樂不理解媽媽的行為時，爸爸回來了。爸爸發現樂樂很不高興，就問他：「怎麼了孩子，有什麼不開心的事情嗎？」

　　「爸爸，我今天跑步得了第一名，老師都誇獎我了，可是媽媽卻一點都不高興。」樂樂很委屈地對爸爸說。

　　「是嗎？第一名啊，真厲害！和爸爸說說，都是和誰跑的？」爸爸很高興地問。

　　「體育老師讓我們分兩組，男生一組，女生一組。男生裡我跑得最快，他們都不如我，被我落下好大一截呢！」

　　「真是太厲害了，等下吃飯的時候一定要多吃點，這樣才能讓身體更強壯，以後還要跑第一名，好嗎？」

　　「嗯，我以後還要跑第一名。」樂樂高興地跑到餐桌旁邊，等待吃飯了。

每個人都希望獲得別人的認同，孩子更是如此，尤其是來自父母的肯定。孩子透過自己的努力，在學業或者比賽中取得好成績，這是多麼值得父母賞識的事情！這時候，父母應該為孩子感到高興，應該及時給予熱情的賞識和讚揚。

事實證明，及時賞識和讚揚孩子，比事後再給予讚揚所起到的作用要大得多。

有時候，孩子需要的不僅僅是父母一句讚揚的話，他們也需要得到父母的重視和關心。如果父母沒有對孩子的成績表示出及時的關注，會讓孩子感到失望，而這種失望很可能會讓他們失去繼續努力的動力。

及時讚賞孩子的成績，表現出家長對孩子的真心賞識和熱切期望，這能傳遞給孩子一種強大的精神力量。這種力量不僅可以讓孩子更加努力和自信，而且會促進孩子智力發展和身心健康，大大增強孩子對學習和生活的信心和勇氣，從而激勵孩子奮發向上，讓孩子健康快樂地成長。

其實不必諱言，當前之所以強化「賞識教育」，首先因為我們慣常的賞識遠沒有達到理性的高度和人性的廣度。說到理性的高度，大家不難發現，教師對學生、家長對孩子的「賞識」往往停留於一事或一時的褒獎與激勵，孩子身上的「亮點」很少被提及到促進終生發展的高度去強化和發揚，孩子們也很少有這方面的自我反思與獨立思考。

談到人性的廣度，似乎教育者知曉的往往是對優秀孩子及孩子的優異之處進行「賞識」，對於所謂「另類」、「後進」乃至「不良」孩子及個別孩子身上所謂的「缺點」，缺少積極的認識，從而漠視一些孩子，漠視他們的心理及生命過程！這樣缺少「生命關愛」的賞識教育哪有人性的廣度可言呢？

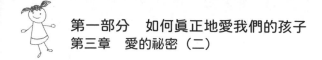
● 鼓勵的話語

　　鼓勵這個詞的意思是指鼓足孩子的勇氣。我們尋求給孩子勇氣嘗試更多的事情。對一個小孩來說，幾乎每一個體驗都是新的，學走路、學說話、學騎自行車，所有這些都需要堅持不懈的努力。不過，我們對孩子說的話，要麼是對孩子努力的鼓勵，要麼是使孩子對自己的努力失去信心。

　　言語病理學家說，孩子是透過模仿成年人來學習說話。但是，假如成年人說話不僅發音清晰，吐字清楚，而且還能透過言語鼓勵孩子說出正確的話，這個過程就會得到增強。例如「說得挺好的、說得好、對啦、太棒了、你會說了」這樣一些話不僅能鼓勵孩子學習眼前的一些詞，而且還能為他們未來提高詞彙量打下良好的基礎。

　　這一原理在孩子學習社交能力方面同樣適用。「我看見你把玩具分給瑪麗一些玩。我喜歡你這麼做。大家相互幫助生活就變得輕鬆多了。」聽了這樣的話，孩子的內心就會增添動力，抵禦那種也許是出於本性的「有好東西自己藏起來」的慾望。接著我們再來看看一位家長對六年級孩子說的話：「傑森，我注意到那天晚上比賽之後，你在認真地聽史考特講述他的比賽感受。儘管別的孩子從你身邊走過時拍打你的後背，你還能那麼專心地去聽，我真的為你感到驕傲。傾聽別人講話是你能給予別人的最大禮物之一。」這位家長是在向傑森逐漸灌輸學會傾聽技巧的勇氣，因為這是人際關係最為重要的技能。永遠也不要低估鼓勵的話語對孩子的影響力。

　　也許你覺得使用鼓勵的話語有些困難。但是請你記住，受到鼓勵的感覺其中一個方面就是身體感覺良好。充沛的經歷和活力需要能量；這就是說，作為家長，我們需盡可能的在身體方面、智力方面、感情方面和精神方面保持最好的健康狀態。如果我們覺得受到鼓勵，我們就能更好的鼓勵孩子。在雙親家庭裡，夫妻應該相互鼓勵；如果是單親家庭，家長（父親

或母親）就應當有可信任的朋友或親戚來支持你的精神和活力。

妨礙我們鼓勵孩子的最大敵人就是憤怒的情緒。家長的火氣越大，就越容易把火氣灑在孩子身上。結果造成孩子「抗上」的性格，即反權威，反對政府，又反家長。顯然，這就意味著細心周到的家長會全力平息自己憤怒的情緒，將火氣控制在最小程度，並慎重地加以處理。

《諺語》的作者真的很明智：「溫和的回答可以消除憤怒。」家長說話聲音的大小影響著孩子對所聽到的話的反應。輕輕地說話需要練習，但是我們都可以學會。另外，當我們因孩子的某些事情感到緊張時，我們可以學著用一種愉快的方式說話，每句話的結尾用升調，盡可能多地用問句，而不是用發布命令的口氣。舉個例子，「倒垃圾去，快！」或者「你去幫我把垃圾倒了好嗎？」你看，哪一種說法能最好的鼓勵孩子？多一些愉快，少一些火氣，這麼做才能取得非常好的效果。如果我們積極地鼓勵孩子去做某事，孩子就有可能贊同地做出反應，而不是抵制你的想法。

幾年前，《讀者文摘》（*Reader's Digest*）刊登了一篇故事，主角是明尼蘇達州莫里斯市聖瑪麗學校一位出色的國中數學教師。一個星期五的下午，她要求學生拿出一張紙，列出班級所有同學的名字，每個名字下面均留出空格。然後她讓學生思考一會，按名單分別把每個同學最主要的優點寫下來。臨下課時，她把紙條收了起來。星期六和星期天，她把每個學生的名字分別單寫在一張紙上，然後把同學對他或她的評語列在下面。到了星期一，她把評語分發給每個學生。

學生們讀了評語後立即開始小聲議論起來。「沒想到我還有這麼多優點。」或者「我不知道同學原來這麼喜歡我。」老師並沒有組織學生在課堂上討論。從來沒有，但是她知道這項活動獲得了成功，因為這讓她的學生對自己產生了自信心。

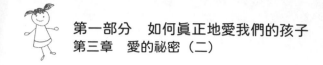

　　幾年過後，這個班級的一個學生馬克死在越南。遺體運回明尼蘇達州後，馬克的許多同學以及那位數學老師參加了葬禮。儀式結束後的午餐會上，馬克的父親對數學老師說：「我想給你看樣東西，」說著從衣袋裡掏出一個皮夾。「馬克犧牲時他們在他身上找到的。我們想你大概還能認出它來。」打開皮夾，馬克父親取出一頁從筆記本上扯下來的紙，已經有些磨損，顯然是經過了多次折疊，再折疊。紙上寫的正是同學們對他優點的評語。

　　「太謝謝妳啦！」馬克的母親對數學老師說，「妳都看到了，我們的馬克把這張紙當作最心愛的東西帶在身上。」在場的馬克的同學開始一個接一個的表示，他們都一直保存著這樣的字條，並經常拿出來讀一讀。有的同學把它放在皮夾裡；還有一個同學甚至把它放進了新婚相冊。有個男同學說：「我想，我們班上的所有同學都留下了這個紙條。」

● 指導性的話語

　　鼓勵性的話語如果集中在孩子所作出的某個努力上，效果是最好的。目標是捕捉到孩子做了什麼好事，然後給予積極的評價。是的，這麼做需要花費更大的氣力，遠不如發現孩子做錯了什麼，然後給予訓斥那麼容易，但是最終結果是值得的：在倫理道德方面為孩子的發展明確方向。

　　孩子需要引導。透過接觸某種特定語言，他們學會講話；透過生活在某種類型的社會當中，他們學會行為舉止的表現方式。在大多數文化中，父母承擔培養孩子適應社會生活的主要責任。這不僅包括社會上可以做和不可以做的事情，而且包括倫理道德方面的發展。

　　所有的孩子都要受到他人的指導。作為家長，假如你不是孩子的主要嚮導，那麼其他的影響因素和個人就會占據這個位置 —— 學校、電視、

別的成年人或同學。問你自己這樣一個問題：我的孩子是不是在接受積極的、充滿愛心的指導？充滿愛意的指導總是把孩子最好的興趣記在心上。其目的不是使家長和其他成年人看上去很好；其目的是幫助孩子形成良好的品格，以便很好的適應未來的生活。指導性話語是為你孩子的將來指路；這是愛的第二種語言強有力的成分。

許多時候，家長給出的資訊是對的，但是方式卻是錯的。他們告訴孩子遠離毒品，但是粗暴嚴厲的方式是世上也許促使孩子接觸毒品的原因之一。必須以積極的方式說出指導性話語。正確的資訊以錯誤的方式傳遞總是造成錯誤的結果。正像一個孩子說的那樣：「我的父母經常朝我大喊大叫，卻告訴我不要喊叫。他們還沒有學會做的事卻讓我做到。這不公平。」

另外一個困難是，許多家長把家長的指導看作是行使禁令。「不要喝酒。如果喝酒了，不准開車。」、「不能懷孕。」、「不准抽菸。」、「不能吸食毒品。」、「不要超速駕車。」這些話都是很好的警告，但是不足以指導孩子獲得有意義的生活。要清楚，禁令只是家長指導的一部分，但是永遠不應該是主要部分。在《聖經》對伊甸園的敘述當中，上帝只給亞當和夏娃一個否定性指導；所有其他的指導都是肯定的。上帝給他們分配了有意義的工作，讓他們透過生產活動充實自己的生活。後來，當以色列人來到西奈，他們得到了十條戒命，其中五條是否定的，五條是肯定的。在耶穌的山上布道中，他的訓條絕大多數是肯定的。

否定性話語是必要的，但是只能作為我們給予孩子指導的一部分。最高法律是愛的法律，而充滿愛心，正面的指導正是我們孩子迫切需要的。如果我們能夠引導孩子積極的，有意義的追求生活，孩子就不大可能走入歧途，也能避開許多危險的事情。許多年輕人承認，他們第一次吸食毒品

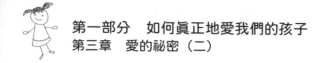
是因為覺得太厭煩。

　　能夠說出充滿愛意的指導性建議的家長通常會密切觀察孩子的興趣和能力，並透過言語鼓勵來增強孩子的興趣。從學業追求到簡單的道德規範規則，再到複雜的人際關係技巧，父母需要不斷利用正面的言語指導表達他們對孩子的愛。

　　即使是從否定方面對孩子進行指導，你也可以用一種充滿愛意的方式說出來。喊叫不大可能獲得理想的效果，更不要列舉孩子朋友的各種缺點。採取充滿愛心的方式，表達對孩子吸毒朋友的關心，這樣做才會有好的效果；孩子的朋友做出了如此錯誤的選擇你應該表示難過和惋惜。你也許可以和孩子一起看一些文章，比如有關因吸毒或酗酒造成事故或死亡的報導，然後把你的痛苦感受流露出來。當你的孩子聽到你如此充滿愛心的關心那些年輕人的生命以及所造成的家庭悲劇，他就很有可能支持你的看法；如果你的孩子聽到你譴責這些人做出這樣的事，他就會不以為然。

● 當愛的祕密是肯定的話語

　　「我愛你」無論是實際意思還是含蓄意思都應當單獨使用。說「我愛你……你能替我做這件事嗎？」就會沖淡愛的主題。說「我愛你，但是現在我要告訴你……」就會抵消應有的意義。「我愛你」永遠也不要附加任何條件。這一點適用於所有兒童，但是特別適用於主要愛的語言是話語的孩子。

　　10歲的陶德似乎總是無精打采的。他的父母比爾和瑪麗試了所有能試的東西幫助兒子對生活感興趣——從各種運動到養狗——但是結果智窮計盡，茫然不知所措。他們經常抱怨陶德的態度，告訴陶德應該為有這麼關愛他的父母而欣慰，並告訴他應當找出可以發展的興趣。他們甚至嚇唬

孩子，說如果還對生活興奮不起來，就帶他去找輔導員。

比爾和瑪麗聽完愛的祕密研討班的課後，馬上想到陶德主要愛的語言也許就是肯定性的話語。他們意識到，這是他們沒有做到的事情。作為替代，他們向兒子表達愛的方式有送禮物，每天擁抱他，抽出時間陪兒子一起度過以及服侍行為。但是，他們透過言語傳達給陶德的資訊通常充滿了責備。

比爾和瑪麗制定了一個計畫。他們開始有意識的努力向陶德說一些肯定的話語，比如對陶德的一些長處進行議論。在為這次試驗做準備的時候，他們決定頭一個月集中說一些諸如「我們很關心你，我們愛你，我們喜歡你」之類的話向孩子傳達資訊。

陶德是一個長得很帥的男孩，所以他們先從誇獎孩子的貌相開始。他們沒有把肯定的話語與這樣的建議結合起來：「你是個強壯的孩子；你應該踢足球。」相反，他們只是談論兒子的強壯身材，僅此而已。他們還開始注意觀察陶德一些讓他們感到高興的行為，並做出積極評價。如果陶德給狗餵食，他們表示讚賞，而不是說「這是在浪費時間」。如果不得不對孩子進行指導，他們也盡可能從正面提出。

一個月後，比爾和瑪麗報告說：「我們無法相信陶德的變化。他變成了另外一個孩子了 —— 也許是我們家長變了。陶德對生活的態度變得積極了。他與我們說笑話，開心大笑。他經常給狗餵食，最近還出去和別的孩子一起踢足球。我們想，我們已經步入了正軌。」

比爾和瑪麗的覺悟不僅改變了陶德，同時也改變了他們自己。他們學會了如何做父母，懂得了這不是順其自然就能做好的事情。每個孩子都是不同的，所以必須用孩子的主要語言進行愛的交流。比爾和瑪麗的故事表明，稍不留意，我們就有可能錯誤地使用孩子的愛的語言，給孩子帶來傷

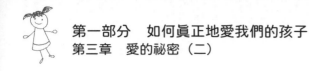

害和痛苦。陶德需要的是肯定的話語，而父母給他的卻是譴責的話語。這樣的話語對任何孩子都能造成傷害，但是對那些主要愛的祕密是肯定的話語的孩子來說，所受到的傷害更具破壞性。

如果你認為自己孩子的主要愛的祕密是話語，而你又覺得不知道如何說肯定的話語，我們建議你準備一個筆記本，在封面上寫下「肯定的話語」。當你聽到別的家長對孩子作出肯定，把他們的話記在本子上。當你閱讀一篇關於兒童培養的文章時，把你找到的正面話語抄下來。去找一些論述家長與孩子關係的書，把看到的肯定性話語記下來。然後對著鏡子練習說這些話。你說得越多，這些話就越容易變成你自己的話。最後有意識地找機會對孩子說一些肯定性話語，每天至少三次。

假如你發覺自己又回到了老路上，開始說一些譴責的話語或否定的話語，那就對孩子說一聲對不起，承認你意識到了這些話傷人，這不是你的本意，並請孩子原諒。告訴孩子你在努力成為一個更好的家長，你深切的愛著自己的孩子，希望更有效地與孩子進行愛的交流。用不了多久，你就能夠扔掉舊習慣，建立起新的說話模式。所有這一切最好的報償就是你可以透過孩子的表情，尤其是眼神，從內心深處感受到的效果。另外，你還能開始接收到孩子的肯定的話語，這也許是你意想不到的好事。孩子對你的愛感受得越多，他就越有可能報答你。

● 孩子們是如何說的

以下四個孩子的基本愛的祕密都是肯定的話語。

瑪麗，8歲。「我愛媽媽，因為她愛我。每天她都告訴我說她愛我。我想爸爸也愛我，但是他從來沒這麼說過。」

利薩，12 歲，今年摔傷了胳膊。「我知道父母愛我，因為儘管我受了傷，耽誤了學校的課程，但是他們總是鼓勵我。在我感覺不好的時候，他們從來不強迫我寫作業，而是告訴我可以過一會再做。他們說，他們為我努力學習而感到驕傲，相信我一定能把落下的課程趕上去。」

大衛是個活潑、直率的男孩，5 歲，堅信父母愛他。「媽媽愛我，爸爸愛我。每天他們都對我說『我愛你』。」

約翰，10 歲。3 歲起一直生活在寄養家庭。最近八個月他與第四任養父母鮑伯和貝特西住在一起。我們問他養父母是不是真的愛他，他說真的愛他。我們問他為什麼這麼快就做了回答。「因為他們不朝我大喊大叫。以前的養父母總是朝我喊叫。他們把我看作是垃圾，而鮑伯和貝特西把我當人對待。我知道我有很多問題，但是我也知道他們愛我。」

對那些主要愛的祕密是肯定性話語的孩子來說，最為重要的愛的方式是讓他們聽到家長和其他成年人對他們的肯定。反過來也是這樣 —— 譴責的話語會很深地傷害他們。刺耳難聽的批評對所有的孩子都不利，但是對那些主要愛的祕密是肯定性話語的孩子，這些負面的話就是毀滅性的。他們會在頭腦裡模仿這些話好多年。

這樣一來，家長和孩子生活中其他有影響的成年人有必要儘快為自己說了否定的、批評的或刺耳的話向孩子道歉。儘管說出去的話不可能被道歉所清除，但是其效果可以降低到最低程度。假如你意識到自己採用了負面的交流方式對待孩子，你也許可以鼓足勇氣讓你的配偶把你的話記錄下來，這樣你就知道自己都說了些什麼。這麼做可能有點太嚴肅了，不過這可是克服講話方式不當的重要一步。由於正面交流是獲得家長與孩子良好關係的重要保證，所以值得我們努力打破舊習慣，養成新習慣。你的孩子將會獲得極大的益處，而你所獲得的滿足感將是非常值得的。

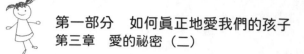

本章課外作業問答題

1. 你在童年時獲得的肯定的言辭是怎樣成為自滿的預言？分析一下那些積極和消極的言辭是怎樣對你造成影響的，不管這些話最初是否完全無誤。

2. 現在平等對待你的每個子女，然後選擇一種積極的和消極的言辭，使得它們能對你的孩子產生正面的和負面的影響，接著重新引導你的孩子肯定積極的一面，否定掉你消極的言辭。

3. 我們常常向孩子表達愛並認為他們明白我們愛他們。然而由於他們的思想常常從實際出發，所以他們可能會完全誤解此種愛。從下週起，你要盡可能清楚地向你的孩子表達愛，到了週末時，你可以詢問他們看他們是否對你的愛了解得更清楚一些。

4. 在日常生活中，用語言來表達愛是很合適的，但這裡面需要增加一些特殊的詞句，帶你的孩子到他喜歡的地方去，然後選擇一個合適的時機告訴他，你愛他的原因，要把你的言詞放在孩子是誰的基礎上，而不是他的表現。

5. 鼓勵的話語是對愛的一種重要的表達方式，就像以多種方式鼓勵你自己一樣，繼續訂閱刊物或雜誌，然後尋找一條鼓勵他們的途徑，這種方法要適合他們的年齡和情況，首先詢問他們在生活中有什麼需要幫助的（不要假定你知道）。

6. 何時憤怒能夠抹去你那些積極言詞？為你的憤怒而道歉，即便你認為這種憤怒是合理的，因為它傷害了你和孩子間的關係。

小組討論

　　憤怒是肯定言辭的一個巨大敵人在沒有憤怒的消極影響下，討論一下執行上述條件的有效方法，讓小組成員都講出各自在控制憤怒上成功與失敗的經歷，在這些以往的經歷中你又能學到些什麼呢？

第四章
愛的祕密（三）

世上再沒有比時鐘更加冷漠的東西了：在您出生的那一刻，在您
盡情地摘取幻夢的時刻，它都是分秒不差地滴答著。

—— 高爾基

● 精心時刻

4歲的薩拉正在拖著媽媽的腿。「媽媽，媽媽，我們去玩！」

「我現在不能跟妳玩，」金尼說。「我得先把馬鈴薯沙拉做好。等我做完了才能陪妳玩。妳先自己去玩一會，然後我們就一起玩。」

五分鐘後薩拉回來了，乞求媽媽和她玩。金尼回答說：「小寶貝，我說過要把沙拉先做好。來，快離開這裡，我過幾分鐘就去。」薩拉走了，但是不到四分鐘她又回來了。馬鈴薯沙拉終於做好了，母女倆一塊玩了起來。不過，金尼知道同樣的程序明天還會重複。

金尼和薩拉的故事讓我們學到了什麼？多麼好的機會，薩拉正在展現自己主要的愛的語言 —— 精心時刻。真正能使她感受到愛的正是媽媽的專注。這對薩拉太重要了，所以她一次又一次回到媽媽身邊。然而，金尼卻經常把女兒沒完沒了的請求視為對自己的打擾。假如孩子固執地堅持下去，金尼甚至會失去耐心，把薩拉送到自己的房間，暫時隔離一會。這與薩拉的需求恰恰相反。

作為母親該怎麼做呢？金尼感到困惑。既愛孩子又不耽誤自己做事可能嗎？答案當然是肯定的。學習孩子主要的愛的語言就是達到這一目標的

一把鑰匙。如果金尼在開始做馬鈴薯沙拉之前拿出十五分鐘時間陪女兒，她就有可能安靜地把沙拉準備好。當一個孩子愛的油箱沒油了，而關注是唯一能填充油箱的油料，孩子就會竭盡全力爭取自己需要的東西。

即使你孩子的主要愛的祕密不是精心時刻，許多孩子也渴望父母對自己的專注。實際上，許多孩子做出的不規矩行為、不正當舉止或者胡鬧，其目的是試圖多爭取一些時間和媽媽或爸爸在一起。對孩子來說，否定的注意似乎也比沒有注意好。

近些年來，關於精心時刻我們聽到的議論非常多，尤其是越來越多的家庭夫妻都需要上班，以及出現了那麼多的單親家庭。然而，儘管更多的人們談論精心時刻，可是精心時刻仍然是大多數孩子的一種渴望。有些孩子，儘管家長真的很愛他們，但是他們的情感油箱卻是空的，而且似乎很少有家長知道如何去做。

精心時刻是集中起來的注意力，意味著你需要專注自己的孩子。大多數嬰兒得到了大量的精心時刻 —— 僅透過餵食和換尿布，嬰兒一天就能獲得數小時的關注。除了母親的照料，如果在家，做父親的也會參與進來。另外，阿公阿嬤以及其他親屬也會幫忙。

隨著孩子的成長，精心時刻的給予變得困難一些，因為要求家長作出真正的犧牲。與身體接觸和肯定的話語相比，精心時刻的給予確實不太容易。大多數人沒有足夠的時間做自己想要或喜歡做的事；給予孩子精心時刻也許就意味著我們必須放棄某些自己喜愛的事。當孩子開始步入青春期，他們要求的時間經常是我們家長感到筋疲力盡、緊張繁忙或心情不好的時候。

與孩子一起度過愉快時光是父母送給孩子的禮物，其傳達的資訊是：你很重要。我喜歡和你在一起。這樣就讓孩子覺得他是父母在這個世界上

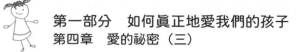
最為重要的人。他真正的感受到了愛，因為他完全擁有了父母。

當你和孩子度過精心時刻的時候，你需要注意適應孩子身體發育和情感發育的程度。例如，如果孩子正在學爬，你應當坐在地板上陪著孩子；當孩子搖搖晃晃開始學走路時，你應當站在一邊鼓勵孩子；當孩子能夠玩沙子，並開始學著拋球或踢球時，你應當和孩子在一起玩。當孩子的世界擴大到學校，各種課程、各種體育運動，教堂和社區活動，你需要隨時與孩子保持連繫。孩子越大，難度也許就越大，尤其是你試圖為孩子安排私人時間卻發現自己妨礙了孩子參加更多的公共活動。

● 與孩子共同行動

精心時刻最重要的因素不是事件本身，而是你和孩子一起做什麼，與孩子共同行動。我們問 7 歲的南森怎麼知道父親愛他，他說，「因為他和我一起做事，比如投籃球、洗車，還有一塊去理髮店。」

精心時刻不要求你去什麼特別的地方。你幾乎可以在任何地方為孩子提供集中的注意力，而最豐富的精心時刻常常出現在家裡。找出時間單獨和孩子在一起並不容易，但是很有必要。當今社會，人們越來越多地充當旁觀者而不是參與者，所以來自家長的關注更是孩子所急需的。

在許多家庭裡，孩子看電視的時間遠遠超過了和父親在一起的時間。孩子越來越多地受到家庭以外的各種影響，但他們仍需要與父母在一起共同度過珍貴的美好時間。當然了，在你的日程表上開闢這種時間需要做出真正的努力。不過，這種努力更像是為未來投資 —— 為你的孩子和家庭的未來投資。

父親是孩子最重要的遊戲夥伴，也是兒童積極情感的滿足者。父親會更多地與孩子玩興奮、刺激、變化多樣的遊戲，而不像母親那樣與孩子做

一些傳統、安靜、缺少變化的遊戲。所以，孩子更喜歡與父親玩。研究表明，有自由選擇遊戲對象時，有三分之二以上的孩子把父親作為第一遊戲夥伴來選擇。

父愛有助於兒童良好個性特質的形成。一般來說，父親具有獨立、自信、自主、堅毅、勇敢、果斷、堅強、勇於冒險、勇於克服困難、富有進取心、合作、熱情、外向、開朗、大方、寬厚等個性特徵。孩子在與父親的交往中，一方面潛移默化地感受著父愛，模仿、學習父親的言談舉止；另一方面，父親已自覺地要求孩子具有以上個性特徵，尤其是對男孩要求更為嚴格。

正常的父愛能促進兒童扮演好自己的性別角色。男孩能模仿、學習男子漢的「陽剛之氣」，從而形成良好的角色心理認同。如果男孩缺乏「父愛」或與父親交往過少，容易導致「女性化」傾向。對女孩來說，透過對父母性格特徵的識別，會更加強化自己的性別意識，掌握性別角色標準。國外一些研究發現，在隨單親母親長大的女孩中，成年後往往拒絕做母親或妻子，在取得滿意的兩性關係上也存在著一定的困難。

父愛也更易促進兒童智力的發展。觀察和研究證明，母愛與父愛對兒童的智力影響是有差異的。孩子從母親那裡可以更多地接受語言、日常生活知識、物品用途、玩具的一般使用方法和藝術性等方面的知識。而父親會給予孩子更豐富、更廣闊的知識。父親透過與孩子共同操作、探索多種形式的活動、遊戲，可以培養孩子的動手操作能力、創新意識，促進孩子求知慾、好奇心的發展。一項追蹤研究發現，凡與父親在一起相處機會多的兒童，其智力水準更高，尤其男孩更是如此。由此可見，「親情關係向母性集體傾斜」是一種不利於兒童健康發展的現象，應引起我們家長的警惕。父親不應輕易放棄自己應盡的責任和義務，多給孩子一些父愛。當

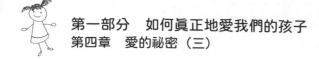
然，對於單親家庭來說，應盡可能地消除「沒有父親」對孩子的不利影響，母親盡可能地要「母代父職」，與孩子多做一些男性常做的活動。但最重要的還是要請家庭中的其他男子，如爺爺、叔叔、外公或舅舅等盡一份「男子影響」的責任，給孩子一些「父愛」，防止教育可能出現的片面性。

令人欣喜的是，越來越多的父親意識到了自己在孩子成長過程中與母親同等重要、不可取代的重要性，從而積極地參與到家庭教育中來，用自己在人格特質、社會閱歷等方面的優勢對孩子的成長施加積極的影響，把母親生活領域之外的東西盡可能地展現在孩子面前，並成為孩子探索新領域的嚮導和力量源泉。

● 與每個孩子在一起的時間

如果你有幾個孩子，你需要安排時間分別和各個孩子單獨在一起。這不容易，但是可以做到。看看蘇珊娜（Susanna Wesley）是怎麼做的吧，她有十個孩子。蘇珊娜每週為每個孩子安排一個小時與她單獨在一起。她的三個兒子，薩繆爾（Samuel Wesley）、約翰（John Wesley）和查理（Charles Wesley），分別成為詩人，作家和牧師；查理寫的讚美詩至今仍然是基督教會的經典作品。除了幫助孩子認字、寫字和算術外，她還教孩子禮貌、良好的行為舉止、道德價值和儉樸的生活方式。

在那個女性很少有機會進學校讀書深造的年代（十八世紀的英國），蘇珊娜幫助女兒完成了整個學業。這位明智的母親有一次對女兒艾蜜莉亞（Emilia Wesley）說：「社會沒有為女人學習知識提供機會。」艾蜜莉亞後來成為教師。儘管我們沒有必要完全提倡蘇珊娜培養孩子的所有觀點，但是我們欽佩她優先考慮家庭和孩子的做法。你作為家長在家裡珍視並實施的價值和重點是找到開啟精心時刻的鑰匙。

● 積極的目光接觸

　　精心時刻應當包括令人愉快、充滿愛意的目光接觸。關心地看著孩子的眼睛是表達愛的一種強有力的方式，把你內心的愛傳送到孩子的內心。然而，研究表明，許多家長基本上是以否定的方式使用目光接觸，要麼是在訓斥孩子的時候，要麼是在給孩子下命令的時候。

　　大多數情況下，你的目光接觸應當是愉快的、充滿愛的。如果你只是在孩子讓你高興的時候才給予這樣的目光，你就落入了有條件的愛的陷阱。這樣會損害孩子的成長發育。為了保持孩子情感油箱充滿，你希望給予孩子足夠的無條件的愛，那麼關鍵在於恰當的運用目光接觸。

　　有時候，家庭成員把拒絕目視對方當作一種懲罰手段。這是殘酷的，你的配偶或孩子永遠也忘不了這種消極的對待。孩子往往把目光接觸的移開理解為對自己的不滿，而這進一步傷害了孩子的自尊心。不要讓你愛孩子的感情表露受到控制，例如此時此刻孩子是否讓你感到愉快。你需要堅持不斷地給出你的愛，無論孩子的行為表現如何，也不要管在什麼情況下。

　　在如今的家庭教育中，有些父母認識不到傾聽孩子訴說的重要性。孩子一旦有問題，總愛以成人的思維方式去評判孩子所做的一切，把自己的意願強加給孩子，不給孩子解釋的機會，輕則呵斥重則打罵。孩子因失去說話的權利或者自己的想法得不到父母的重視，只好將委屈和不滿埋藏在心裡，長此以往，做父母的就很難知道孩子的所思所想，這樣對孩子的教育就會無所適從。另外，孩子的說話權得不到父母的尊重，父母不讓孩子把話說完，一方面不利於孩子語言表達能力的提高，另一方面也使孩子產生自卑情緒。久而久之，孩子就會與父母產生對抗情緒，以致雙方相互不

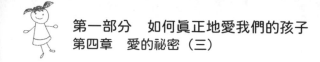
信任，產生溝通困難的問題，甚至還會造成孩子的不良心理。

　　老師發現天天最近變了，以前活潑開朗、上課積極發言的他，現在變得沉默寡言，總是一個人發呆，學業成績也下降了。老師經過細心的了解，才知道了天天不愛說話的原因。

　　天天以前每天放學回家後，都會把學校發生的趣事說給父母聽，可天天的爸爸是個對孩子要求非常嚴格的人，他把全部希望都寄託在天天身上，希望天天將來能考上大學、出人頭地，因此，對天天的學習抓得特別緊。他覺得天天說這些話都沒用，簡直是浪費時間，因此每當天天興高采烈地說話時，爸爸總是會打斷他：「整天只會說這些廢話，一點用也沒有，你把這心思放在學習上多好，快去做作業！」一次天天說班裡發生的一件事，正說得興高采烈時，爸爸說：「說了你多少次了，讓你別說這些廢話，你還說，再記不住，看我不打你！」嚇得天天一個字也不敢說，趕緊回到自己房間裡去了。

　　慢慢地，天天在家裡話越來越少了，而爸爸也不讓他出去玩，每天放學後他就只好悶在自己的房間裡，久而久之，他的性格也就變了。

　　由此可見，如果父母忽視了與孩子的交流，不重視孩子的傾訴，時間久了，不良的影響就會表現出來。因為對於一個已經有自我主張和能力的孩子來說，讓他乖乖地「聽話」是一種痛苦。其實，仔細傾聽孩子的訴說並回答孩子的問題對加深親子關係大有裨益，這可以加強孩子的自信心和安全感。

　　我們知道，親子之間的溝通交流是影響親子關係、孩子性格發展的重要方面。所以，如果父母們能對孩子的傾訴多一點耐心，不急於打斷孩子的話，那麼孩子遇到事情時就會樂於向父母傾訴，與父母建立良好的溝通。

那麼，當孩子想要訴說時，父母如何才能更好地對待孩子的訴說呢？下面介紹的幾種方法，父母們不妨參考一下。

尊重孩子說話的權利。

傾聽孩子的訴說，充分尊重孩子說話的權利，這不是縱養孩子的行為，也不能視作聽任孩子的狡辯，這是一種家教藝術。首先，這有利於雙方的交流。只有充分尊重孩子的權利，孩子也才會信任父母，願意把真心話掏出來。家長教育孩子也就好對症下藥、有的放矢，從而幫助孩子端正思想。其次，有利於孩子建立一個健康的心理環境，促進身心的良好發展。孩子有了向父母傾訴內心感受的機會，就會跳出壓抑的心境，克服自卑感，從而增強自信心。這對鍛鍊孩子的社會交往能力是個極好的機會。

向孩子顯示你正在聽他講話。

孩子向父母訴說時，父母的關注表示父母對孩子的尊重和表示父母願意分享孩子的想法和感受。當孩子開口向父母講話時，父母應停下正在做的事情，轉向孩子，與孩子保持目光接觸，並仔細地聽孩子說話。同時還要透過點頭或不時地「嗯……是的……」等來顯示父母在注意聽他說話。

當然，父母在聽孩子說話的時候，不要對孩子進行無端的批評和責罵。因為受委屈的人，很少去反省自己有什麼過錯，而被感動的人則更容易自省，並且因為感動增加內心的勇氣和自信，同時他的自制力也會增強。

告訴孩子你所聽到的以及你的想法。

孩子說話時，無論你有多忙，一定要眼睛看著孩子，不要隨意插嘴，盡量表現出你聽得很有興趣。讓孩子發表他們的觀點，完整地聽他的講話，如果你在某一重要原則上表示不同意他的看法，應告訴他你不贊同他的什麼觀點，並說出理由。在提出反對意見時不要過於武斷，不應否定一

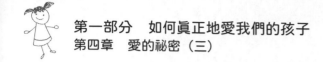
切。即使孩子是在信口胡說，也要控制你的情緒，不要妄下定論，直到完全理解清楚。

讓孩子投入談話之中。

交談需要花費一些時間，同時，最好是在一種讓孩子與大人一樣有同等機會參與的輕鬆氣氛中進行。談話應自由自在，任意發揮。不要有什麼儀式安排或預期達到什麼結果，嘗試著與孩子隨意交流觀點和看法。

接受和尊重孩子的所有感受。

孩子向父母訴說時，父母應安靜、專心地傾聽，但不給予評判。父母不必接受孩子的所有行為表現，而只是接受他的感受。例如，孩子告訴父母他對小夥伴有多生氣，這時父母要理解孩子的感受，可以安慰一下孩子，但父母要教育孩子不可透過嘲弄或打人來表達他的生氣。

做父母的千萬不能因為自己的子女還是一個孩子，就疏忽了讓他們闡述自己看法的機會。一味的指責和粗暴的說教，無法真正解決問題的癥結。當然，父母也不要總是高居臨下地對待孩子，應「蹲下來」傾聽孩子訴說原委。孩子有值得稱讚的觀點，父母應表明支持的態度，即使孩子認識上存在盲點，也要循循善誘啟發開導。傾聽孩子的訴說，是一把開啟孩子心靈窗戶的金鑰匙。

● 分享思想和感情

精心時刻不僅僅是積極的一起做些事情；透過精心時刻你還能更好地了解孩子。當你花時間與孩子在一起，你就會發覺自己自然而然地與孩子談起各種與生活有關的話題。加利福尼亞一個學院的教育學教授布里格斯就喜歡在與兒子一起打高爾夫球時談話。「在我們開始一起打球之前，我的兒子是個不太愛講話的人。」布里格斯父子倆人走在球場上，他們經常

談論高爾夫 —— 擊球技巧或高爾夫球的其他精妙之處。但是他們很快就能把話題轉向生活的其他方面。當家長向孩子示範如何投籃球的三分球、如何投擲橄欖球、如何洗車，甚至如何洗盤子時，他就可以創造出一個很好的談話氛圍，在這樣的環境裡家長可以和孩子談論一些比較重要的問題。

那麼，我們如何與孩子交流思想與感情，是當今父母們倍感煩惱的事。所以我們父母要和孩子真誠溝通。

以下，是一些教育專家的意見，您不妨看一看，想一想，自己有什麼可以參照的。

融洽關係，製造談話的氣氛

父母與子女之間的良好親情關係，是進行思想交流的良好基礎。有些父母平時和孩子思想交流很少，發生了問題之後就嚴厲訓斥孩子，久而久之，感情距離漸漸拉大，或者在孩子不順自己的心時，大發牌氣，使孩子產生了叛逆心理，感情關係陷於困境。在這種情況下進行交談是沒有什麼效果的。為此，與孩子交談，首先要製造一種和諧的氣氛，說句笑話，講點令人高興的事情，拉近了感情距離，效果就會好得多。

忌用過激的語言。好的意思還得用好的語言來表達才行。父母的感情和孩子的幸福緊密相連，自然沒有哪位父母任何時候都沉得住氣。越是激動的時候，越有可能把不該說的話說出來。

有的放矢，主題明確

針對孩子的什麼思想，解決孩子的什麼問題，要做到胸中有數，在談話時，圍繞主題進行雙向交流，使孩子有所得。如果遇到了敏感的問題，例如政治事件、父母之間的感情問題、孩子的生理方面的問題等，也不要

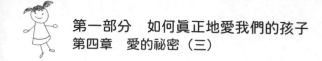

迴避。對於不宜直接說的，可以採取側面啟發的方式，不要態度曖昧，使孩子感到無所適從。

話不宜多。有些父母教育費盡心力，但是效果並不理想。表面上看來，他們是在與孩子開放交流，殊不知他們的某些話，恰恰是堵住了孩子的嘴巴和耳朵。最常見的弊病就是某些父母那種教條似的長篇獨白，一開始就是：「當我和你一樣年紀的時候。」絕大多數的子女對父母的這種表演評論說：「這種說教式的談話，我們不喜歡。」其效果可想而知。

在說教面前，孩子往往是緘默不語，他們的眼睛朝高處看，心不在焉，無法接受父母的教育。類似「等你成家有了孩子後就明白了」這樣的話已經成了某些父母的口頭禪。一天要嘮叨好幾次，由於孩子是生活在此時此地，老是對他們提及未來的情況，不會有多大效果。有經驗的父母認為：「應該用現實的語言，舉出具體的理由，說明你提出的主張。」如不贊成孩子去參加某次舞會，不必提到許多「未來」的事情，只需具體說明，如：「我不讓你去是因為你年齡太小，沒人照看你，怕你出事」就行了。

態度親切，消除談話的戒心

要表現出對子女的愛心，使孩子樂於接受談話，避免使孩子處於防禦戒備心態。「我們來談談吧」，這樣會使孩子想：「又來給我上政治課了。」或者說：「你真是個糊塗蟲」、「看我怎麼來教育你。」這樣，孩子只能層層設防了。如果對立情緒較大，可採取「冷處理」、「曲線交談」，從另外的事入手。如果孩子有事需要談，可以放下手中的事情，傾聽孩子的心聲。不能說：「我很忙，以後再說吧。」這樣就會失去機會，關閉談話的大門，孩子覺得沒有受到尊重，會對父母產生不信任感。

語言要感人。凡是關係融洽的家庭,人們交談時,語言都充滿著愛心和親切感,態度和藹。而那種直來直去,不講究方式的語言,用意雖好,也會得到相反的效果。具體的語言方式,因人而異。

語言精鍊,把握談話的時間

孩子都反對囉嗦,最忌沒完沒了的嘮叨。在談話達到目的後,適可而止。談話是可經常進行的,不求長談,只求效果。另外,在談話時,不妨語言幽默一些。一位哲人說過:「含笑談真理,又有何妨呢。」幽默給人以輕鬆,使孩子願意快樂的交談。正襟危坐,叫人望而生畏,實際上是「拒人於千里之外」了。

和孩子談話,不是對孩子訓話,而是重在思想交流。孩子常常渴望表達自己內心的感受,希望父母重視和理解自己。家長應該主動地引導孩子說出他的內心話,聽了孩子的話後,應及時回饋,使孩子覺得「我被理解了」或「我知道了」。

尊重孩子的意見。在討論一般的普通家事時,不妨也讓孩子「參政」一下。不管最後是否採納了他的意見,也讓他感受自己在家庭中的重要性,是家庭一員。如此,他們也會尊重長輩的。

利用典型,善抓談話的機會

孩子自身和周圍環境裡隨時都可能發生一些事情,如果抓住典型事件,及時交流思想,其效果要比平時好。一位國一的女學生,在校外受到同校男生的非禮,這位女學生回家向她父母談起這件事,她的父母不是輕描淡寫地說不要理那些非禮的男生,而是啟發她應如何對付這類事情,使她增強了是非能力,悟出了保護自己的方法。之後,她向老師反映了這件

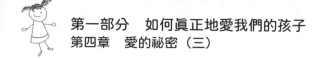
事情，使問題得到了及時的處理。

　　一般來說，家長會之後是孩子們最急於和父母談話的時候，抓住這個機會，可以了解孩子的很多情況。一位高一的男學生，平時對自己的學習不夠重視，期中考試成績「吊車尾」。家長會後，他懷著忐忑不安的心情，急切地想知道家長會的情況。這位學生的母親沒有大聲訓斥孩子，她抓住這個敏感的時機，對孩子親切地說：「家長會上我感到很難為情，也證明我平時對你關心太少了。只希望你找出失敗的原因，期末考試為我爭一口氣。」孩子是尊敬她的，他向母親坦誠地彙報了自己懶惰、貪玩的行為，表示今後一定要趕上去。後來，他確實有了很大的進步。抓住孩子關心某一個問題的時機談心，孩子容易聽得進。

　　給孩子說話的機會。不管孩子跟你講什麼，你都應該讓孩子把話說完。如果還沒聽孩子的話就發脾氣，事後應該給孩子賠不是。事實證明，給孩子說話的機會，是一種成功的育兒法。

選擇方法，增強談話的效果

　　一位哲學家說：「世界上沒有完全相同的兩片樹葉。」孩子的性格各有不同，需要父母根據孩子的特點，選擇適當的談話方法。通常的方法有：

★ **直敘法**：孩子直接向父母談論一個問題，父母直接向孩子表明自己的態度，其特點是快捷，但只適合於性格比較外向的孩子。

★ **間接法**：向孩子講一個小故事、說一條成語、引用一個事例、談幾句詩詞，或談電影、小說等，引起孩子談話的興趣，然後順勢引導到談話的主題上來。在談話的人員問題上，採用孩子容易接受的方式，可以父親或母親與孩子單獨談，也可以三人一起談，還可以請孩子信任的親戚談。

★ **時間合適及注意場合**：與孩子交流感情的時間，最好是在吃飯和睡覺前，這是孩子心情最為平穩的時間。有位母親說，每天扶孩子上床時，問孩子：「今天有什麼不順心的事嗎？」孩子長大後，也愛在這個時間，向父母討論自己白天遇到的不順心事，以求得父母的理解與寬慰。

● 優質的交流

在這樣的談話裡，父親可以透露他自己的一些往事，也許是向孩子講述他與孩子母親當年約會談戀愛的趣事，也許是和孩子討論一些思想道德問題。這種「真實的」談話從感情層面上與孩子進行深切的交流。孩子會認為，「父親相信我，他關心我。父親把我看作是重要的人，他愛我。」作為母親，當她陪女兒去買第一副眼鏡或者幫助女兒挑選參加班級舞會服裝時，她可以把當年自己對身材和外貌的擔心講給女兒聽。這樣的談話讓母女的關係更加密切，並有助於女兒理解自身的價值（不能僅僅依據長相）。

孩子無論長到多麼大也需要與父母或其他成年人進行優質談話。這種分享思想和感情的做法是生活的重要組成部分。學會這一層面的交流可以幫助孩子為未來的人際關係和感情關係做好準備，其中包括婚姻生活。優質談話能讓孩子學習如何結交朋友，如何與同學或同事打好關係；優質談話能讓孩子學習如何加工整理自己的想法，如何以積極的、關心的方法與別人進行交流，如何尊重別人的觀點；優質談話以實例教會孩子如何以愉快的方式不同意別人的意見。

由於孩子能從與你的談話中學到很多東西，甚至可能超過你的預期，所以拿出時間與孩子進行健康的談話至關重要，無論孩子的年齡是大是

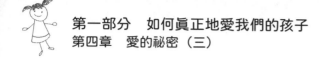
小。假如你只是在教訓孩子的時候才和孩子談話，你的孩子也許永遠也不懂得正面關注別人的價值。否定的關注滿足不了孩子對愛的需求。

　　如果孩子還小，進行談話最有效的時間是孩子臨睡前這段時間。這個時候孩子的注意力一般比較集中，也許是因為分心的事情少了，也許是因為孩子想拖延上床睡覺。無論什麼原因，孩子這時都能仔細地聽家長的話，由此也就容易進行有意義的談話。

● 講故事與談話

　　所有的孩子都喜歡聽故事。讀書講故事給孩子聽是孩子臨睡前的一個偉大的儀式 —— 一定要有這麼個儀式，因為這有助於父母在孩子步入青春期後還能與他們保持暢通的交流。講故事中間或故事講完後，你可以停頓幾分鐘，讓孩子表達一下對故事內容或人物的感受，然後和孩子議論幾句。這麼做非常重要，因為現在的許多年輕人似乎不明白他們的行為與他們的感情關係密切。由於他們不懂得感情，所以他們缺乏控制自己行為的方法。例如，當你在故事中講到某個人物經歷了不愉快的事情，你就可以和孩子談論一下失望的感覺、悲哀的感覺、憤怒的感覺，以及其他經常出現的感覺。

　　我們強烈向你推薦這些迷人可愛的談話時間。可悲的是，如今的大多數年輕人不懂得如何處理自己的感情，尤其是憤怒的情緒。這種缺陷就是吸毒、不正當性行為、反政府反權威態度和行為的主要原因。多年的溫暖和親密的上床時間談話，加上輕鬆溫和的感情分享，就可預防生活中這些嚴重問題的出現。

　　上床時間儀式，溫暖而又親密，溫和而又輕鬆，聽上去恰好與繁忙的世界形成強烈的對比，而在這個世界裡居住著那麼多繁忙的家長。成功地

達到這一目標就要求確立重點，然後抵禦緊急事務的催促。不要做緊急事務的犧牲品。從長遠的觀點看，許多眼下看起來似乎是繼續做的事其實也沒什麼大不了的。處理孩子的事情才是最重要的，永遠是這樣。

● 精心時刻的安排

從孩子出生到孩子 8 歲期間，你可以採用一個相當穩定的時間表，因為孩子的生活中心主要是在家裡。但是，隨著孩子長大，越來越多地參與家庭以外的一些活動，你需要花費更多的時間和精力來準備家庭的精心時刻。否則的話，很有可能找不出時間安排。下面說一說我們的幾點想法。

首先，飯廳是安排精心時刻最自然的場合。這些年來，按時回家與家人一起吃晚餐是你與家人形成親密關係最好的經歷。我們都聽說過，有些家庭只是擺上一鍋飯菜，誰什麼時候回來就什麼時候吃。對那些懂得家庭聚餐的溫暖和力量的人來說，年復一年，這種做法似乎有些雜亂。父母是唯一能確定家庭時間表的人，而且還能確定時間安排什麼時候，在什麼情況下會受到阻礙。有些家庭能夠一起吃早餐。至於你，也許每個月能和孩子一起吃一頓午餐。

第二，可以考慮在外面住一夜的短途旅行。伯尼和他的兒子傑弗每隔三個月就外出一次。他們通常離開家後走上一個小時，然後在帳篷裡露營，不受干擾的在一起度過一天。艾林森每週兩個晚上陪 12 歲的女兒布里塔尼外出散步，與此同時，她的丈夫和兒子則在家洗刷盤子，共用父子間的精心時刻。

這些只是我們的兩個建議。請記住，全面安排你的時間不必抑制自發性活動。如果需要，你可以改變計畫。不過，沒有計劃，你也許會發覺與孩子在一起的珍貴時光越來越少。你能把其他人列入日程表上，為什麼不

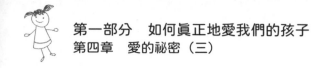
能把孩子列入呢？你拿出那麼多寶貴時間和孩子在一起，自願放棄許多其他活動，孩子會非常感激你的。另外，計畫制定附帶產生的結果就是你可以教孩子如何安排自己的時間。

精心時刻的準備遠不是你在日程表上插入一天或一個小時的時間。安排與孩子在一起的時間也意味著你需要做好自身的準備。假如你緊繃工作了一天後回到家，你需要釋放工作帶來的壓力，清理一下自己的頭腦，然後把注意力集中在家裡。有些人是在回家的路上播放一些自己喜愛的歌曲來放鬆心情。我們認識的一些朋友則把車停在家附近，做幾分鐘祈禱。你也可以找一找有什麼方法可以讓自己放鬆，高興起來，這樣就能獲得要給孩子的活力。

如果你無法在到家之前調整好自己的狀態，你和配偶可以在接觸孩子之前先為自己找出時間放鬆一下。你也許可以換上一套舒適的休閒服，打開一罐可口可樂，在後院散一下步，然後再坐下來與家人聚在一起。你越是精神煥發，你能給予家庭的就越多。

● 當愛的祕密是精心時刻

如果精心時刻是你孩子主要的愛的祕密，你務必要清楚這樣一點：沒有得到足夠的精心時刻和家長的關注，你的孩子就會產生痛苦的不安感，以為父母並不是真的愛自己。

艾倫是一個消防員，工作四十八小時，休息二十四小時。上班的時候他呆在消防隊裡；下了班他經常和消防隊的一個同事外出兼差，賺些外快。他的妻子海倫是護士，經常值夜班，白天在家睡覺。如果夫妻倆晚上都上班，他們的孩子喬納森（8歲）和德貝拉（6歲）就由奶奶陪伴。

艾倫和海倫開始對喬納森感到擔憂，這個孩子變得似乎有些神情恍惚，不愛說話。海倫後來對一位朋友說，「我們設法讓他與我們交談，可是他不響應。但是他小的時候可喜歡說話了。」

「在他上學之前，那個時候我也整天在家，我和他幾乎天天下午去公園。他總是說起來沒完，充滿活力。可是現在他的變化太大了，讓我覺得一定有什麼地方出了錯。艾倫還沒有太注意到這些，因為他和喬納森在一起的時間本來就不多，但是我看得很清楚。」

海倫的朋友羅齊曾讀過《愛的語言》（*The Five Love Languages*）一書，並記得其中有一章論述的就是孩子愛的語言，所以就送給海倫一本，建議海倫讀一讀，也許對解決喬納森的問題有所幫助。兩個星期後，海倫對羅齊說，「我讀了這本書。我想我知道了喬納森主要的愛的語言。回想起來，我記得他是多麼喜歡和我們在一起的時間，他是那麼興奮，那麼喜歡和我們說話。現在我意識到了，所有的變化都是從他上學，我開始工作的那一年開始的。我想，最近兩年他也許非常渴望我們的愛。我滿足了他物質方面的需求，但是我沒有很好地滿足他情感上的需求。」

海倫和羅齊討論了一下如何在日程表上安排與喬納森在一起的精心時刻。由於海倫的機動時間是下午和清晨，她以往利用這些時間做做家務、上街購物，晚上有時與好友聚一聚，偶爾和艾倫一起出去。她也照看喬納森寫作業。海倫覺得，如果努力一下，一週可以兩次分別拿出一個小時專門用來陪喬納森。「也許我可以帶他去以前常去的那個公園，順便我也能找回一些愉快的記憶。」

三週後，海倫告訴朋友羅齊：「有效果了。現在我和喬納森每週兩次在一起度過我們的精心時刻，我也看到他真的有些變化。當我第一次提出和他一塊去公園時，他還顯得不那麼興奮。但是去過幾次後，我看到原來

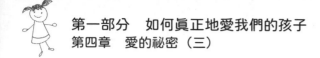
的喬納森重新出現了。我們決定以後每週拿出一個下午的時間去公園，再用一個下午的時間去吃冰淇淋或做些其他事。喬納森的話也開始多了起來，而且我看得出來他在情感上也對我們的精心時刻有了積極的回應。」

「順便說一句，我已經讓艾倫也來讀一讀這本書。」海倫補充道，「我認為我們夫妻需要學習說對方愛的祕密。我知道他沒有說我的愛的祕密，而我也沒有說他的。另外，艾倫也許能理解花些時間與喬納森在一起的重要性。」

● 孩子們的話

下面是四個孩子說的話，清楚地表明他們主要愛的祕密是珍貴的精心時刻。

貝塔尼，8歲，不停地眨動著眼睛。「我知道父母愛我，因為他們和我一起做事情。雖然有時候也帶上我的弟弟，但是主要是陪我。」我們問她都做些什麼事情，她回答說：「上個星期爸爸帶我去釣魚。我不知道自己是不是真的喜歡釣魚，但是我喜歡和爸爸在一起。我生日的第二天媽媽陪我去了動物園。我最喜歡看的是猴子，我看見一個猴子在吃香蕉，太有趣了。」

傑瑞米，12歲。「我知道爸爸愛我，因為他花時間陪我。我們在一起做很多事情。他買了我們這裡球場的季票。我們一場球也沒錯過。我知道媽媽也愛我，但是我們在一起的時間不多，因為她經常感覺身體不舒服。」

弗朗基，10歲。「媽媽愛我。她來球場看我踢球，然後我們一起去餐廳吃飯。我不知道爸爸是不是愛我。他說過他愛我，但是他離開了我們。我再也沒見過爸爸。」

　　明迪，16 歲。「我怎麼知道父母愛我？主要是因為他們經常抽時間和我在一起。我可以和他們討論任何事情。我知道他們能夠理解我，想方設法幫助我做出明智的決定。再過幾年我就要上大學了，到時候我會想念他們的。不過我知道，即使我上了大學，父母仍然會和我保持親密的連繫。」

　　對這些可望有時間與父母在一起的孩子，以及所有其他人來說，家長所給予的關注是保證孩子獲得愛的感受的基本要素。如果你花些時間與孩子在一起，你就是在創造值得孩子一生都忘不了的回憶。你希望自己的孩子將來永遠記住在家裡度過的美好歲月，並為此感到幸福。當孩子的情感油箱充滿，他們就會有著健康、振奮的回憶。作為家長，你能夠給予孩子這樣的回憶，幫助孩子平衡、穩定、愉快地繼續他們的生活。

本章課外作業問答題

1. 有多少時間你是有效利用的，也就是指你陪孩子度過的，超過滿足孩子物質需求的時間。在過去的一週裡，你是否花時間陪伴了孩子呢？你的孩子又想怎樣有效的使用時間呢？問問他最喜歡與你一起做什麼？為什麼這對他來說是富有意義的？

2. 在新的一年裡，你要承諾每星期至少要在孩子身上花費一個小時的時間單獨陪他度過。這聽起來似乎有點嚴重，但是你的孩子該比這得到的更少嗎？試著每週在你的日程表上空出這段時間；如果你無法這麼做，那麼就空出每個週末約會的時間。

3. 製作一張表，列出一些即重要又很有趣的話題，在你和孩子一起度過的時間裡與他討論這些話題，這些話題可以按如下的方式進行分類：人生價值、技能、娛樂、未來的打算、他的內心

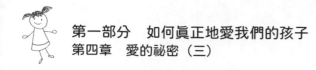

世界，以及你的內心世界。

4. 在我們快節奏的生活進程裡，急燥而造成的粗暴行為是一個嚴重的問題。回顧一下你在上個月的進度表，在你那些嘗試性或預先制定的計畫中有哪些是因為不重要而被取消或縮短的？在這段時期裡，有多少時間本可以和孩子一起度過但卻被你浪費掉了？

5. 你是怎樣完成日常那些煩瑣之事或部分的承擔起教育孩子的責任以及怎樣使他與別人分享對方所學到的知識和經驗？在跟他講實話或談論其他有趣的事時，你能否幫助他更好的完成功課？

小組討論

　　我們對許多孩子最好的教育都發生在與孩子們共同度過的時間裡。小組成員共同分享一下各自在與孩子在一起時所留下的親密的言行。互相學習和充滿歡樂的回憶為即將到來的日子。考慮一下你們的將來，因為你的孩子不會永遠守在你的身邊。至少計畫一項特別活動。

　　讓小組成員共同分享他們與孩子在一起的經歷，也可以講講他們與父母在一起時的美好回憶。你能從這些經歷當中學到什麼呢？

第五章
愛的祕密（四）

和睦的家庭空氣是世上的一種花朵，沒有東西比它更溫柔，沒有
東西比它更適宜於把家人的天性培養的堅強、正直。

—— 德萊賽（Theodore Dreiser）

● 禮物

當我們問十歲的瑞吉兒她為何這麼確信她的父母很愛她時，她說：
「請到我的房間來，我讓你們看些東西。」一走進她的房間，她就指著一
個大大的玩具熊說。「他們從加利福尼亞買來給我的。」接著又摸摸一個
毛絨絨的神氣活現的玩具小狗，她說：「我上一年級時，他們買給我的，
還有這隻愚蠢的小猴子是他們結婚週年紀念到夏威夷度假時帶回來的。」
她繼續繞著屋子，指著一打多的禮物，這些都是這幾年爸爸媽媽送給她
的。所有的禮物都放在了一個特別的地方，同時也擺放著父母對她的愛。

送禮物和收到禮物是一種最有力的愛的表達方式，通常這些禮物會珍
藏很多年。有的禮物會成為愛的象徵，那些真正表達了愛的禮物也是愛的
祕密的一部分。而且，對於父母來說，真誠地說第四種愛的祕密 —— 禮
物 —— 孩子一定會感到父母摯誠的關愛。基於這個原因，其他幾種愛的
祕密必須伴有禮物。為了表達真心的愛，孩子的「情感油箱」需要用禮物
注滿。這意味著父母要將身體的接觸、肯定孩子、精心時刻和親身服務等
愛的語言結合在一起。

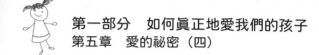

　　茉莉講述了愛的語言是如何幫助她更好地了解她的兩個女兒──六歲的瑪露麗和八歲的梅蕾迪絲。

　　「我丈夫和我經常因公外出，兩個孩子和奶奶一起住。每次我們回來，都給兩個女兒買些東西。梅蕾迪絲收到禮物時總是比瑪露麗興奮得多，我們一回到家，她就談那些禮物。當我們拿出禮物時，她會又蹦又跳的；當她打開禮物時又歡呼個不停。然後她會找一個特別的角落把禮物放在那，想讓我們猜猜把禮物放在哪了。她朋友來坐客時，她總是展示著最近收到的禮物。」

　　「相比之下，瑪露麗會對我們送的禮物說聲謝謝，而她更喜歡知道一些有關旅行的事。瑪露麗會來到我們身邊，聽聽我們旅行的每一個細節。她會分別和我們聊天，然後再一起交流，看上去她沉醉於我們告訴她的每件事中。相反，梅蕾迪絲很少問關於旅行的事。」

　　有人問茉莉如何處理發生的事時，她說：「哦，我將會繼續送給孩子們禮物，因為我很想這麼做。但是現在瑪露麗收到禮物不像梅蕾迪絲那樣興奮時，我不再感到傷心了。以前我以為瑪露麗不喜歡這些禮物，所以很煩惱。現在，我理解了，我們與瑪露麗交流與送給梅蕾迪絲禮物是一樣的。我的丈夫和我正做著更大的努力在外出回來和以後的日子裡給予瑪露麗更多的精心時刻。同時，我們想教瑪露麗如何說禮物這種愛的祕密，猶如我們期望教會梅蕾迪絲知道精心時刻這種愛的祕密一樣。」

● 父母善意的給予

　　送禮物和接受禮物作為一種表達愛的方式是很普通的事。英語單字「gift（禮物）」出自於希臘語「δῶρο（上天的恩賜）」，意思是「恩賜，或不應得的恩賜。」其背後的含義是倘若禮物是應得的，那麼它是一種報

酬。一份真正的禮物不是為別人服務而得到的報酬；相反，它是對個人所表達的愛或是一個捐助者自願的捐助。在我們的社會裡，並不是所有的給予都那麼真誠。特別是在商業領域裡，多數的給予都是與某個公司談成生意後的一種回扣，或是期望今後與某人繼續合作的一種賄賂。這不僅僅是為了接受者受益，更是為一次經濟合作說聲感謝或請求進一步合作的一種暗示。

在父母送孩子禮物方面需要做此區分。假如孩子會打掃房間，父母給他禮物，這就不是一份真正的禮物，是對他勞動的一種報償；假如孩子只看半個小時的電視，父母允諾給他霜淇淋，那麼這個霜淇淋就是打算支配孩子行為的一種賄賂。孩子並不認識「報償」和「賄賂」這兩個詞，可是他卻理解其中的含義。

有時，父母想給孩子禮物，卻忽視了他感情上對愛的需求，那麼這種意圖就很可能傳遞一種讓孩子感到困惑的資訊。事實上，孩子感覺不到真正的愛，相反卻很可能誤解禮物的含義，認為它是一種有條件的給予。一位母親，與兒子爭吵後，壓力很大，給兒子買了一個新的棒球。後來，她在洗手間發現了這個棒球。

「傑森，你的棒球怎麼放在那？難道你不喜歡嗎？」

「對不起。」傑森回答道。

第二天，她發現棒球扔在桶裡了。她又問了兒子，而他只是低下頭說，「我很抱歉。」

後來，這位媽媽開始學會把精力放在注滿傑森「情感油箱」上，特別是在睡覺前。很快，她注意到事情發生了改變。幾星期後，她送給兒子一個棒球棍，這次兒子擁抱著她，微笑著說「謝謝媽媽！」

傑森是一個典型缺少愛但聽話的孩子。這樣的孩子很少表現他們的痛

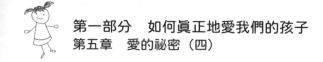
苦和需求，但是會用間接的方式表現他們的情感。丟掉禮物、不理睬禮物是這類需要注滿「情感油箱」的孩子的典型特點。

我們來看看美國人怎樣幫孩子選禮物的。

聖誕的早晨，8 歲的威廉一起床就跑到聖誕樹下找禮物，發現一對滑雪撬，似乎有點失望，顯然這不是他最期望的，但我知道在接下來的冬季度假中，他會需要的，他只輕輕說了句「謝謝！」

然而，後來的事實證明，這是他收到的最好的禮物。他一到度假地，就迷上了滑雪，教練還介紹他參加了中級班，在以後的 10 年裡，他每個冬天的週末都要去滑雪。

當然這副雪撬很快就被換掉了，但它的價值已經遠遠超過威廉隨後收到的玩具火車、自行車、答錄機等禮物。滑雪教會了威廉自我約束、堅持不懈。每個週末不管多冷他都準時在 8 點前到達山頂，摔倒了，再爬起來，回家後，他自己安排時間補上作業和功課。如今 23 歲的威廉努力工作，又勇於挑戰，因為他不怕失敗。有時，我想，要是那個耶誕節他收到的不是滑雪撬會怎樣？

每個節日，父母們都想送給孩子一個比禮物本身更長久的禮物。我們想它能拓寬、豐富孩子的世界，給孩子以適當的挑戰並收到孩子成長的回報，也希望它是一個在很多年後還能記起的禮物。兒童教育家芭芭拉‧那德斯說：「禮物不只是物質上的，它代表了父母的愛和關懷，挑選禮物是我們為人父母重要的一部分。」

那麼，挑選禮物時要注意什麼呢？請把下面這些記在心頭：

以簡單質樸為出發點 —— 送給孩子的禮物不用很昂貴，也不用精雕細琢。八歲的時候，在聖誕長襪裡我收到一個小手電筒，我非常喜歡它，因為我可以用它晚上在被窩裡看書而不讓媽媽知道，此後多年來，我養成

了夜讀的習慣。小說家凱羅‧奧特回憶說：「我最難忘的禮物，是在紐約寒冷的冬天，祖母為我手織的羊毛手套和毛衣。」

符合孩子自己的興趣 —— 爸爸愛給兒子買足球，媽媽愛給女兒買布娃娃，因為這是他們小時候喜歡的東西。但兒子不是爸爸，女兒也不是媽媽，有心的父母不是憑自我感覺，而是透過觀察孩子說出的和未說出的興趣來送給他們最喜歡的禮物。一個 5 歲的女兒向媽媽要一個小提琴，媽媽認為這是小孩子的一時好奇而拒絕了，後來在女兒的反覆要求下，媽媽終於屈服了。今天這個小女孩已經成為匹茲堡交響樂隊的首席小提琴手。所以在孩子對禮物有特殊要求時，我們要仔細分析考慮。

不妨給孩子一點挑戰 —— 一個好的禮物應該位於孩子成長道路的前方，而不是停留在他已經走過的足跡。給 6 歲的孩子一本他能讀一點的書，最後他會把它全讀懂，同樣送玩具時也要讓孩子透過一點努力才能掌握。茱麗娜的父親送給她一個小的織機，因為他知道女兒是個精力充沛、活潑好動的孩子，總是跳來跳去，無法安心做一件事。父親希望織機既能發揮她的創造力，又能培養她腳踏實地做一件事的耐心。接下來的幾年，茱麗娜的父母兄弟姐妹經常收到茱麗娜織的圍巾、桌布等小禮物。

發掘孩子的潛在興趣 —— 8 歲時，蓋瑞收到一個便宜的照相機，他回憶說：「就是這個照相機使我向世界睜開了眼睛，在鏡頭下我尋找著事物美妙的配合，發現著生活中色彩斑斕的故事。我收到的不只是一個照相機，更重要的是一種觀察能力。」他相信這種觀察能力對以後他的寫作生涯極有幫助。一個能發掘孩子潛能，引導孩子走向他擅長熱愛的事業的禮物是最有價值的。

家長們有責任將新東西介紹給孩子 —— 一對演員夫婦在一個耶誕節從孩子那裡學到了送禮物的教訓。他們特意給孩子挑選了些他們並不喜

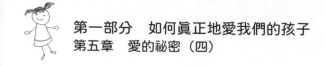

歡，而猜想孩子們會喜歡的時髦衣服。可孩子們卻不領情，他們說：「我們期待的不是我們自己可以去挑選的東西，而是從我們眼睛發現不了的東西。」

　　開拓孩子的視野 —— 韋德給兩個兒子的國中畢業禮物是一趟獨立的去歐洲的旅行，旅行不但開闊了他們的視野，也培養了他們的自立能力和獨立解決問題的能力，這些能力在他們今後的事業中都得到了回報，一個成為電腦工程師，一個成為專案經理。

　　著名笛手詹姆斯‧高威（James Galway）給四個孩子每人一種樂器，他說：「我使他們有機會欣賞和感受音樂的魅力。」

　　「祖傳」的魅力 —— 祖母的胸針、媽媽年輕時的詩抄本對孩子來講都是最珍貴無價的禮物。「特殊的禮物留給特殊的你」，還有什麼比這更能表達你的愛和家庭延續的象徵？

　　當小孫子參加棒球俱樂部的那一天，退休的祖父從箱子裡找出一隻接球手的手套，老人已經對這一天等了很長時間了，他說，我們祖孫都是慣用左手的，這手套會給他鼓勵：左撇子一樣能成最棒的接球手。

　　所以，送給孩子禮物，最關鍵的還是傳遞了我們的愛和關懷。小時候我以為耶誕節的禮物都是聖誕老人送的，直到我大一點，看見媽媽早早地跑遍全城的商店為我們準備禮物，又連夜包裹好，放在聖誕樹下，等我們早晨去發現，我可以忘記到底收到了什麼禮物，卻永遠不會忘記媽媽的溫情。

● 最有意義的給予

　　給予的誠意與禮物的大小和價值毫無關係，它與愛有著密切的關係。也許你還記得，一位老人告訴過你，在經濟窘困時期，在那艱難的日子裡，他收到一個橘子和一件急需的衣服。現在，我們這些父母不再把這些日用品作為禮物，而是把這些看作是提供給孩子的必需品。但是，我們會為了孩子真正受益而帶著一份愛心給孩子提供這些必備品。讓我們稱讚欣賞這樣的禮物吧。倘若我們贈送禮物不是作為一種愛的表達，孩子們可能把他們作為是「理所當然」的禮物，而沒有意識到禮物後蘊藏的那份愛。

　　有個建議，可以使一件普普通通的禮物表達一份愛。抽點時間把給孩子的新衣服包裝一下，當家人都坐在桌旁吃晚餐時送給孩子。拆開禮物會給孩子帶來一份驚喜，你可以展示任何禮物，無論是一件日用品還是一份奢侈的禮物都表達了一份愛。對各種各樣禮物的稱讚亦教會你的孩子如何感謝送他們禮物的其他人。你帶著誠意送給他們禮物，無論禮物大小，你都想讓他們帶著誠意對其做出回應。

　　提醒你在幫你孩子買玩具作為禮物時應注意一點。在玩具店，你需要仔細考慮。簡單地說，你必須有選擇性的購買。這點與那些在孩子面前展示最新玩具的電視廣告有關，這些廣告使孩子產生欲望，這欲望持續不了六十秒，也許第二天就消失了。

　　千萬不要讓廣告商左右你要買什麼樣的玩具給孩子。仔細地觀察一下玩具，問問自己，「這件玩具會對我的孩子表達些什麼呢？它是一個使我感到快樂的資訊呢？不是……我的孩子能從玩這件玩具中學到些什麼呢？這件玩具能玩多久呢？孩子會總玩它嗎？我們有能力買這件玩具嗎？」假如無法追隨玩具的價格，千萬不要買沒有必要的玩具。

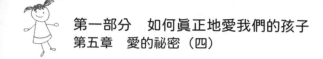
　　不是每件玩具都有一些教育效果的，它們應該在孩子的生活中起到積極的作用。注意買一些高科技電子玩具，這些玩具可以使孩子走出家，進入到一個有價值、開闊的世界裡。孩子們會從電視、學校的朋友和你的鄰居那得到足夠的有意義的東西。

● 曲解了贈送禮物的含義

　　請注意，有些父母試圖用贈送大量的禮物代替其他愛的祕密。基於許多原因，有時父母只是借助送禮物這種方式而不是真正的給孩子禮物。對於那些在不負責任的家裡長大的孩子，給一份禮物要比注入情感容易得多。其他一些家長可能沒有時間、耐心或是知識涵養來知道如何給予孩子真正需要的東西。他們確實愛他們的孩子，但是看起來沒有意識到如何提供情感方面的安全感和自我價值意識給孩子。

　　在瞬息變化、經濟發展的社會中，父親經常在孩子剛剛睡醒的時候離開家去工作，而且超過半數的母親都出外工作，因此現在存在一個很大的弊端，個人與家庭在一起的時間少之甚少。為了代替他們與孩子在一起，這些父母正盡力用禮物來作為他們無法控制生活方式的一種補償。

　　這種對送禮物給孩子的曲解在離異家庭特別普遍。非監護人的一方總是試圖送給孩子大量的禮物，這可能是來自於他們離家後的內疚感和離異的痛苦。當這些禮物十分昂貴，選擇不恰當並且用來與孩子監護人一方買的禮物進行比較時，這些禮物就真的成了一種討好的形式，是在企圖買孩子的愛。它們可能是潛意識報復監護人一方的一種方式。

　　孩子們收到這種不明智的禮物，最後很可能看穿這些玩具的意義；但是與此同時，孩子至少會知道父母有一方把玩具視為真誠的愛的替代品。這可能使孩子更注重物質利益，喜歡操縱別人，因為他們知道可以透過這

些禮物來左右人的情感和行為。這種替代品對孩子的個性和正直會造成不良的後果。

　　我們想到了蘇珊，一個獨自撫養三個孩子的母親。蘇珊已經與查理斯離婚三年了，現在查理斯與他的第二個妻子生活很富裕。蘇珊與孩子節儉度日，孩子們常盼望與父親團聚的日子。麗莎十五歲、查理十二歲、安妮十歲，三個孩子每月與父親度過兩個週末，父親會帶他們外出，進行一些高消費的娛樂，例如滑雪和划船。難怪孩子們願意與父親在一起 —— 在那會有許多快樂 —— 因此他們不斷地抱怨家裡的枯燥。他們經常抱著一大堆貴重的禮物回家，並顯示出對蘇珊的不滿，特別是從父親那回來後的幾天裡。查理斯想盡力讓孩子喜歡自己，因此他總是轉移孩子的感情，反對蘇珊。他沒有意識到孩子長大了，他們會逐漸鄙視父親支配他們的感情。

　　幸運的是，蘇珊說服了查理斯接受她的建議，尋求一些健康的方法處理孩子的問題。起初，這意味著拋開往日的分歧和彼此的不快，使他們能夠共同滿足孩子情感的需求。在商討的過程中，他們倆成為了注滿愛的油箱的專家。查理斯用所有的愛的語言與孩子溝通，並且當他學會送禮物是作為一種愛的語言，而不是控制孩子工具時，孩子們對此反應極好。對於離異的父母來說，能夠在一起為了孩子採用這樣的方式仍然很少見，但願越來越多的父母都能盡力這樣做。

　　送孩子禮物的另一種曲解在於許多父母給孩子各種關愛，卻仍然選擇送給他們許許多多的禮物，讓他們的房間看起來像個雜亂無章的玩具店。由於這種過度的行為，這些禮物就失去了他們特殊的意義；孩子得到的禮物可能比他經歷的還要多。最終每件禮物都毫無意義，而且孩子會對收到的禮物無動於衷。玩具看起來對他是一種負擔，因為父母總是期望他把玩

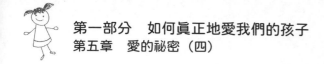

具擺放好。

太奢侈的禮物就像把孩子置身於一個玩具店裡，對他說：「所有的這些都屬於你。」孩子開始時可能會很興奮，但是過一段時間，他會到處亂跑，沒什麼可玩的了。適當的玩具應該幫助孩子學會如何愉快地集中精力。為了這點，父母和爺爺奶奶需要少送禮物，仔細地挑選禮物，使其更加有含義，而不只是讓禮物美麗的外表吸引孩子。

● 贈送有意義的禮物

在你送孩子禮物時，你需要在心裡有個計畫。禮物應該作為一種真誠的愛的表達。倘若它們是作為回報的一種「報償」或是賄賂和討好，你不應該稱之為禮物，而是承認它們真正的含義。

除了過年和生日禮物，其他的禮物應該由你和孩子 —— 起挑選。隨著孩子的長大，他們對自己的衣服、鞋、背包等有了更多自己的想法，這的確是個事實。孩子也會對不起眼的禮物有種渴望，你不能送給他們想要的每件東西，但你又要尊重他們自己的選擇，包括洞察這種渴望是瞬間的還是持久的、是健康的還是有危害的，以及玩具將會起積極的作用還是起到負面的影響。無論何時，選擇孩子真正想要的禮物是一件明智的事。

記住，不是所有的禮物都是從商店裡買來的。你可以在蜿蜒的小路上散步或是繞過停車場時找到一份特殊的禮物。把野花、怪石，甚至漂流木以一種創造性的方式包裝一下，送給孩子時，這些都不失為一份好禮物。禮物也可以自己做，小孩子沒有金錢的概念，禮物無論是做的還是買的都無關緊要。假如這件禮物喚起他們的創造能力，那它就是份有意義的禮物，這其中的愛會讓你和孩子貼得更近。

父母應給孩子的十大禮物：

★ **愛**：每個孩子都需要愛，許多孩子對愛的需求遠勝於對一兩件玩具禮物的需求。但父母如何來表達自己的愛呢？

　　‧建議：輕拍孩子的肩；臨睡前給孩子一個吻；與孩子道別時揮揮手；在孩子回家時給他一個問候，這些都是在向孩子表達愛心。

★ **紀律**：孩子健康成長的道路上，需要你提供一些做人處世的規矩，以讓他懂得凡事不能為所欲為，以及自我約束的重要性。

　　‧建議：使用嚴厲的但卻是能被孩子理解的紀律來約束孩子的不良行為，然後再平心靜氣地向他解釋：「無論你何時再犯，我都會阻止，直到你能自己改正為止。」

★ **以身作則**：你傳遞給孩子最重要的資訊往往不是用言語方式來達到的。在孩子的整個成長期，他都會模仿父母的行為，並以父母為楷模。

　　‧建議：時刻提醒自己，你的孩子正在觀察你，因此你必須十分注意自己的一舉一動。假如你不想讓你的孩子吸菸，你自己最好就不要與香菸為伴。要想為你的孩子樹立一個好榜樣，父母必須以身作則。

★ **自尊**：兒童的自尊是透過父母對他的尊重培養出來的。體罰是對孩子的一種不尊重。尊重意味著你必須將孩子看成是獨一無二的「這一個」，允許他發展自己的愛好和追求。

　　‧建議：即使孩子的發展與你為他設計的目標並不一致，或者他的有些表現你很難理解，你也應尊重他的個性。你要關心他，但不要什麼都替他作主，你應鼓勵他獨立思考並勇於探索，讓他知道你隨時都在關注著他。

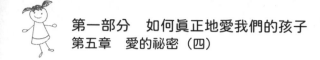
★ **良好的自我形象**：對孩子的良好行為給予適當稱讚是重要的，但假如稱讚言過其實，反而會有損於孩子的自我評價。相反，對孩子過分指責和嘲笑，傳達的是這樣一種資訊：「你沒有能力做這事情，必須由我來代替你完成。」這種凡事包辦的做法會破壞孩子的成就感。

・建議：讓你的孩子獨立地去從事一些事情，直到他完全掌握，然後說一聲：「做得好！」讓孩子有一種成就感。

★ **良好的健康習慣**：培養孩子的健康習慣，父母的行為是很重要的，父母堅持刷牙、健身或注重飲食健康，都是無意地向你孩子灌輸一種觀念：要照料好自己的身體。

・建議：讓你的孩子定期去醫院，接受必要的健康體檢，同時讓孩子了解壞習慣對身體的危害。

★ **多跟孩子在一起**：即使工作再忙再累，你也要讓孩子知道他在你心目中始終是第一位的。

・建議：每週都計畫一次與孩子共同參與的活動，然後讓孩子盼望著這個時刻的到來，讓他知道你非常樂意與他在一起。

★ **學習動力**：所有那些肯學習的父母都在無形中為孩子樹立了一個榜樣。但也應注意不要揠苗助長。對孩子來說，壓力過大會影響他們學習的內在動力。

・建議：在幼兒時期就開始讓孩子學著閱讀，等他長大後再讓他對著你朗讀。培養他對自然和周圍環境的好奇心。你要經常傾聽孩子的想法，與他一起探討一些問題。

★ **幽默感**：與你的孩子一起歡笑，能讓他看到事物輕鬆和愉快的一面。不要總是對孩子一本正經，笑聲能讓我們更加熱愛生活。

· 建議：和孩子一起閱讀幽默書籍和看喜劇電影，當孩子嘗試一些幽默行為時，父母應表現出很欣賞的樣子。

★ **夥伴關係**：從兩歲開始，孩子就需要與同齡或略大的孩子玩耍，孩子能學會妥協、同情和合作，還會發展出一些新技巧、興趣、責任心等等。你所要做的是適時地給他們一些指導。

· 建議：不要總讓孩子關在家裡做一些早已設計好的遊戲，要鼓勵他多與同齡孩子在一起玩耍，這樣，在自由自在的活動中，孩子才能拓寬自己的視野。

● 艾咪的戒指

在此之前，我們曾指出有些孩子在他們收到禮物時，反應冷淡，而許多年後，他們卻格外珍視這份禮物。特德在女兒拒絕他的禮物以後幾年裡，覺察到了這一問題。一次在國外旅行時，特德為十二歲的女兒艾咪買了一枚戒指，在回家時送給了她。她顯得對那枚戒指沒有什麼興趣，把它放在了梳妝櫃的一個抽屜裡。

後來，有一天，特德發現艾咪正戴著他很久以前給她的那枚戒指。他眼裡閃爍著激動的淚光，他意識到女兒正在告訴他 —— 她能夠管束好自己並且受到了信任。

當特德問艾咪這是否是她自己的主意時，艾咪承認這都是她想做的 —— 在她一天天長大改變時，她感受到了父親的信任。父女倆擁抱在一起哭了。直到今天艾咪一直在各方面都做得很出色。

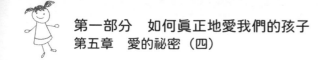

　　這個故事告訴我們一份禮物是多麼重要啊。假如關心艾咪的爸爸媽媽能夠注滿女兒的「情感油箱」，艾咪可能不會有那麼多問題。在她能夠以父親送禮物的同樣高興的心情接受或欣賞這份禮物前，她的情感需要得到滿足。

● 當愛的祕密是禮物

　　除了那些愛的祕密是收到禮物的孩子之外，大多數的孩子都會以積極的態度接受禮物。你可能會想從孩子們乞求某件東西的方式判斷，所有的孩子都會喜歡接受禮物。的確，所有的孩子 —— 包括所有的成年人都想有越來越多的禮物，但是那些愛的語言是禮物的孩子們接到禮物時，反應卻大不相同。

　　這樣的孩子特別重視收到禮物。他們會期望禮物包裝得精美或者至少用一種獨特的、創造性的方式送給他們。這是表達愛的全部方式。他們會看看包裝紙，可能會評價一下蝴蝶形的包裝繩。當他們打開禮物時經常會驚訝地發出「哦」、「哇」的讚美。禮物看上去對他們太重要了 —— 確實如此。他們打開禮物時感覺很特別，這時你不可以漫不經心。記住，對於他們來說這是最宏亮的愛的聲音。他們把禮物視為你和你的愛的延伸，他們期望與你共用這一時刻。他們一打開禮物就會擁抱你，千般感謝。

　　這些孩子也會把新禮物放在房間裡的一個特別的地方，這樣他們可以自豪地展示一下。他們會與朋友共同分享，在今後的日子裡一遍一遍地讓你看，他們會說他們是多麼喜歡它。這份禮物在他們心目中有著很特別的位置，因為它實際上是你對他們的愛，看到這些禮物就會提醒他們被人愛。對他們而言，禮物是手工做的、找到的還是買來的，是否是他們渴望的都無關緊要，重要的是你關心著他們。

● 孩子們的看法

　　從幾個孩子交談中可以看出，對於他們而言，禮物是表達愛的最好方式。

　　五歲的小法蘭克在去幼稚園的第二天，對奶奶說：「老師很喜歡我，奶奶。看她給我的禮物。」他舉起印著大大數字的淺藍色格尺，那是老師愛的印證。

　　麗莎，六歲了，她問我們：「你遇到過充滿愛心的人嗎？」他就在那裡，她指了指一位老人，說：「他把口香糖給了所有的小孩子。」對於麗莎來說，他因為給孩子禮物，所以是有愛心的人。

　　我們問十五歲的蜜雪兒如何知道父母愛她。她毫不猶豫地指著她的上衣、短裙和鞋，然後說：「我擁有的一切都是他們送給我的，在我心裡，這就是愛。他們給我的不僅僅是普通的禮物而是我需要的更深層的東西。實際上，我與朋友分享的是他們的父母無法給予他們的東西。」

　　克里斯，十八歲了。過幾個星期要上大學了。我們問他，在從零到十刻度的天平上，父母對他的愛有多重呢？他立即說：「十。」我們又問為什麼。他指著一輛紅色的賽車說：「看到那輛賽車了嗎？我家人送給我的。我真的不配接受它，因為高中時我沒有努力學習，但是他們告訴我，他們想讓我知道他們為我感到驕傲，這輛變速賽車傾訴了他們對我的愛。我現在做的就是更好地去面對明天！」

　　「我的父母一直都這樣，他們給我曾經需要的每件東西 —— 我所有的體育用品、衣服，所有的一切。他們是我所知道的最慷慨的父母，但是我相信他們愛我。我要去外地上大學，我想我一定會想念他們的。」

　　對這樣的孩子來說，禮物不再只是物質的東西，它們是對愛的一種深

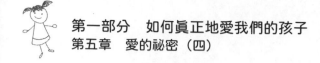
刻的、真實的表達。這就是為什麼當禮物損壞了或放錯地方時，孩子特別傷心；或是當父母拿去或損壞了禮物，甚至勃然大怒時對孩子說「我後悔把它送給你」時，孩子感情可能受到極大傷害的原因。

你必須知道用錯的語氣講愛的祕密，孩子會感到極大的痛苦。

這些孩子的「情感油箱」需要注滿 —— 沒有它，他們不會成長為最出色的人。記住你的孩子現在可能沒有意識到你正給予他們多少愛，甚至當你繼續用愛注滿其「情感油箱」時，他們亦沒有覺察。但是當他們長大了，他們可能回首往事，會發現你所付出的是世間最好的禮物。

互相贈送禮物的家庭習慣有助於增進父母與孩子之間誠摯的友誼。其主要意義並不在禮物本身，而在於對親人的關心，在於希望感謝親人的關懷。

本章課外作業問答題

1. 我們有許多珍視禮物的原因：隱藏在禮物背後的關懷，甚至是它的價值。在你的一生裡，有哪些禮物承受住了時間的考驗，為什麼會這樣？這帶給你什麼啟示？

2. 在你自己生活中，別人送給你的禮物是怎樣影響著你去送禮物給你的孩子？他們贈送禮物的目的是與你的相同還是有所不同呢？和你的孩子就贈送禮物和接受禮物展開討論，並使他更好的理解送禮物的益處與壞處。

3. 仔細回想一下你懷著一種複雜的動機或錯誤的想法去送禮物時的情景。這裡是否有回報、賄賂或者甚至有功利主義、個人虛榮的暗示？下決心以後懷著愛心，不帶附加條件的去贈送禮物給你的孩子。

4. 檢查一下你幫孩子買的玩具或者和孩子看的娛樂節目,這些可以按照如下形式分類:

· 積極健康之日的玩具。

· 無法再玩的玩具,例如過時的或需儘快修改的那種。

· 需要家長也參與進來的玩具。例如要家長協助安裝或教孩子怎樣使用的那種。

5. 在下個月裡,給孩子禮物不必等到特殊的時機。看看禮物是否是孩子心中的愛的祕密,可參照下列反應:

· 對禮物特別注意。

· 對你送他禮物所選擇的時機和當時所說的話特別注意。

· 把禮物放在特別的地方或給以特殊的關注。

· 對你或你的伴侶談論禮物的重要性。

小組討論

討論以什麼方法使我們的孩子能夠把生命當作一個珍貴的禮物來看待,正如我們所被給予的那樣,我們怎樣以那種施恩不望報的方式把這些給予我們的孩子。在這個世界上除了生命之外,什麼是我們能和孩子一起分享的最珍貴的禮物?

第六章
愛的祕密（五）

建立家庭中的誠摯關係，這是一種並不大簡單的藝術。但是，如果
父母親做到了這一點，那麼就具備了教育孩子的一個最好的條件。

—— 伊林娜

● 親身服務

傑瑞米有了他的第一份正式工作，並且考慮明年夏天結婚。他此刻回憶著童年的往事：「我想父母讓我感動的事就是他們那麼努力地工作，還在各方面幫助我。儘管媽媽出外工作，但每頓飯都是她做的。爸爸在我十六歲時幫我修理我們一起買來的一架舊的揚聲器。」

這位二十幾歲的年輕人繼續回想著：「無論小事還是重要的事 —— 他們為了幫助我付出了很多。現在我比那時理解得更深，但那時，我只知道他們正努力地工作來幫助我，而且我特別喜歡那樣，感激他們。我希望有一天我能為我的孩子做同樣的事。」

許多人把親身服務看作是最基本的愛的祕密。儘管你的孩子不是，但要知道一點：父母有為孩子親身服務的責任。假如有一天你有了孩子，你就會走進為孩子親身服務的行列中。你需要為孩子親身服務十八年，要理解你為他們今後幾年的生活做著「積極準備」。

身為父母，必須為孩子親身服務，你也許已經發現關於這種愛的祕密的另一條真理：親身服務是身體與情感雙方面的需求。因此，我們這些父母必須對自己身體與心理的健康給予足夠的重視。為了身體的健康，我們

需要使睡眠、飲食和鍛鍊方式保持均衡。為了心理的健康，了解自我和一種相互支持的婚姻關係是至關重要的。

請記住，父母為孩子的付出是無法用金錢來計算的！

在報紙上看到一篇文章，深受感動。大意是說一位男孩子，在幫忙大人做了一些家務事後，列出了一張帳單，放在爸爸的桌上，爸爸看到之後，也列出了一張帳單，這張帳單列的是父母從孩子出生到長大，父母為孩子所做的事情，但是每一項事情後面的費用全部為「0」，爸爸同樣把帳單放在孩子的床頭，晚上孩子看到了爸爸的這張帳單，他很羞愧。他非常真誠地對爸爸說：「我做得不對，我知道了父母為了我的成長，付出了很多很多，這是無法用金錢來計算的。」

是啊！父母為了孩子的成長無怨無悔地付出，是從來不求回報的，孩子能感受到這種付出嗎？

人也正是這樣一代為了一代付出，一代又一代地傳承著上輩的愛！這就是父母無私的愛！

● 為誰服務

我們考慮親身服務這個問題時，必須問問我們自己：「我為誰服務？」我們不僅僅只為孩子。作為夫妻雙方，你還在為你的愛人服務，為了表達你的愛做一些讓對方高興的事。你要透過親身服務來使愛人的「愛的油箱」得到滿足。孩子需要母親和父親給他們提供一種平衡的生活模式，因此盡心培養和諧的夫妻關係是做好父母的前奏。

當然，為人父母，你更要為孩子服務，但是最初的目的不是取悅他們，主要目的是去做最有意義的事。在某一時刻最讓孩子高興的事可能不是表達愛的最佳方式。在孩子吃午飯時，給她三塊糖，她會很高興，

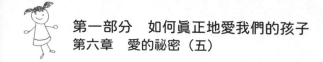

但是你並沒給予她最有含義的東西。在為孩子親身服務的過程中，主要目的 —— 為孩子做最有意義的事 —— 意味著你正努力注滿孩子「愛的油箱」。為了滿足愛的需求，你應該把親身服務與其他愛的祕密結合在一起。

我們探尋最後一種愛的祕密時應需注意一點：千萬別把親身服務視為支配孩子的一種方式。這很容易發生，因為孩子們小的時候，渴望禮物和親身服務勝於任何東西。但是倘若父母過於順從孩子，過多的滿足其願望，或是索要禮物和親身服務，那麼孩子很可能任性、以自我為中心、自私自利。然而，這份擔心不應該影響父母用正確的方式使用親身服務和禮物這些愛的語言。

親身服務會為你的孩子如何為他人服務和具備一種責任感樹立一個榜樣。你可能想知道假如你為孩子服務，他們將如何培養自己的獨立性和個人能力。其實當你透過親身服務向孩子表達愛時，並且為他們做了他們可能不會做的事，這時，你正為他們樹立了一個榜樣。這將會幫助他們不再以自我為中心而去關心幫助他人；這才是我們父母的最終目標（請看「親身服務的最終目的」一小節）。

● 服務因年齡而異

「情感油箱」蘊藏豐富的孩子，比那些不確知父母愛的孩子，更容易獲得親身服務樹立愛的榜樣。這種親身服務必須因年齡而異。你應該為孩子做些他們力所不能及的事。很顯然，你不可能在他們六歲時還給他們餵奶；為四歲的孩子鋪床是一種親身服務，但是八歲的孩子有能力自己做。孩子們不能等到上了大學才知道如何用洗衣機和脫水機 —— 大學不會提

供這種課程！那些忙得無暇教孩子或是照顧得太周到了以至於不讓孩子插手做這些的家長，不是在愛孩子，而是慣壞了他們。

因此，親身服務有一個中間過程。我們為我們的孩子服務，但是當他們有準備時，我們教他們如何為自己服務，進而為他人服務。當然，這不是一個短促而輕鬆的過程。教孩子準備一頓飯要比你自己親自做花費更多的時間。如果你只想把飯菜擺好在桌上，你可能就要準備好每頓飯。但是如果你的目的是想愛孩子 —— 注意觀察他們最感興趣的事情 —— 你會教他們怎樣做飯。在此之前的這段時間裡，對孩子起巨大引導作用的就是看到你為他們服務這麼多年，為家庭真誠地奉獻著愛。

要記住，你對孩子的親身服務來自於你所具有的高素養能力，而他們還沒有具備。我們的能力各有各的不同，因此在家裡，我們可以用自己獨特的方式為愛人和孩子服務。為人父母，我們必須注意不能強迫孩子摹仿自己，甚至更糟糕的是，期望孩子實現我們自己未達到的夢想。特別注意，我們要幫助他們培養他們自己的能力，追求自己的興趣愛好，運用他們自己的才能，成為最出色的人。

● 坦率地對孩子說

許多父母為了要求孩子鍛鍊能力和培養獨立意識，就刻意苛求孩子要有自理能力。來自科羅拉多的威爾凱西夫婦就是這樣認為的。他們表現出一種嚴厲的獨立意識和靠自己奮鬥的精神，並且期望他們的兩個兒子具有這種精神。他們具有典型的成人意識，他們已經教育孩子按照自己的意願做事。

威爾告訴我：「我認為父母不應該為孩子做他們力所能及的事。如果你總是為他們做這些事，你怎麼能教會他們獨立意識呢？他們必須懂得堅

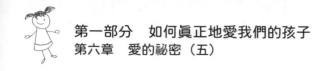

持自己的想法，自力更生。」

「孩子自己做飯嗎？」我問道。

「我們做，但是他們做別的事。」妻子凱西說。

「他們不僅會做飯而且做得很棒。」威爾說道。看得出來夫妻倆為兒子感到驕傲。

「當你聽到五種愛的語言時，你考慮過你兒子最基本的愛的語言是什麼嗎？」

「不清楚。」威爾說。

「你認為孩子們感覺到了你們的愛了嗎？」

「我想是的。他們應該感覺到。」

「你有勇氣問他們嗎？」我試探著問。

「你指的是什麼呢？」

「我的意思是與他們單獨在一起時，說『孩子，我想問你一個我從來沒問過的問題，但是它對我來說很重要。你感受到了我十分愛你嗎？』坦率地說。我真的想知道你怎樣想。」

威爾緘默了片刻。「那還不容易。我不知道是否有必要。」

「沒什麼要緊的，」我答道，「但是假如你不問，就永遠不會知道他們愛的語言。」

威爾回到家後，腦海裡反覆縈繞著我的話，「假如你不問就永遠不知道。」因此，當他和小兒子布克在外面車庫單獨在一起時，他開始問兒子這個問題，布克回答了。

「當然，爸爸，我知道你愛我。你常與我在一起。你外出時，總會帶著我。跟你在一起時，我們會充分利用時間來交談。我覺得有這麼多時間與你一起度過對我來說意義很特別。」這時威爾哽咽了，布克問：「怎麼

了，爸爸？你不舒服嗎？還是怎麼啦？」

「不，我沒有不舒服。我只想讓你知道我是多麼愛你。」

這是多麼深情，充滿愛意的一幕啊，由此威爾考慮了一星期，終於鼓起勇氣與十七歲的大兒子雅克談及這件事。一天晚上，吃過晚飯，他們單獨在一起，他對兒子說：「雅克，我想問你一個以前從未問過你的問題，但是對我來說很重要。這對你來說也許很難，但是我想坦誠地問你，我真的想知道你的感覺。你能感覺得到我愛你嗎？」

沉默片刻，雅克說：「我不知道怎樣確切地表達出來，爸，我想你愛我，但是有時又不這樣想。甚至有時我感覺你根本不愛我。」

「什麼時候呢，兒子？」

「我需要你，你卻不幫助我的時候。像上次爐火著火了，我讓布克請你幫我們一下。他回來告訴我，你說我自己能做。布克和我花費了整整一個晚上才把火熄滅，但是我一直想知道你為什麼不來。我一直在告訴自己可能是因為你在努力使我們獨立起來，但是我又總覺得你並不愛我。」

「我十歲的時候，有一次，遇到了數學難題，費了好長時間，我求你幫我。」雅克接著說，「你告訴我，我很聰明，所以自己會做出來的。我知道你會做，而且你可以幫我講解一下，但是你並沒有這麼做。我感到非常失望。還有上次我的變速賽車壞了，我求你幫我，你說是我自己弄的，應該自己想辦法。我知道我會做好，但是我多想你幫助我啊。」

「這些時候，我感覺你並不關心我，就像我說的，我知道你確實愛我，但是總感覺不到你的愛。」

一席話使威爾傷心極了。「雅克，我很抱歉。」威爾說，「我不知道你的感受，我本應該早些問你。我希望你獨立、依靠自己 —— 你做到了。我為你感到驕傲，但是我要你知道我愛你。下一次你需要我的幫助

173

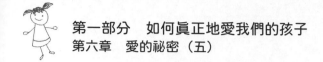
時，我會陪在你身邊。我期望你給我一次機會。」父子倆在廚房裡默默地擁抱在一起。

威爾在七個月之後等來了這次機會，孩子的變速小賽車又壞了。孩子們忙了兩個多小時，仍未能把它修好。最後雅克讓布克去找爸爸。布克簡直不敢相信爸爸找來了那麼多工具，一點點地幫他修理，賽車修好了，父親再次擁抱著雅克說：「謝謝，我的男子漢。謝謝。」在廚房裡的那次心靈慰藉在此刻得到了昇華，一個父親也學會了溫存與耐心。

● 愛的服務

親身服務於孩子要持續許多年而且伴隨許多其他的責任，因此父母可能忽視了他們日常的行為也是一種愛的表達，也能給予孩子長期的影響。有時他們可能感覺不是為愛服務，而是更像奴僕一樣，為愛人、孩子或其他人服務。如果你有這種想法，孩子在感情上就能感覺到，父母的親身服務是不情願的，孩子從中也極少能獲得愛。

愛的服務不是奴役。奴役是來自外界的壓力和不情願的事。愛的服務是發自內心地期望給別人力量。愛的服務是一份禮物，不是平常的俗物；是自由地釋放，不是在某種壓力下做。父母帶著不滿和抱怨的情緒為孩子服務時，孩子身體的需求可能得到滿足，但他的感情發展卻受到了極大的壓制。

● 親身服務的最終目的

為孩子親身服務的最終目的是幫助他們成為能夠透過親身服務給予別人幫助的人。這不僅包括幫助值得愛的人，而且還包括為那些沒有能力回報的人。孩子們看到父母為家庭和別人服務，耳濡目染，他們也將學會為

他人服務。

《聖經》中指明，奉獻是令上帝滿意的一種方式。當耶穌在一位重要的宗教宣導者家坐客時，他告訴主人：

「當你邀請別人吃午餐和晚餐時，請不要邀請你的朋友、兄弟或親友、或富有的鄰里；倘若你這樣做了，他們會回請你，因此你得到了回報。但是當你設宴邀請窮苦人、身障人、盲人，那麼你將會得到美好的祝福……」

多麼震撼人心的話語啊！這就是我們對孩子所期望的 —— 能夠帶著一份同情心和真誠的愛服務於他人。但是我們的孩子還不諳世事。他們會很自然地以自我為中心，不可能期望他們無私地為他人服務，他們期望自己做得好時受到獎勵。讓孩子們能夠透過無私的親身服務付出愛心是需要很長一段時間的。

● 為孩子樹立具有責任心的榜樣

我們如何達到這個最終目標呢？首先，我們要確定孩子是真正地感受到了愛和關懷。我們要把他們的情感油箱注滿，我們也要為其樹立榜樣。透過我們的引導，他們首先就經歷了親身服務。隨著他們長大，他們能夠表達感激時，我們可以由命令的口吻轉變成請求的口吻。請求不是要求，對於孩子來說，當他們被命令做什麼事時，很難快樂地說聲謝謝。「去對你爸爸說聲謝謝！」和「向爸爸說聲謝謝好嗎？」兩句話截然不同。提出請求會更緩和，可以平息憤怒，甚至幫助你們保持樂觀和積極的態度。

當孩子逐漸長大時，他們很快會注意到我們為他們做了些什麼，同時也會意識到我們過去為他們所做的一切。當然，他們記不得誰為他們換過

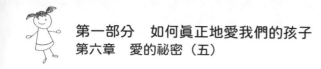
尿布、給他們餵過奶。但是他們看到其他父母用這種方式關心寶寶，他們會很喜歡這種親身服務的。由於確信自己被人疼愛，他們在飯準備好時會表示出感謝之情。他們將會更加注意講故事的時候和家庭遊戲時間，更加重視父母曾教過他們騎自行車、幫助他們做家庭作業；當他們生病的時候關心他們，當他們受傷害時安慰他們，帶他們去一些特別的地方，給他們買好吃的東西和禮物。

終有一天，這些孩子會注意到父母為他們付出很多。他們將學會如何照顧病人或是為不幸的人捐錢。

當然，還有那些比較少數，透過關係或個人團體組織到國外服務的機會。曾有一年，我作為一名醫生自願到玻利維亞去救助兒童。坎帕貝爾全家人一起來幫助那些需要救助的兒童，我記得曾經在我們的小診所裡為一個三歲的印第安小男孩治療摔斷的腿。整整六個星期，他都紮著繃帶，不能走動。許多慈善機構的孩子都為這個小男孩服務。耶誕節那天，我十分激動，我們家的凱瑞，那時才 8 歲，把她最珍愛的聖誕禮物，一個新娃娃送給了小男孩的姐姐。

培養孩子的責任心 —— 言傳不如身教。

責任心是一個人能否立足社會、成就事業的最基本的人格特質。一個沒有責任心的人將一事無成；一個人有了責任感，才會自覺地規範自己的行為，努力做好自己應該做的事，盡量不做那些不應該做的事情。責任心就是「內心深處的員警」，在生活、工作中幫助人隨時隨地自己監督自己，控制自己的行為。因此培養孩子的責任心是孩子健康成長的必要功課，也是孩子成為一個成功者的必要條件。

培養孩子的責任心是一個循序漸進的漫長的過程，責任心的具體表現也涉及到許多方面。我要說的是 —— 「言傳不如身教」。

　　培養孩子的責任心第一個要注意的是，家長首先要做到「言必信」。對孩子的許諾一定要實現。

　　有的家長為了哄孩子高興，隨便對孩子許諾，但又很少履行自己的諾言。而孩子卻會把父母的承諾牢記在心裡，久而久之家長就會失去孩子的信任，同時讓孩子也會養成隨便許諾的壞習慣，從而影響其責任心的建立。因此不要輕易對孩子許諾，一旦許諾就要兌現。為了方便兌現自己的諾言，家長對孩子許諾時，要注意以下幾點：

　　不要答應孩子過高的、無理的要求，尤其是做不到的事情絕不能答應孩子。這樣既可以避免在孩子面前「言而無信」，同時也可以讓孩子懂得「不能輕易許諾」。

　　注意許諾的期限。如果不能確定「明天」、「週末」能否履行對孩子的承諾，最好不要跟孩子確定日期，可以說「今年」、「幾月分以前」等期限，這樣你就可以更容易地信守諾言，這種帶期限的許諾能幫助孩子樹立時間概念，養成等待和忍耐的好習慣。

　　如果違約，一定要及時補救。當家長因客觀原因確實難以按時履行諾言時，一定要及時補救，如向孩子道歉並說明無法按時履約的原因、另找時間兌現自己的諾言。讓孩子感受到「父母已經盡力」，這樣做的目的是使孩子相信，父母是可靠的，對自己說的話是負責的；讓孩子明白，家長不是不願意兌現，而是因為客觀原因無法及時兌現；同時讓孩子學會體諒家長的難處。

　　第二、家長要對家庭負責。

　　有些家長對孩子的生活學習不管不顧，對自己的父母不聞不問。天天打牌，自己花錢大手大腳，對家人卻很摳。這樣只顧自己不顧家人的家長，是無法教育出有責任心的孩子的。只有自己對家庭負責，關心家人，

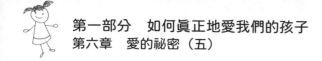
願意為家庭做出奉獻和犧牲的父母才能在孩子面前樹立好榜樣。

第三、對別人的承諾一定要兌現。

有些家長以為小孩子不懂事，有時答應朋友、家人的事總是不想兌現。其實孩子的眼睛很亮，耳朵也尖得很。當他知道你對朋友失信時，你對他再有信用都沒有用。還有的人對自己的父母不關心，答應的事情總是不辦，這不但會對父母造成傷害，也會讓孩子誤以為對父母可以不負責任，從而影響其責任心的培養。

第四、不要在孩子面前說別人的壞話。

有些家長在外面非常注意自己的言行，對別人的缺點能表現得非常寬容，在家裡就隨心所欲，暢所欲言。當著孩子的面說：「我恨透了某某……某某真是討厭極了……」根本不考慮這些話會對孩子造成什麼影響。

孩子很單純，常常簡單地以「好人、壞人」的標準來判斷一個人，他們會誤認為父母說的那些有缺點的人是「壞人」，從而對他們產生偏見。而家長在抱怨之後就消了氣，與這人和好如初。哪天這個人上門，還會對孩子說：「這就是我跟你說過的某某阿姨（叔叔）……」然後說出一連串說出此人的優點。孩子聽了會疑惑，這個人不是很壞嗎？為什麼爸爸媽媽還要和他這樣的人來往呢？為什麼爸爸媽媽對他的評價不一樣呢？會感覺爸爸媽媽很虛偽，說話不可信。

有的孩子甚至會學習這種行為，當面讚揚，背後罵自己的朋友。這樣不僅會影響父母在孩子心目中的形象，還會讓孩子養成說話不負責任的習慣。因此家長不要在孩子面前說別人的壞話，同時教育孩子正確面對別人的缺點。

第五、不為自己的失誤找藉口。

有些家長在生活、工作中，習慣為自己的失誤找藉口。在工作中出現失誤，總把責任推到別人身上或找客觀理由，從來不找自己的原因。在家中也習慣找家人的碴，揭他人的短。反正都是別人的錯。出現了問題，夫妻雙方當著孩子的面互相指責、漫罵，都不願主動承擔責任。在耳濡目染中，孩子也會養成這樣的不良習慣。這樣的家庭很難培養出有責任心的孩子。

還有的人，從來不說「對不起」，與人爭執時總是把責任都推到別人身上，從來不檢討自己的錯。這樣的家庭裡的孩子，很難學會道歉，也很難學會承擔責任。

第六、自己犯錯不能遷怒別人。

一個孩子在路上摔倒了，父母趕緊把他抱起來，然後一邊用力地跺腳，一邊說：「就是這塊地不平，就是這塊石頭壞，害寶貝摔跤，踩死它！」這是我們非常熟悉的場景，在很多家庭裡，這樣的行為司空見慣，不足為奇。我們習慣給孩子沒有道理的呵護，只要能讓孩子不哭。在這樣的教育下，孩子學會了把摔跤的責任推到地面和石頭身上。

還有的家長在外面受了氣，回家就對家人發火，比如有的家長喜歡打牌，輸了錢心情不好，回到家裡常因一點小事就對孩子大打出手，讓孩子無所適從。漸漸地孩子也學會了怒氣轉移到比自己弱的人身上，比如弟弟妹妹或爺爺奶奶，一旦他不高興，家人就要遭殃。有這樣的「榜樣」再好的教育也沒有用。因為「身教」比「言傳」更重要！

要培養孩子的責任心，首先家長自己要做一個有責任心的人，榜樣的力量是無窮的。

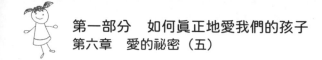
● 糾正孩子的自私行為

　　社會服務的核心是自發地透過親身服務幫助別人。但是有些父母背道而馳，這種做法影響了孩子無私地幫助他人。我們必須注意我們的親身服務不能表現為有條件的愛。父母因為孩子的某些作法令人十分滿意而給予他們親身服務，那麼這樣的服務就是有條件的。我們觀察孩子會明白一個人只要覺得這對他有意義就應該幫助他人。

　　許多父母想改變孩子的一些行為舉止。心理學家告訴我們改變孩子的主要途徑是糾正孩子的自私行為，透過父母無私的關心和愛的親身服務潛移默化地糾正孩子的錯誤。

　　在我們的社會，「對我有什麼好處嗎」是一種普遍的態度。但是它確實違背了親身服務這種愛的語言。它對今天已經為人父母的人影響至深。而今你期望你的孩子成為一個正直的人。你期望他們對他人善良而慷慨，特別是對那些不幸的人，而且不需要回報。並且你可能想知道在我們這個重視物質利益的貪慾極強的社會那樣做可能嗎？

　　某種意義上是可能的，但是這首先要依靠你自己。你的孩子必須清楚他們所持有的希望。他們需要經歷你對他們的親身服務並且融入你關心他人的過程中，你可以透過樹立榜樣向他們表達如何關心他人。

　　「孔融讓梨」的故事可謂家喻戶曉，然而在現代家庭中，孩子不自覺地或不知不覺地以家庭的「中心人物」自居，久而久之，便形成了自私的性格，這就提醒我們，家長在把希望和愛傾注於孩子身上的同時，又要防止他們滋長自私心理。

　　在家庭裡，孩子應處於受教育的地位，衣食住行育樂都應該由家長根據他們的生理和心理特點，進行合理的安排，切不可遷就他們的不合理要求。

現代的獨生子女，家中一切必須以他的情緒變化和要求為中心，如果達不到要求，動則耍脾氣，家長一見家中的「小皇帝」、「小千金」鬧脾氣了，不管要求合理不合理，一切從孩子，這就是滋長兒童自私觀念的溫床。

要糾正孩子的自私觀念，家長就不能不就合理要求給予滿足，甚至是合理的要求亦不可百分之百給予滿足。

有的家長很疼愛孩子，尤其是隔輩人，為讓孩子吃好，常常要單獨做些或買些孩子愛吃的東西，還特意讓他知道：「這是特地為你做（買）的。」久而久之，形成孩子在家庭中的特殊地位，好像好吃的只能由他自己獨享。有的孩子自己吃獨食慣了，未經他許可，別人吃了一點，就哭鬧著不依不饒。更有甚者，有的孩子到別人家做客，也將愛吃的東西拿到自己跟前獨享。這種無禮的行為常使家人十分尷尬。

孩子為什麼會這樣呢？許多家長會感到不解。其實，從人的發展來看，嬰兒期是自我中心主義者。這是動物進化過程中的一種生存本能的反應。2到5歲的兒童正在發展從多種角度、多種立場考慮問題的能力。最初，他們在觀察事物和考慮問題的時候，還無法超出他們實際所看到的。他們沒有意識到人們從各種不同的立場，以不同的方式在看待同一個事物，他們很少知道別人會有與他不同的情感。因此，兒童在對待事物和他人的時候總是直接地連繫自己，一切以自我為中心。

隨著年齡的長大，兒童開始學習去除這個自我中心。他會慢慢意識到除了自己以外，還有別人的存在，在想到自己的同時，必須要想到別人，這是一個很長的過程。家長的責任應該是訓練兒童逐漸擺脫自我中心的束縛。逐步養成利他行為。人類社會是集體生活。它要求人們彼此之間必須相互協調、關心和幫助。如果一個人總想到自己，就容易發展成為一個自

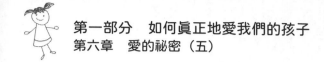

私、吝嗇、冷酷殘暴的人。

　　現在的孩子大都是獨生子女，在家裡，沒有兄長伴他玩耍，沒有弟妹要他照顧，好吃的食物，父母讓著他，圖書、玩具也是他個人所有。在這種環境下，如果父母不想辦法補救，加以引導，只會使他們獨占的意識膨脹，自我中心加強。加上缺乏集體生活的體驗，不會處理自己和他人的關係，因而往往就會表現出自私的一面。

　　因此，在學校教育中，要教育學生心目中看到人。在教育上首先關心的是要讓孩子體會到為母親、為自己的同學而勞動的自豪感。在家庭，家長應該利用生活中的各種事情，有針對性地教育孩子。例如，孩子出外遊戲，父母叮囑「不要調皮，小心汽車（這是教孩子注意自己）。媽媽在家惦記著你（這是教孩子想到媽媽，想到自己的安全和媽媽也有關聯）」。經常這樣引導孩子想到別人，那麼「別人怎麼樣」就會在他心目中留下深深的印記。

　　有時為了避免孩子產生獨霸和搶先的不良心理，家長應從吃喝小事注意對孩子進行良好的品德教育。一個孩子在吃喝等日常生活上目無他人，在別的事情上也會只想到自己，不關心他人的。像前面提到的孩子吃獨食現象可能許多家庭都會碰到。家長要想糾正這個毛病，可以先從分食做起，即吃東西時，家庭成員每人都有一份。即使為保證孩子的營養，讓他多吃一點，別人少吃一點，也要讓他知道，這不是他的特權，別人需要時，也有這種權利。吃飯時，最好全家人一起吃，不可讓孩子先上桌挑揀他愛吃的東西。平時，注意培養孩子懂得謙讓長輩、謙讓小朋友、謙讓客人的好習慣。當孩子禮讓時，應及時給予表揚和鼓勵。

　　只要我們在平時注意加強對孩子的教育和引導，孩子在做事時就會想到別人，孩子的「利他行為」也就會增多。

另外，慾望是滋生自私的根由，慾望的無止境，自私便隨之而生。對兒童，家長切莫把他置於只享受、滿足慾望，而不履行義務的特殊地位，要讓他們懂得慾望的滿足和履行義務是同等重要，如有好吃的，不是獨自一人享用，而是主動與他人分享；在家務上，則常常想到自己應該幫父母做點什麼。這樣，孩子才會養成尊重長者，關心別人的習慣，而不會事事只想到自己。

此外，父母自身也應以身作則。有一則笑話，一對夫婦對兒子千般呵護，而對父母萬般挑剔，某一天，這對夫婦對父母的惡劣態度被兒子看到了，其子大聲叫喊：「我記住了！」其父母問他記住了什麼，其子說：「我記住了你們怎樣對待祖父母，看我長大後怎樣收拾你們！」父母啞然。可見身正影不斜是何等重要的啊！

● 好客對孩子的影響

培養孩子最佳方式之一是在你的家裡宴請客人。家庭好客是一筆巨大的生活財富，因為以這種親身服務於他人，可以真正地相互了解，並建立親密的友誼。當你的家門為朋友敞開時，孩子會學會這種與朋友和家人共同分享愛的有意義的方式。

奇怪的是，人們頻繁地在飯店宴請客人而不是在家裡。但是一個家庭的溫馨和默契是很特別的。與其他人建立良好的友誼是很重要的，並且在家裡意義更深。

我們家每週五晚上為大學生敞開家門，他們從附近的學校來到我們家。前前後後我們結交了 60 名大學生。我們的形式非常簡單，從晚上八點到十點，我們在一起討論人際關係、道德及社會問題，接下來又隨便談談。午夜時分，我們便送他們離開。

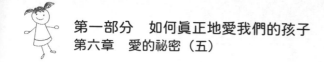
我們的孩子，莎莉和德里克最初還很小，在聚會時出出進進。常看到他們躺在一個學生的腿上睡著了或是與某個學生交談。學生們如同我們的家庭成員，我們的孩子總是期盼著星期五的晚上。

許多學生經常為了我們稱之為「服務工程」的工作而在週六的早晨回來。我們會擠滿一輛小貨車在社區周圍奉獻，為老年人打掃落葉或清除排水溝或做其他一些工作。莎莉和德里克經常參加這些服務。而且他們堅持要有自己的清掃工具，儘管他們最高興在他們掃過的落葉上蹦跳。

長大後，莎莉與德里克回憶當年與大學生們在一起的日子，他們認為那是他們童年時期最有意義的一段生活。莎莉現在是一名婦產科醫生，她承認與鮑曼·格雷醫學校學生的交談對她選擇職業有著很深的影響。她和德里克都很有平民意識。很多人都知道德里克在每年冬季總是邀請流落街頭的人到他的公寓做客（我們真的教過他這樣做嗎？）。我們確信與他人分享我們家庭的快樂和參與慈善工程活動給了孩子一種積極的深刻的影響。

讓孩子學會樂於助人是你的目標。孩子不會偶然地學會，而是在看到你為他們或其他人服務時才學會的。當你讓他們分擔一點責任幫助別人，他亦會學會，隨著年齡的增長，你可以多讓他們分擔些責任。

● 當愛的祕密是親身服務

倘若親身服務是你孩子最基本的愛的祕密時，你的親身服務將會最深切地表達你的愛。當孩子請求你修自行車或為娃娃縫一件裙子，他們其實並不只是想做完這件事；你的孩子正渴求著一份愛。

我們作為父母，意識到或答應這些請求，並且以關愛和積極的態度幫

助他們時，孩子會載著盛滿愛的油箱離開。但是，當父母拒絕答應這些請求或是用粗暴挑剔的語言回答或幫助他們時，雖說孩子可能會騎走已修好的自行車，但是他們的情緒卻很沮喪。

假如你的孩子最基本的愛的祕密是親身服務，這確實意味著你必須接受他的每個請求。這也意味著你應該對那些請求敏感些，並且需意識到你的回應是否在幫助孩子注滿了愛的油箱，還是在減少油箱內愛的能量。你需記住每份請求都需要父母再深思熟慮後給予充滿愛意的回答。

● 孩子們的看法

請看看下面幾個小孩子談談關於他們最基本的愛的祕密。

克里斯托七歲了，在過去的三年裡他提出過無數個有趣的問題。「我知道媽媽愛我，因為當我做功課需要幫助時，她總會在我的身邊；當我必須去醫院時，她會放下所有的工作帶我去；我生病時，她會為我做我最喜歡喝的湯。」

布拉德雷十二歲，與母親和小弟弟生活在一起。他六歲時，父親走了。「我知道媽媽很愛我，因為我襯衫扣子掉了，她會為我縫上，而且每晚都幫助我做功課。她是護士，要很辛苦地工作，我們才能生活下去。我想爸爸也愛我，但是他沒怎麼幫過我們。」

十四歲的喬迪思想上十分好勝要強，並且在一家公立學校接受專門教育。「我知道媽媽愛我，因為她幫我鋪床，還幫我洗衣服。晚上，她幫助我做作業，特別是我的藝術課。」

梅蘭妮也是十四歲，她是四個孩子中年齡最大的。「我知道爸爸媽媽愛我，因為他們為我做了那麼多事。媽媽為我縫製參加學校表演用的演出

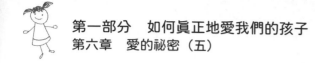
服；實際上，她也為其他兩個同學做了演出服，這使我為她感到驕傲；爸爸總是幫助我做功課，並且今年，他投入很多時間幫助我補習代數。我真不敢相信他能記住所有的數學法則。」

對於這些孩子，他們把父母的親身服務作為一種愛。孩子所需的愛的語言是親身服務，他們的父母都意識到了服務即是愛。那麼您呢？您又該如何做呢？為你的孩子服務 —— 為其他人服務吧，他們一定會知道你愛他們！

凡是在具有許多好傳統的家庭裡成長起來的青年人，都比較善於安排自己的生活，安排自己的家庭，也會給家庭帶來良好的習慣和風尚。

本章課外作業問答題

1. 做家務是夫妻物質生活平衡和情感生活達到的最好表現。找出能夠把這種平衡帶到你生活中的三個方面，你將採取什麼步驟來著手做這些事？

2. 你為孩子所做的是否適合他們的年齡？把為孩子做的每一件事都列在表上，如果所有事都被孩子自己做完，那麼他或她能否會成為一個有責任心的人呢？根據他們的年齡，這種項目表有時會教導他們怎樣適當的完成任務，這種行為就是愛的服務。

3. 我們總是很少心甘情願的去為別人做些什麼，製作兩張表，將立即回報的放在最左邊，把不應回報的放在最右邊，然後標出一系列從 1 到 10 能為別人所做的服務。是什麼原因使得你的行為離左邊的多一些或右邊的多一些呢？

4. 和你的孩子一起去真正的幫助那些在社區裡獲得愛的機會遠遠少於他們的人（不包括你的家庭成員），確信你的孩子能在其

中起到巨大的作用。然後感受一下你們的歡樂。並想一想在幫助別人的過程中你有什麼收穫。

小組討論

作為家長，我們為孩子做了許多。我們怎樣才能更好的滿足孩子們的需求和怎樣把愛的祕密和對他們的教育結合起來？讓小組成員討論他們是怎樣透過親身服務來對孩子表達愛的。

從你們小組其他人的行為中你能學到些什麼呢？

第二部分
成功的教育

第七章
如何發現孩子最基本的愛的祕密

孩子的心靈絕不是白板，而是種子時期的樹木，可能發育中的人。

—— 別林斯基（Belinsky）

● 讓孩子感受到愛

我們已經為你逐一介紹了五種愛的祕密，而且你也聽到了孩子們描述對他們所表達的某種特定的愛的祕密。但是你也許仍然有疑慮 ——「我的孩子的最基本愛的祕密是什麼呢？」「我還沒有確定。」認清你孩子最基本愛的祕密需要時間，事實上它是有一定的技巧和線索的。我們將會在此章幫助你發掘孩子最基本的愛的祕密。

在你開始發掘那些線索之前，還是讓我們考慮一下值得尋找的另一個重要的原因。我們已經提及過對孩子說愛的祕密會幫助他感受愛。當你的孩子感覺到被人愛時，當她的情感油箱盛滿愛時，她會更好的接受父母在她生活各個方面的引導，她將會毫無怨言的聽父母的話。我們用五種愛的語言表達愛時，一方面要注重她自己愛的語言時，另一方面應教會他既要滿足自己的需求又要學會對別人表達愛。

良好和諧的親子關係是孩子健康成長的重要保證，如何發現孩子最基本的愛的祕密是父母和孩子共同健康成長的關鍵。

愛，如何愛？

也許有的父母覺得奇怪，難道父母還有不愛孩子的嗎？父母絕大多數是愛孩子的，這是人類的天性，但是我們需要注意：一方面，父母愛孩子是一回事，而孩子能否感受父母的愛是另一回事；另一方面，父母對孩子的愛和積極的關注是否一貫或是否受一定條件限制。

孩子能感到您的愛嗎？

東方人的感情比較含蓄，不習慣於輕易表達，尤其是父親，以致於儘管父母們愛孩子愛得很深切，但是孩子卻感受不到。比如有的父母認為自己跟孩子講話不用客氣，而實際上態度很凶，以致於孩子渴望成為「客人」以便家長對他和藹一些；比如有的父母對孩子比較嚴厲，孩子經常處於被懲罰和訓斥的威脅之下，對父母有很重的畏懼心理；比如有的父母向孩子提出要求，卻不說明理由，以致於孩子感到自己處處被支配，不僅體會不到父母的用心良苦，還會埋怨父母侵犯自己的獨立；有的父母或者由於工作忙，或者因為忙於自己的娛樂，而很少與孩子待在一起，以致於讓孩子產生被父母疏遠，或者被父母遺忘，或者在父母心中自己無足輕重等錯覺。

孩子感受到的是什麼樣的愛？

另外一個重要的情況是父母不能對孩子表現出持續的無條件的愛和關注。比如說，父母過於情緒化，心情好的時候，就對孩子百依百順；心情不好的時候就對孩子橫加指責，給孩子一種父母的感情很不可靠的感覺。又比如說，父母臉上的「天氣」隨著孩子的學業成績急劇變化：成績好態度就好，孩子什麼要求都答應；成績不好就冷若冰霜，孩子想幹什麼都不行，讓孩子感到父母不是喜歡自己，而是喜歡自己的成績。其實，考砸的

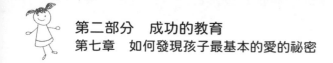

時候，孩子更需要家長的關懷和接納。我曾聽說有一位母親帶著他剛剛出獄的兒子上街，逢人便講，他曾經是個罪犯，但他永遠是我的好兒子。以此來恢復孩子的自信心，這樣的母親才是真正的母親。把自己的態度與孩子的成敗掛鉤，並不是一種有效的教育方法，卻非常容易傷害兩代人之間的感情。

　　愛孩子，並且讓孩子感到愛。在孩子取得成績的時候，他想到的是我們會更高興；當孩子遇到挫折的時候，他們感到家庭是個避風港和加油站；做孩子某項活動的玩伴；能夠和孩子在一起愉快地閒聊，僅僅是閒聊……這樣才是更為和諧的愛。

關注並支持

　　通常情況下，父母一般比較注意孩子的學業成績、身體發育和道德品行。這些方面比較明顯，也很重要，但是若父母只關注這些，父母的視野就過於狹窄。那麼，父母還應該關注孩子哪些方面呢？

★ **個性與情商**：父母不僅應該對孩子的身體健康和學業成績給予關注，還要對孩子的個性品行和情緒給予關注，比如孩子的意志是否堅強，孩子掌握情緒的能力怎樣，孩子是否善於與別人相處等，這些同樣是影響孩子人生很重要的方面。

★ **興趣和愛好**：孩子的興趣和愛好同樣值得我們重視。有些父母認為孩子的愛好是無用的，這是不應該的。其實孩子的愛好有時候比孩子的學業更重要，因為孩子的學業是為他的發展打基礎，而孩子的興趣卻往往決定孩子的發展方向。每個人都應根據自己的特點選擇自己的道路。孩子的興趣和愛好，反映了孩子的天賦和特長，未來的社會更需要揚長避短，無視孩子的天賦，只關注基礎教育過程中的分數是一種

目光短淺的做法。關注孩子的興趣走向，為孩子的愛好提供支持，也是教育中十分重要的事情。

★ **心理的成長**：同時我們應該關注孩子成長的過程，人類心理的發展道路要比身體上的成熟更為曲折。成長的「隱痛」成為文學家熱衷的題材，從側面反映了人的心路歷程是多麼複雜、微妙並且充滿了陷阱和危機。孩子在同齡人中是否「吃得開」，是否能夠獲得異性的青睞，是否被自卑心理壓抑，男孩子是否因為性的壓抑而消磨意志，女孩子是否因為愛的迷離而魂不守舍……通常這些問題孩子會掩藏起來，我們需要有足夠的責任心和信心才能發現端倪並打開孩子的心扉。父母假如能為了孩子稍微讀一點心理學的書籍，去關注一下孩子的心理成長，必然會迎來孩子深深的感激，儘管這只是父母的應盡之責。

學會溝通與理解

在孩子幼小的時候，孩子是什麼話都和父母說的，那時候孩子充滿童趣，父母也很願意聽孩子的童言無忌。有的家庭兩代人之間的這種溝通習慣可以維持終生。但是隨著孩子的長大，大部分家庭的孩子發現父母對他說的話並不是很感興趣，並沒有什麼明顯的回應或回饋。試想，誰會對一個心不在焉的聽眾傾訴呢？於是孩子喪失了與父母溝通的興趣，有話要麼只與自己的同齡人或朋友說，要麼憋在心裡。溝通的習慣中斷了。然而，有一天父母發現孩子在心理上離自己越來越遠，或者感覺自己有必要了解孩子，便試圖與孩子交談時，但是往往因為溝通習慣中斷的時間太長了，孩子沒有了跟家長交流的渴望，從而常常找藉口躲避；即便是肯坐下來與父母談，往往也很難有比較充分的溝通。父母若沒有及時了解和指導孩子，就增加了孩子在急於被人理解和認可的狀態中未成年戀愛及被壞人教

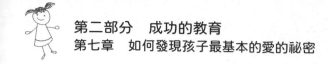

唆的危險。

　　學會溝通和理解是成功父母的必修之課。孩子是不斷成長的，他們的變化比我們成年人要大得多、快得多，我們要適應這樣的變化。孩子不可能永遠像 3 歲的時候跟屁蟲般的對我們唯命是從，孩子越大就越有自己的祕密，就越需以平等的態度來對待，對被尊重的要求就越高。這種變化是生命的自然現象，我們必須接受。接受老師代替我們成為孩子心目中的權威，接受孩子的同齡人代替我們成為他們更親密的夥伴。我們在孩子的生活中慢慢地「退後」，但是不要「退出」。當孩子遇到困難的時候，我們還應該是他的好「參謀」；當孩子沮喪的時候，我們還應該成為他們的避風港。

　　很多時候，誤會僅僅是因為我們只從自己的角度去考慮問題。這種現象無論是在成人世界中還是親子之間都是十分常見的。與孩子相處，更需要換位思考，移情理解，多具備一些同理心，孩子與成人的心理差別、成長時代的差異、社會化的程度不同、個人經歷的不同等等，這些都為親子溝通和互相理解造成了障礙。我們只有尊重這樣的差異，才能夠跨越這樣的障礙。

● 充分利用愛

　　當我們講五種愛的祕密時會怎樣呢？我們可以教會我們的孩子去愛別人。這樣，當孩子能夠感覺到其他人的需求時，我們就會幫助孩子。你的孩子必須能夠像你那樣用所有愛的祕密付出愛，長大成人後去影響、培養教育別人。這種能力將會使他們成為更加全面的人，使他能夠在社會中發揮自己的作用。當他們做到這一點時，他們就能夠運用愛的祕密來滿足自

己的需求並且能夠幫助他人。

孩子都很自私，所以他們經常忽視了用不熟悉和不舒暢的方式交流的重要性。譬如，一個孩子可能在贈送禮物、分享禮物方面出現問題；另一個孩子可能很孤僻，他難以理解合群的人對精心時刻的渴望。第三個孩子可以傾向親身服務，但口頭表達很困難；幫助孩子增強語言表達能力，更加肯定自己並且培養活潑、外向的性格對於父母來說是很重要的。這樣孩子將學會運用非常重要的肯定認可的語言。

作為父母，在我們學會孩子的愛的祕密後，儘管它不同於我們成人的方法，但是我們可以向他們表明無私的方式、為他人服務的方式。我們正在指導他們經歷一個成年人發展的重要階段 —— 為他人付出，關心他人。想像一下，如果我們的孩子都學會了第五種愛的語言 —— 親身服務，那麼在未來的生活中，他們一定是懂得付出、心態平衡及對社會有用的人。

在教育的內外在環境皆不盡如人意的前提下，很多家長常常抱怨現在的孩子難教。確實，教育子女不是一件簡單的事情。可是，家長如果能處處留心觀察，準確捕捉教育的最佳時機，充分利用孩子的「愛」，適時地對子女進行引導和教育，也完全有可能收到事半功倍的效果。

★ 某種不良行為剛剛萌芽的時候。大量事實證明，孩子養成惡習往往與第一次發生不良行為時未能及時得到指正密不可分。很多孩子做了錯事，往往主觀上並未意識到。家長若能在孩子的某種不良行為剛剛萌芽的時候，緊緊抓住這「第一次」不放，及時地對其進行明辨是非、詳陳利弊的教育，必能幫助孩子打下良好道德品格的基礎。

★ 新時期開始的時候。任何一個被認定的「壞」孩子，在其失足或犯錯之後也都存在著悔過自新的本能。如果家長在他們立志發奮、決心從

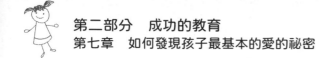
頭做起的時候抓好時機,對其進行教育和鼓勵,必能有效地促其變好。這種時機便是各種新時期剛剛開始的時候。如:考取新的學校、新的學期開始、期中考試結束之後、剛剛換了班導師、剛剛當選為班級幹部等等。這種時候,孩子會有一種新鮮感、希望感,容易產生強烈的「從頭開始好好學」以求得到教師、家長或別人承認和肯定的內在動力。此時家長若能因勢利導,定能「旗開得勝」。

★ 孩子受到委屈或挫折的時候。當孩子沒有做錯事而被人誤解,或好心結果成了壞事而被人責怪時,他們往往認為別人是故意和自己過不去,因而由於委屈而產生強烈的叛逆心理。此時家長若能以冷靜寬容和同情理解的態度幫助孩子分析前因後果,幫助他挽回局面,使其得到客觀公正的對待,孩子必然會產生感激之情。在這種情況下,父母總結教訓甚至訓誡的話孩子都能聽得進去,也樂於接受。

★ 學校教師來家訪的時候。教師家訪是孩子最不安的時候,他們唯恐父母在教師面前將其說得一無是處。有些父母正是有教師來家訪便告狀,一味指責,想借教師的威嚴來教訓孩子,結果引起孩子反感,進而以後對父母的話不管好壞一概不聽。如果家長在教師來訪時,先將孩子在家的優良表現向老師彙報,則容易博得孩子的好感。在此基礎上再以希望的口氣委婉地指出其缺點和不足,孩子一般樂於接受,並在日後的行動中積極改正。

★ 遇有困難或失敗的時候。孩子在運動會上因故沒能拿到名次,在最沮喪的時候如果所聽到的不是父母的鼓勵,而是「也不看看自己是不是塊料」、「沒本事硬逞能」的譏諷,他必定對父母沒有好感,以後對體育也很可能再無興趣。相反,在孩子考試失利時,父母不是訓斥,而是首先肯定其已經盡了努力,然後再引導他分析失敗的原因,並幫

助他及時補救，使他走出困境，孩子定會因感激而自覺地加倍努力。

★ 有較大過失的時候。孩子在犯了大錯或闖了大禍的時候，大多會產生畏懼感、負罪感和內疚感。此時，他們比平時更能聽得進不同的意見，也容易虛心地接受指教。父母若能抓好這一時機，在充分理解、同情和體諒的基礎上，幫其總結經驗教訓，循循誘導，將會收到意想不到的效果。相反，父母若抓住孩子「闖禍」的辮子不放，橫加責罵，沒完沒了，則會適得其反，使其破罐子破摔，無心思改。

★ 他人或自己取得成績、做了好事的時候。每一個身心健康的孩子都有爭強好勝、不甘落後的共性。因而當朝夕相處的同伴取得了突出的成績時，他們表面上可能裝得滿不在乎，其實心裡卻在暗下決心一定要追上和超過對方。而當他們真的取得了成績或做了好事受到誇獎時，更會以此為動力，精益求精，好上加好。因此，父母應善於抓住時機，對其進行指導，向孩子提出適當的目標要求，促其將一時的熱情轉化成持久的行動。

★ 對某一事物產生濃厚興趣的時候。當孩子對某一事情如繪畫、彈琴、踢球等產生濃厚興趣時，往往產生積極追求的慾望，他們會自覺地去尋求知識、去刻苦努力。父母應該尊重孩子自己的興趣選擇，而不應將自己的意志強加於孩子，逼其去做不願做的事，學不願學的東西。聰明的父母大多支持孩子的興趣愛好，並幫他們入門，發展的過程中對其進行正確、科學的引導，教其平衡發展，充實知識基礎，韜光養晦，少走彎路。

★ 有重大集體活動的時候。大多數的孩子都不希望自己在集體活動中因為亂了大局、壞了大事而在同伴面前出盡洋相；相反，幾乎所有的孩子都希望自己的言行能受人褒讚、受人誇獎。家長可以巧妙地利用孩

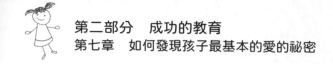
子的這種心理，抓住大型活動（如運動會、藝文活動、參觀、校外教學等）的大好時機，適時地對孩子進行遵紀守法、熱愛集體、團結互助等教育。

★ 出外做客或家中來客人的時候。孩子都喜歡聽好話、受表揚，而不希望在客人面前現眼。因而當父母帶其外出做客或家中來客人時，孩子的言行會不自覺地「規矩」起來，平時的許多劣性也會自動隱匿起來。家長如能抓住這個時機，在客人面前適度表揚孩子的優點，他將會引以自豪而繼續發揚。

● 我們需要時間

清楚以上幾點後，我們應該贊同對孩子用五種愛的祕密是很重要的，並且知道我們的孩子最基本愛的祕密是首要的一步。那麼我們又該如何知道他們愛的祕密呢？

這是需要時間的。你必須用全部愛的祕密對寶寶表達你的關懷；這關係到孩子的情感世界如何發展。假如在孩子小的時候你就能充分地運用五種愛的祕密，你會儘早地發現適合孩子的愛的祕密。例如，一個孩子可能對母親的聲音沒有什麼反應，而另一孩子可能發現媽媽聲音中難以置信的溫和與悅耳。一個嬰兒可以會由於另一個人對他的親近而安靜下來，而同樣的人對另一個嬰兒來說仍無法讓他停止哭鬧。

當你的孩子長大時，你將會發現其中的一種愛的祕密比其他幾種更能深切地表達你的關懷；當然，如果錯誤地運用這種愛的祕密，孩子就會受到傷害。請記住有關五種愛的祕密中一句愛的箴言：當你對孩子十分生氣惱怒時減少對孩子的傷害，會更有效地表達你的情感。

此外發現孩子的最基本愛的祕密是一個循序漸進的過程，是需要時間

的，特別是孩子很小時，這時的孩子才開始懂得如何用各種方式接受和表達愛。這意味著他們將會以令他們滿意的行為和回應來親身驗證。他們在某一段時間的特殊反應並不意味著這就是他們能接受的最基本的愛的祕密。幾個月後，他們可能又會專心於另一種愛的祕密了。

在教育孩子的過程中，每個家長都傾入了我們所有的愛。我認為教育孩子不僅要有愛心，更需要耐心。孩子的成長過程，它不是直線上升的過程，它是迂迴的過程，波浪式前進的過程。有時候作為家長同樣付出了很多，孩子的進步幅度卻不太大，甚至看不到成績。這時候，我們不免很急躁，很洩氣！

我本人在教育孩子時就有這樣的體會。孩子考試考的不錯，自己的心情就放鬆了許多；孩子的成績不理想，自己的心情就很急躁，教育兒子的聲音也會高八度，兒子就很反感說：「媽媽，不要那麼大聲，好嗎？」我平靜下來想，是呀，一再責備孩子，有什麼用呢。解決問題的關鍵是，看兒子到底哪方面薄弱，然後幫助他去強化，總結他這次失敗的原因，讓他記住失敗的教訓，他才能進步！

我按耐住自己心中所有的不痛快，溫和地對兒子說：「兒子，你的成績你滿意嗎？你心裡怎麼想的？」兒子怯生生地說，心裡很害怕，很難受！我接著說：「兒子，你看你這張考卷丟分的地方主要在單字上，只要你平時多花點時間就掌握了，丟分不是因為你不聰明，是因為你平時的懶惰，只要你平時多動手、動口學學，就解決了。」我給兒子制定了一個計畫，每天做完作業要聽寫兩課的單字。

我們總是希望孩子一步登天，其實改掉不良的習慣是需要很長一段時間的。在孩子的生命早期，他稚嫩的心靈就像一塊無暇的水晶，是你以愛的名義親手在上面劃下一道道傷痕。孩子成年後，從外表是看不到這些，

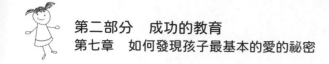
而這些生命早期的心靈經歷會自動影響他的命運。孩子生來就有天才的潛能，是我們家長用愚蠢錯誤的教育方式把他塑造成了平庸的人。

智力乃是人獲得知識、保持知識以及將知識轉化成自己的工具的力量。兒童智力的發展為再現模式的變化。所謂再現模式就是人們再現自己關於世界的知識經驗的方式。兒童智力發展的水準不同，再現知識經驗的方式也就不同。

愛因斯坦曾整日空想，他在國中時代甚至連許多測驗都沒有及格，然而卻成了那個時代最偉大的科學家。邱吉爾的學校作業做得很差，他說話結結巴巴，並且口齒不清，然而他卻成了那個世紀最偉大的領袖和演說家。愛迪生在學校中被他的老師用皮帶狠狠抽打，因為他提了那麼多問題而讓他的老師認為他是糊塗蛋，他所受的懲罰如此之多，以至於僅僅受了三個月的學校教育之後，他的母親就把他帶出了學校，而他卻成了可能是所有時代中最多產的發明家。幸運的是愛因斯坦的母親是一個真正的學習先驅，《世界百科全書》（*World Book Encyclopedia*）提到：「她的看法，在那個時代是與眾不同的，那就是學習可以成為一個樂趣。她把教他變成一種遊戲 —— 她稱之為探索 —— 令人興奮的知識世界。男孩一開始很驚訝，然後非常高興，不僅他開始學得如此之快，以至於他的母親無法再教他了。」但是，他仍然繼續探索、實驗，並且自學下去。

愛因斯坦、邱吉爾以及愛迪生是他們父母培養出來的天才，如果你發現了孩子的學習類型並使用多方面的智力，你的孩子也能成為天才，我對每位家長都要講：「天才是培養出來的，每一個孩子都有成為天才的可能」。

所以，父母在教育孩子的過程中，要有足夠的耐心。我們和孩子之間的愛的祕密需要時間，我們需要時間。

● 觀察凱米的成長

在查普曼（Gary Chapman）博士的家裡，對他們的孫女，小凱米的觀察引起查普曼博士的興趣，小凱米一直與她曾祖母住的療養院的老人們互相交流。甚至在她二、三歲時，就喜歡為那裡的人畫畫並發給每人一張。對於查普曼博士來說，本應很容易認定凱米最基本的愛的祕密是親身服務。但僅有這一種愛的祕密對凱米而言還遠遠不夠，因為她太小，不可能對此十分明確。查普曼博士注意到她同樣需要父母的關心重視，特別是身體的接觸、眼神的接觸、關愛的語言和珍貴的時光。

所以，從那天開始，查普曼博士就注意觀察起自己小孫女凱米的成長了。

● 愛的祕密的變化階段

當凱米長大時，查普曼博士一直觀察她接受愛和給予別人愛的方式，整體來看，覺得她將會經歷一段時期，在此期間她基本的愛的祕密可能會暫時改變，特別是在青春期，查普曼博士提及這點是因為孩子最需要的愛的祕密不是一成不變的。你需要不斷地尋求，你也必須記住孩子對愛的需求就像他們做其他的事一樣，會經歷幾個階段。

查普曼博士要反覆嘗試直到能夠達到最完美的程度，正如他們嘗試自己的興趣愛好及學習方面的志趣那樣。他們也許在接受愛時偏好一種語言，而給予愛時卻偏好另外一種愛的祕密。你要明確當孩子可能會發生改變時，千萬不要「約束」你的孩子。

雖然查普曼博士著重強調的是孩子所需的最基本的愛的祕密，但同時你的孩子也應該學會運用全部的愛的祕密去給予和接受愛。因為當孩子成

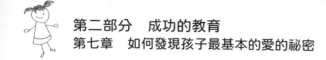

年後，將會遇到與其有著不同的基本愛的祕密的人，所以這一點是至關重要的。你的孩子越能有效地運用全部愛的祕密去表達愛，那麼他對未來的愛人和孩子、同事和朋友所表達的關懷與感謝就越有成效。

發現孩子最基本的愛的祕密，其最重要的意義在於它提供了一個表達情感最有效的方式。當你能感覺到孩子很沮喪而且感到他在與你疏遠，你想對她表達關心時，你將會知道如何把愛集中在孩子身上。

如果不是一個仁慈的命運在保護嬰兒，不讓他感覺到離開母體的恐懼的話，那麼誕生的一剎那，嬰兒就會感到極度的恐懼。但是嬰兒在出生後一段時間內和他出生以前並無多大的區別；他還無法辨認物體，還無法意識到自己的存在以及他身體之外的世界的存在。他只有溫暖和食物的需求，但卻不會區別溫暖、食物和給予溫暖和食物的母親。母親對嬰兒來說，就是溫暖，就是食物，是嬰兒感到滿足和安全的快樂階段。這一個階段用佛洛伊德（Sigmund Freud）的概念就是自戀階段。周圍的現實、人和物體，凡是能引起嬰兒身體內在的滿足或失望的才會對他產生意義。嬰兒只會意識到他的內在要求；外在世界只有和他的需求有關的才是現實，至於與他的要求無關的外在世界的好壞則沒有任何意義。

如果孩子不斷生長、發育，他就開始有能力接受事物的本來面目。母親的乳房不再是唯一的食物來源。終於他能區別自己的渴、能餵飽肚子的乳汁、乳房和母親。他開始知道其他物體有其自己的、與他無關的存在。在這個階段孩子學會叫物體的名稱，同時學習如何對待這些物體：他開始懂得火是熱的，會燙人；木頭是硬的，而且很沉；紙很輕能撕碎。他也開始學習和人打交道：他看到如果他吃東西，母親就微笑；如果他哭泣，母親就把他抱起來；如果他消化好，母親就稱讚他。所有這些經歷凝聚並互補成為一種體驗：那就是我被人愛。我被人愛是因為我是母親的孩子。

　　我被人愛是因為我孤立無援，我被人愛是因為我長得可愛並能贏得別人的喜愛。簡而言之就是我被人愛是因為我有被人愛的資本 —— 更確切的表達是：我被人愛是因為我是我。母愛的體驗是一種消極的體驗。我什麼也不做就可以贏得母親的愛，因為母親是無條件的，我只需要是母親的孩子。母愛是一種祝福，是和平，不需要去贏得它，也不用為此付出努力。但無條件的母愛有其缺陷的一面。這種愛不僅不需要用努力去換取，而且也根本無法贏得。如果有母愛，就有祝福；沒有母愛，生活就會變得空虛 —— 而我卻沒有能力去喚起這種母愛。

　　大多數 8 ～ 10 歲的兒童他們的主要問題仍然是要被人愛，無條件地被人愛。8 歲以下的兒童還不會愛，他對被愛的反應是感謝和高興。兒童發展到這一階段就會出現一個新的因素 —— 一種新的感情，那就是要透過自己的努力去喚起愛。

　　孩子第一次覺得要送給母親（或父親）一樣東西 —— 寫一首詩、畫一張畫或者做別的東西。在他的生活中愛的觀念 —— 第一次從「被人愛」變成「愛別人」、變成「創造愛」。但從愛的最初階段到愛的成熟階段還會持續許多年。進入少年時代的兒童最終會克服他的自我中心階段，他人就不再會是實現個人願望的工具，他人的要求和自己的要求同等重要 —— 事實上也許更為重要。施比受更能使自己滿足，更能使自己快樂，愛要比被愛更重要。透過愛他，使他從自戀引起的孤獨中解脫出來，他開始體驗關心他人以及和他人的一致，另外他還能感覺到愛喚起愛的力量。他不再依賴於接受愛以及為了贏得愛必須使自己弱小、孤立無援、生病或者聽話。

　　天真的、孩童式的愛遵循下列原則：「我愛，因為我被人愛。」成熟的愛的原則是：「我被人愛，因為我愛人。」

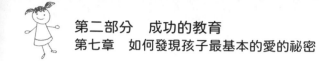

不成熟的、幼稚的愛是：「我愛你，因為我需要你。」而成熟的愛是：「我需要你，因為我愛你。」

與愛的能力發展緊密相關的是愛的對象。人生下來後的最初幾個月和最初幾年與母親的關係最為密切。這種關係在人還沒出生以前就已經開始，那就是當懷孕的婦女和胎兒既是一體又是兩體的時候。出生在某種意義上改變了這種狀況，但絕不是像看上去那樣有很大的變化。在母體外生活的嬰兒還幾乎完全依賴於母親。後來幼兒開始學走路、說話和認識世界，這時和母親的關係就失去了一部分休戚相關的重要性，而和父親的關係開始重要起來了。

為了理解這種變化，必須了解母愛和父愛性質上的根本區別。我們上面已經談到過母愛。母愛就其本質來說是無條件的。母親熱愛新生兒，並不是因為孩子滿足了她的什麼特殊的願望，符合她的想像，而是因為這是她生的孩子。（我在這裡提到的母愛或者父愛都是指「理想典型」，也就是馬克斯‧韋伯（Max Weber）提到的或者榮格（Carl Jung）的方式愛孩子。我更多的是指在母親和父親身上體現的那種本質。）無條件母愛不僅是孩子，也是我們每個人最深的渴求。從另一個角度來看透過努力換取的愛往往會使人生疑。人們會想：也許我並沒有給那個應該愛我的人帶來快樂，也許會節外生枝 —— 總而言之人們害怕這種愛會消失。此外靠努力換取的愛常常使人痛苦地感到：我之所以被人愛是因為我使對方快樂，而不是出於我自己的意願 —— 歸根結底我不是被人愛，而是被人需要而已。鑒於這種情況，因此我們所有的人，無論是兒童還是成年人都牢牢地保留著對母愛的渴求，是不足為奇的。

與父親的關係則完全不同。母親是我們的故鄉，是大自然、大地和海洋。而父親不體現任何一種自然淵源。在最初幾年內孩子和父親幾乎沒有

什麼連繫，在這個階段父親的作用幾乎無法與母親相比。父親雖然不代表自然世界，卻代表人類生存的另一個極端：即代表思想的世界，人所創造的法律、秩序和紀律等事物的世界。父親是教育孩子，向孩子指出通往世界之路的人。

與父親的關係緊密相連的是另一個與社會經濟發展有關的作用，隨著私有制以及財產由一個兒子繼承的現象出現，父親就對那個將來要繼承他財產的人特別感興趣。父親總是挑選他認為最合適的兒子當繼承人，也就是與他最相像，因而也是最值得他歡心的那個兒子。父愛是有條件的愛，父愛的原則是：「我愛你，因為你符合我的要求，因為你履行你的職責，因為你和我相像。」正如同無條件的母愛一樣，有條件的父愛有其積極的一面，也有其消極的一面。消極的一面是父愛必須靠努力才能贏得，在辜負父親期望的情況下，就會失去父愛。父愛的本質是：順從是最大的道德，不順從是最大的罪孽，不順從者將會受到失去父愛的懲罰。父愛的積極一面也同樣十分重要。因為父愛是有條件的，所以我可以透過自己的努力去贏得這種愛。與母愛不同，父愛可以受我的控制和努力支配。

父母對孩子的態度符合孩子的要求。嬰兒無論從身體還是心理上都需要母親的無條件的愛和關懷。在六歲左右孩子就需要父親的權威和指引。母親的作用是給予孩子一種生活上的安全感，而父親的任務是指導孩子正視他將來會遇到的種種困難。一個好母親是不會阻止孩子成長和不會鼓勵孩子求援的。母親應該相信生活，不應該惶恐不安並把她的這種情緒傳染給孩子。她應該希望孩子獨立並最終脫離自己。父愛應該受一定的原則支配並提出一定的要求，應該是寬容的、耐心的，不應該是咄咄逼人和專橫的。父愛應該使孩子對自身的力量和能力產生越來越大的自信心，最後能使孩子成為自己的主人，從而能夠脫離父親的權威。

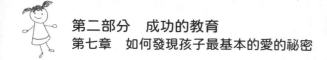
一個成熟的人最終能達到他既是自己的母親，又是自己的父親的高度。他發展了一個母親的良知，又發展了一個父親的良知。母親的良知對他說：「你的任何罪孽，任何罪惡都不會使你失去我的愛和我對你的生命、你的幸福的祝福。」父親的良知卻說：「你做錯了，你就不得不承擔後果；最主要的是你必須改變自己，這樣你才能得到我的愛。」成熟的人使自己與母親和父親的外部形象脫離，卻在內心建立起這兩個形象。和佛洛伊德的「超我」理論相反，人不是透過合併父親和母親，從而樹立起這兩個形象，而是把母親的良知建築在他自己愛的能力上，把父親的良知建築在自己的理智和判斷力上。成熟的人既和母親的良知，又和父親的良知生活在一起，儘管兩者看上去互為矛盾。如果一個人只發展父親的良知，那他會變得嚴厲和沒有人性；如果他只有母親的良知，那他就有失去自我判斷力的危險，就會阻礙自己和他人的發展。

人從與母親的緊密關係發展到與父親再進步到與整個家庭和社會的緊密關係，最後達到綜合，這就是人的靈魂健康和達到成熟的基礎。

● 五種妙方

當你開始尋求孩子的愛的祕密時，最好不要與孩子談論此事，特別是不要與十幾歲的孩子談論。孩子天生都願以自我為中心。如果他們看到愛的祕密這個概念對你重要，他們可能會充分利用這一點來支配你滿足他們暫時的要求，而他們提出的要求也許與他們內心感情的需求毫無關係。

例如，如果有一個孩子一直央求你買一雙昂貴的籃球鞋，他可能把愛的祕密視為支配你去買鞋的一種方式。他做的唯一一件事就是告訴你他的愛的祕密是禮物並且假如你真的愛他，你就會給他買鞋。作為一位欲找到孩子最基本愛的祕密的有責任心的家長，你很可能在意識到已經受騙前買

了這雙鞋。切記，正確的教育子女並不意味著給孩子他們想要的每一件東西。

當你尋求孩子最基本的愛的祕密時，可以借鏡以下幾種方式：

觀察你的孩子如何向你表達愛

留意你的孩子，他可能正在進行他自己的愛的祕密。對於一個年幼的孩子來說，這一點特別正確，因為他非常願意用他最能接受的祕密向你表達愛。假如你的孩子在五歲到八歲之間，經常對你表達欣賞與感激，像「媽媽，我喜歡這頓晚餐」或是「爸爸，謝謝你幫助我做功課」或是「我愛你，媽媽」或是「過得愉快，爸爸」等等。你可以適當地猜想孩子最基本的愛的祕密是肯定的語言。

這個方式對十五歲的孩子以及那些善於支配他人的孩子並無效果。他們可能透過屢次犯錯驗證了假如他們做正確的事情，你就可能滿足他們的慾望，儘管你不是完全確信是否該這樣做。因此，第一種方式最好適用於五歲到十歲的孩子。

觀察你的孩子如何對別人表達愛

倘若你的孩子上一年級，總是想帶著禮物去見老師，這可以表示他的最基本的愛的祕密是接受禮物。然而，請注意你不應是向老師尋求意見的家長。假如你的孩子僅僅是順從你的教導，這份禮物也就無法表達愛，而且它亦不是尋求孩子最基本愛的祕密的線索。

愛的祕密是禮物的孩子會接受無盡的快樂並且希望他人共同分享這份快樂。他會想像別人接受禮物時他們會與自己有同樣的感受。

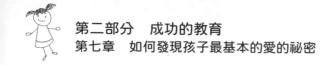

傾聽孩子最想要什麼

如果你的孩子經常請求你和她一起玩，一起出去散步，或是坐下來給她講故事，她此時正要求精心時刻。如果她的要求看起來與這種方式很適合，那麼這正是感情方面的需求，也就是說你不能分散注意力。當然所有的孩子都要有人關愛注重他們；但是對於一個用這種方式才能最深切地接受愛的孩子來說，渴求精心時刻的願望要比其他所有的孩子都強烈得多。

假如你的孩子不停地渴望他所做的事受到讚揚，那麼他的愛的祕密可能是肯定與認可。例如，「媽媽，你認為我的畫畫得怎麼樣？」或「我的功課做得好嗎？」或「我的裙子漂亮嗎？」或「我彈琴彈得好嗎？」，這些請求都是需要得到認可和讚許。而且，所有的孩子都需要這樣的語言並且偶爾會主動要求。但是如果你的孩子的請求特別集中於這一方面，這清晰地表明了他所需的愛的祕密是被別人肯定與認可的語言。

留心你的孩子經常抱怨什麼

這種方式與第三種相似；但是，這次孩子並不是直截了當地在要求什麼，而是抱怨他在你那裡什麼都得不到。假如他埋怨，「你總沒時間陪我」或「你總是要忙這忙那」或是「我們從來沒有一起去公園」他很可能有一種失落感，他正告訴你他感受到的愛太少了。在他抱怨這些時，很明顯他需要的是精心時刻。

孩子偶爾一次抱怨缺少精心時刻並不暗示著這就是他最基本的愛的語祕密。譬如，「爸爸，你工作這麼忙啊」這可能是小孩子學他媽媽說的話。或者「我希望全家能像班恩一家那樣出外度假」可能表達了一種能像班恩一樣的願望。

每個孩子偶爾都會抱怨，而且許多埋怨都與即刻產生的願望有關，它們並不是很必要地暗示了愛的語言。但是如果這些埋怨歸結為同一模式，大多數都反映了同一種愛的祕密，那麼他們就具有高度的暗示性。這些埋怨的頻繁出現就是尋求孩子愛的祕密的一把鑰匙。

給孩子一個選擇的機會

引導孩子在兩種愛的祕密中選擇。譬如，一位父親對十歲的兒子說：「艾瑞克，星期四下午我回來早，我們一起去釣魚呢？還是幫你選一雙新籃球鞋呢？你喜歡做什麼？」這個孩子肯定會在精心時刻和禮物中做出選擇。一位母親對女兒說：「今天晚上我有空，我們一起出去散步，或是幫你的新裙子縫花邊。你說呢？」這很明顯是在精心時刻和親身服務兩者中進行選擇。

在你提出幾種選擇後，幾星期內請把孩子的選擇記錄下來。如果大多數的選擇都圍繞著一種愛的祕密，那麼你可能會立即知道哪一種祕密最能使你的孩子感受到愛。有時，孩子可能不想選擇任何一種而且會暗示其他的事。你也應該把這些請求記錄下來，因為它會為你提供一些線索。

假如你的孩子好奇地問你為什麼這麼頻繁地給他們提供選擇的機會，並且問怎樣進行下去，你可以說：「我一直在考慮如何和家人共同度過這段時間。我們在一起時，我想如果我能知道你們的想法和感受那有多好啊。這對我很有幫助，你認為呢？」你可能會如想像的那樣有哲理或是想得很簡單，但是你所說的是完全正確的。在你尋求孩子愛的祕密時，你也正在給他提供選擇的機會。

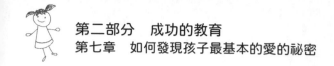
● 利用孩子的選擇尋求愛的祕密

對於家長來說，常見的現象就是父母會以「教師」的身分、大人的權威命令孩子這樣做或不能那樣做。其實，讓孩子有機會做選擇，覺得自己的意見被尊重，往往能收到更好的效果。

有這樣一個小故事：一位中國婦女帶著孩子去法國旅遊，一天，她帶著孩子到法國的一位朋友家裡去做客。一陣寒暄過後，熱情的女主人問中國客人要喝點什麼？客人按照中國人的傳統習慣回答說：「隨便。」轉過身來，女主人又問孩子要喝點什麼。還沒等孩子做出回答，孩子的媽媽就搶先說：「別管他！我喝什麼，他就喝什麼。」法國女主人很不理解地說了一句：「孩子可以選擇些別的飲料，可以自己選擇。」然而，孩子的媽媽固執地表示沒有給孩子選擇的必要，最終孩子還是失去了選擇的權利。

由於現代家庭很多都是獨生子女，孩子在家庭中的地位是「至高無上」的，所有的事情都是由家長包辦代替，孩子就沒有意願去發展自己的興趣和特長，這樣導致的結果，很有可能是做許多事情半途而廢。如果強迫讓孩子接受他不喜歡的事物，則往往會背道而馳。

另外還有一則故事，是說西晉文學家左思的父親一心讓兒子學書法，於是請名家教導。可左思不感興趣，學無所成；父親又讓孩子學琴，結果左思學了很長時間竟彈不出一支像樣的曲子。

父親從失敗中頓悟，便根據左思性格內向、記憶力強和酷愛文學的特點讓他學詩賦。結果左思如魚得水，終成一代文學家。

有一個有趣的調查，在被調查的 150 名學生中，當被問到學習和生活中遇到難題，一時解決不了時，怎麼辦？ 150 名學生幾乎是異口同聲地回答：「有困難當然是找父母解決。」沒有一名學生回答自己先想辦法解決，

實在解決不了，再找父母幫助。當被問到今後準備從事什麼職業時，竟有80%的學生說要等回家問過父母才能回答。

這位學者事後在總結他的調查結果時，不無憂慮地說：「缺乏自主性，對自我意識在選擇中重要性的麻木，已是當代一些青少年的綜合素養中一個不容忽視的弱項。」

時下，孩子生活在由祖父母和父母建構的沒有風雨的「溫室」裡，是「抱大的一代」。在孩子的生活中，不需要承擔任何義務，吃什麼、什麼時候吃；穿什麼、穿幾件；上學有人送，放學有人接……全由父母安排得好好的，孩子只是被動地接受。有的父母對孩子從小就有一種按自己的人生理想、價值觀念和行為方式塑造的傾向，而不考慮孩子本身的特質、興趣，對孩子像捏泥人似的強行塑造。

有的父母不懂孩子的心理特點，無法體驗更無法進入孩子的內心世界，武斷地用自己的思維方式代替孩子的思維方式。當孩子對父母的包辦和安排不滿意或有牴觸情緒時，父母總是說：「我們不會害你的，我們比你懂，你按我們說的做，準沒錯。」就這樣，在愛的光環下，孩子猶如父母的木偶，選擇權被無情地剝奪了，同時，也失去了獨立思考和承擔責任的機會。久而久之，在這樣的環境下生活的孩子，當被問到自己的職業取向時，自然只能是回去向父母討答案；遇到困難時，也只能依靠父母來解決。這樣的孩子在未來競爭激烈的社會環境中能否立得住腳，是很讓人擔心的。

孩子的社會知識和生活經驗不足，在自主選擇時，出現偏差是難免的，但是，並不能因此就不讓他們選擇。選擇和責任是一對孿生姐妹，人的責任感是在自我選擇中形成的，一個人沒有選擇的權利，只有被選擇權，也就不會承擔什麼責任。因此，多給孩子一些自主選擇的權利，讓孩子對自己的事做主，對培養孩子的責任心很重要。同時，在選擇過程中，

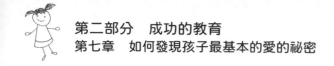
又能培養孩子克服困難、戰勝困難的頑強意志，形成遇事冷靜、有主見的良好心理素養。

孩子終歸要走出父母的視線，開拓比父輩更廣闊的發展空間。如果孩子自小沒有選擇的權利，沒有體驗選擇的滋味，今後又怎麼能選擇適合自己的發展道路，迎接各方面的挑戰和競爭呢？

● 為一個 5 歲的孩子提供選擇

你提供給孩子的選擇要依據他的年齡和興趣。以下幾例可能激發你的創造性。

對一個小學一年級的孩子，你可以說：

★「你願意我給你做一個蘋果派（親身服務），還是願意一起去公園玩（精心時刻）呢？」

★「你喜歡玩角力遊戲（身體接觸），還是講故事（精心時刻）呢？」

★「我外出兩天，你喜歡我帶份禮物（禮物）呢，還是為你寫首詩來表達你是多麼出色的小男孩（肯定孩子的語言）呀？」

★「你願意玩『我喜歡你因為……』的遊戲（肯定孩子的語言）呢，還是現在就修你壞了的玩具（親身服務）呢？」

在「我喜歡你因為……」這個遊戲中，父母和孩子可以輪流造一個句子，例如，父母說：「我喜歡你因為你的微笑很美。」然後孩子可能說：「我喜歡你們因為你們給我講故事。」父母說：「我喜歡你因為你對妹妹非常好。」這是肯定讚許孩子並教他也學會肯定父母的一個頗為愉快的方式。

● 為一個 10 歲的孩子提供選擇

如果你的孩子接近 10 歲左右，你可以問這樣的問題：

★「你過生日時，是想要一輛新自行車（禮物）呢，還是和我去旅行（精心時刻）呢？」

★「今天晚上，我幫你修電腦（親身服務）呢，還是一起去打籃球（精心時刻和身體接觸）呢？」

★「週末我們去看望奶奶，你喜歡我把這個學期你在學校出色的表現告訴她（肯定孩子的語言）呢，還是我們到那後給你一份驚喜（禮物）呢？」其實你可以兩者都送給孩子。

★「你喜歡我去看你練體操（精心時刻）呢，還是去給你買運動服（禮物）呢？」

● 為一個 15 歲的孩子提供選擇

對於一個十五歲的孩子來說，以下選擇可能較為適合：

★ 你孩子那輛漂亮的自行賽車出了故障。你可以問孩子：「這個星期六，我們一起修車（精心時刻）呢，還是你和朋友度週末我自己來修（親身服務）？」

★「你喜歡星期六的下午去幫你買外套（禮物）呢，還是爸爸出去時我們一起去小木屋（精心時刻）呢？」

★「今晚只有你和我在家，我們出去吃（精心時刻）呢，還是我給你做好吃的披薩（親身服務）呢？」

★「如果你氣餒，我希望能夠幫你樹立自信心，假如我坐下來告訴你我多麼愛你，欣賞你並且指出你那樣豪爽的個性（肯定孩子的語言），

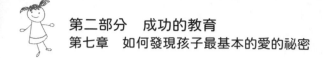
或是只擁抱你，對你說『我永遠支持你，我的男子漢』（身體的接觸），哪一個對你幫助更大一些呢？」

只要你經常這樣做，來發現這種模式（它能顯示出孩子偏愛何種愛的語言），將會對孩子有很大的幫助。在你發現一個明顯的模式前，可能需要提供二十到三十次選擇。偶爾一次不同的回答只能表明孩子暫時性的偏愛某種愛的語言。

如果你決定在這方面更有創意性，你可能要設計 30 個「或者」這樣的選擇，確實對每種愛的祕密提供相同次數的選擇。然後把它作為一種研究計畫提供給孩子。大多數十幾歲的孩子都會支援這樣的努力，其結果是可以使你更加明確孩子所需要的愛的祕密。

● 十五個星期的試驗

假如上述建議都無法為你提供太多發現孩子愛的祕密的線索，那麼這個方式可能適合你。但是如果你開始嘗試，必須準備持續一個週期——十五個星期。

首先，當你對孩子表達愛時，請選擇一種愛的祕密集中嘗試兩個星期，例如，如果你首先開始嘗試精心時刻，那麼每天，你至少要提供半個小時的時間給孩子，不能分散注意力，與他互相交流彼此的愛。一天，帶他去吃早餐；另一天，與他一起打球或是看一本書。當你提供這些關愛時，觀察孩子的反應如何。如果兩週後，孩子十分渴望自由，你要知道還需嘗試其他的祕密。但是，如果在孩子的眼裡你看到了希望並且你正得到肯定，他是多麼喜歡和你在一起的日子時，那麼你可能已經發現你想找的愛的祕密了。

兩星期以後，減成一個星期，不是全部都用來計畫，而是抽出以前的三分之一的時間，這樣可以使第二次嘗試與第一次的關係更加密切。然後選擇另一種愛的祕密，集中精力再嘗試兩週。譬如，假如你選擇身體接觸，你要在一天中至少有四次用有意義的方式接觸孩子。所以，在他離家上學前，你應吻他或擁抱他；他回家時，你應緊緊地擁抱他歡迎他回來；他坐下來吃晚餐時，拍拍他的後背；他看電視時，摸摸他的後背。每天重複這些，變換表達愛的接觸方式，但是每天至少四次。

然後觀察他的反應。如果兩星期後，他推開你說「別再碰我了」，你就明白了這不是他需要的語言。但是如果他繼續喜歡你這樣做，讓你感到這很好，那麼你就做對了。

接下來這一星期，回過頭來觀察一下孩子的反應。然後選擇另一種愛的祕密，以同樣的方式繼續嘗試。在你繼續嘗試前要一直觀察孩子的行為舉止。他可能開始要求你以前說的一種愛的祕密。如果這樣的話，他給你一個線索。或者，他可能埋怨你二星期前停止這麼做；這也是一個線索。

假如你的孩子想知道你打算做什麼，你可以回答：「我想盡我所能用所有方式愛你，這樣你會知道我是多麼關心你。」千萬不能提及最基本的愛的祕密這個概念。而且，在嘗試這個試驗時，切記你的孩子仍然需要所有愛的祕密 —— 安慰鼓勵的語言、關愛的接觸、親身服務、喜愛的禮物和充滿關愛的目光。

● 如果你有十幾歲的孩子

如果你正在養育十幾歲的孩子，你會知道這份辛苦不同於其他的工作，因為他們的經歷隨時都在變化，所以孩子接受愛和給予愛可能會隨著

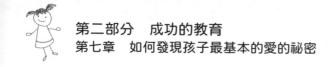

他們的心情變化而改變。大多數的孩子都會經歷一種階段，被人們描述為「嘟噥階段」，因為你所聽到的回答是聽起來像嘟噥的低沉的聲音。

媽媽：「嗨，親愛的，你好嗎？」

蒂姆：「好…吧…。」（僅僅能聽見）

媽媽：「今天早晨你決定做什麼？」

蒂姆：「我什麼也沒做。」（僅僅能聽見）

只要你對此較為敏感，你會感到一個十幾歲的孩子在這段非常時期除了身體接觸不可能接受任何愛的祕密。當然這些孩子的確偶爾會提出新的請求。在他們與你接觸磨合的時間裡你應向他們表達全部的愛，特別是採用他們自己最基本的愛的祕密。

有時孩子的「情感油箱」很難注滿愛的能量。他們正在考驗你，看看你是否真的愛他們。他們可能無緣無故的生氣，將某事小題大做，或僅以單純的以行動來牴觸。這樣的行為舉止可能是他們潛意識地在問：「你真的愛我嗎？」

這些行為舉止都是對父母的一個測試。如果你能夠保持冷靜、鎮定、和言悅色、愉快（嚴厲但是愉快），你就會通過測試並且幫助孩子最終度過那段非常時期，逐漸成熟。

當丹13歲時，他開始考驗父母。他的父親，吉姆開始感到有些挫折，但是後來他漸漸意識到這是因為他早已使丹的「愛的油箱」枯竭了。當吉姆知道丹最基本的愛的語言是精心時刻時，他決定與兒子度整個週末，以注滿兒子的「情感油箱」 —— 而自從孩子有了一個巨大的「情感油箱」後，它真的發揮了具大的能量。在父子倆一起度過週末以後，吉姆感覺到他已經做了應該做的事，並且解決了問題，他將永遠不再會讓丹的「情感油箱」枯竭。

他們回來的那個晚上，吉姆有個重要的會議，丹知道這件事。正當吉姆要走的時候，丹叫住了他：「爸爸，等一分鐘好嗎？」這裡就是一個考驗。丹真的很想問：「爸爸，你真的愛我嗎？」很多的父母都被這個考驗難住了並且失去了冷靜的態度。

幸運的是，吉姆意識到將要發生什麼事並且安排時間與丹談談。他說：「我馬上要去開會，我回來時，我們就在一起談談好嗎，大約 9 點 30 分。」

如果吉姆對丹失去了耐心說：「我與你一起度週末，你還需要什麼？」那麼他可能在他努力用 48 個小時注滿的愛的油箱上又一次穿破一個洞，讓愛就此流失了。

● 掌握五種愛的祕密

無論你的孩子所需的愛的祕密是什麼，切記學會說五種愛的祕密是很重要的。錯誤地運用一種愛的祕密而排除其他愛的祕密是十分容易的事。特別是對於「禮物」這種愛的祕密，很有參考價值，因為它看上去不會花費我們太多的時間和精力。但是如果我們步入了一個陷阱，給了孩子太多的禮物，那我們就剝奪了他們健康的和豐富的「情感油箱」，並且我們還會促使他們用物質的功利眼光看這個世界。

另外，學會講五種愛的祕密將會幫助我們在生活中支援別人，不僅包括我們的孩子還包括我們的愛人、朋友和親屬。此刻我們著重強調教育我們的孩子，因為我們知道幾年後，他們將長大成人，個性迥異，大多數已與自己原來大不相同，可是做為父母的我們卻已為孩子各方面的情感發展奠定了良好的基礎。

作為父母，我們必須記住學習愛的祕密是一個成熟的過程，是一次漫

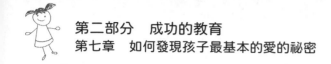
長的經歷，常又是十分艱難的旅程，而一旦我們學會了講五種愛的祕密，我們將會幫助孩子學會如何用全部愛的祕密給予和接受愛。總有一天，我們會使步入成年人生活的孩子們能夠以多種方式與人分享愛。當他們能做到這些時，他們將會是十分出色的人。

掌握五種愛的祕密，利用「泛靈心理」教育你的孩子。

瑞士著名心理學家皮亞傑（Jean Piaget）指出，兒童時期的「泛靈心理」把事物視為有「生命」的一種傾向。這是幼兒在發展過程中出現的一種自然現象，也是不可逾越的必經階段。

在幼兒時期，如果父母和老師能充分利用「泛靈心理」，那麼，他們就能在幼兒教育生活中得到意想不到的收穫。利用孩子的這種特性，首先需要父母和老師能隨時發揮出自己的想像力，將事物「擬人化」，例如：孩子在玩遊戲時，教育孩子不要把牆壁弄髒，不要把小椅子弄壞時，可以這麼對他說：「如果你摔了小椅子，它一定會疼的，如果把它的腿弄斷了，走起路來多難受啊！」或者「牆壁很愛乾淨呢！如果弄髒了，它就不跟你們做朋友了。」孩子聽了以後會非常注意，還會擦擦椅子，撣撣牆壁上的灰塵。

對於會活動的東西，幼兒更容易引起「泛靈心理」反應。「靈化」了的外物主要是指童話故事、寓言故事、民間故事等等。如果父母想讓孩子懂得一個道理，不妨將一些寓言、童話故事編成小話劇、小舞蹈等節目和孩子一起表演，從中讓孩子接受直接的心理體驗，所得到的效果比起講大道理不知要好多少。

當然，幼兒的「泛靈心理」是一種意識發展不充分的表現。我們在利用「泛靈心理」進行教育的同時，還應指導孩子學會人物辨識、物品辨認，促進孩子從本質上去認識事物，不斷提高他們的認識能力。

本章課外作業問答題

1. 集中精力回憶一下你的孩子在對你表達愛時的情景。至少列出三件事,在最近一段時間裡發生的有重大意義的事情中,看有哪種愛的祕密重複出現過。

2. 仔細觀察孩子是如何對他的兄弟姐妹、老師、長輩等表達愛的?這些方法與他對你表達愛的方式有什麼相似或不同?如果有許多地方不同,那是什麼原因?

3. 孩子們從我們這裡得到很多,首先回顧一下這五種愛的祕密,然後試著對這些愛的表達方式盡可能多的提出要求。怎樣使他們的要求連繫在一起呢?作為一個家長你要怎樣做才能更好的回應孩子心靈的呼聲呢?

4. 看看孩子在生活中抱怨和表達不滿的方式,他表露出最缺少的是什麼?他最渴望的是什麼?檢查一下我為什麼會忽略掉這些呢?在這些最重要的領域裡,我們該怎樣做才能更有效的滿足孩子的需求?

5. 在以後的幾個月裡,允許你的孩子對五種愛的祕密做出自由選擇。對他或她的反應做出記錄。試著去理解他或她做出選擇的原因,並找出他或她最常用的愛的祕密,這就可能是你孩子心中愛的祕密。

小組討論

　　把精力集中在那些能夠幫助你發現孩子心中愛的祕密的關鍵因素所帶來的影響。這些因素包括性別、年齡、教養、精神狀態和智商發育程度等。在你看來，什麼是決定他心中愛的祕密的關鍵？

第八章
嚴厲的管束和愛的祕密

> 用枯燥無味的語言對孩子講話，就等於引起他們的煩悶，引起他們對說教主題本身產生內心的反感。
>
> —— 高爾基

　　以下哪種愛的祕密是錯誤的呢：愛、親切、快樂的笑，或嚴厲的管束。答案是「無」。與許多人考慮的正好相反，嚴厲的管束不是一種錯誤的愛的祕密。「嚴厲的管束」意思為「訓練培養」。「嚴厲」意味著把孩子從兒提時期培養成人的漫長和時刻警惕的艱巨。其目的是為了讓孩子能夠達到一定的成熟標準，有一天在社會上作為一個有責任感的人，發揮自己的作用。

　　培養孩子在思想、品格方面成為一個自制能力強、積極的家庭和社區成員，你可以透過舉例子、樹榜樣、口頭介紹、書面請求、言傳身教、糾正錯誤、提供學習經驗或其他更多的方式來進行引導。懲罰亦是這些方式的一種，並且有其一定作用，但是在大多數家庭裡，懲罰得過於嚴厲。實際上，許多父母都覺得「嚴厲的管束」與「懲罰」是同義詞，「嚴厲的管束」實際就是「懲罰」。懲罰即是一種嚴厲的管束，但是也最起負作用。

　　許多父母，特別是那些在童年時期沒有接受過足夠的愛的人，會忽略培養孩子的重要性。他們把父母的主要任務視作懲罰，而不是運用其他更積極的教育方式。為了使嚴厲的管束更加有效，父母必須用愛注滿孩子的「情感油箱」。事實上，缺乏愛的嚴厲管束就像盡力操縱一臺沒有油的機器，表面看上去可以在極短的時間內有效，但最終會出問題。

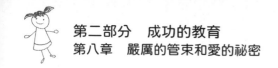

　　因為對嚴厲的管束疑惑不解，所以本章我們集中講解普遍正確的愛的祕密含義，下一章是關於嚴厲約束的教與學。在兩個例子中，我們將會探尋運用愛的祕密是如何幫助你更好地培養、管教孩子的。

● 引導孩子成熟待人處事

　　「嚴厲的管束」一詞較為熟悉和普遍的定義是建立家長的威信，在待人處事、行為舉止方面引導培養孩子，進而幫助孩子如何生活。從歷史發展的角度看，每種背景都期望成熟的思想和行為，並且人們已經設計了許多能藉此達到上述要求的方法與措施。只是目前，許多人認為孩子不需要管束，這種「放任不管」，允許孩子想做什麼就做什麼的方法是無法培養出樂觀向上及具有責任感的孩子。

　　縱觀歷史，任何社會都把人視為以道德倫理來約束的高級動物。在更大規範的社會集體中，許多事情被認為是正確的，其他的都是錯的；許多事情是可以被人們所接受的，而其他事情卻無法被人接受。道德標準在社會的各個時期皆不同，但沒有非道德的社會。每個社會都有其標誌、法規法則和倫理觀念。當個人選擇非道德的生活方式時，他們會有害於自己，危害於社會。

　　父母在嚴厲的管教孩子方面最主要的作用，是他們向孩子們逐漸灌輸本民族文化所能接受的道德標準。嬰兒沒有能力決定如何生活，如果沒有父母的指導，就無法度過成人的生活。在孩子成長過程中，父母必須全部遵循這些準則，並且要管束孩子的行為。這個意思是說，例如：小約翰的父母不會允許兒子爬到火爐旁，無論兒子怎樣被那燃燒的火苗所吸引；因為害怕兒子會被經過的轎車撞倒，所以不讓兒子上街；小約翰的父母還把藥品和有毒的物品放在兒子搆不到的地方。

　　從需要對孩子全部管束的嬰幼兒時開始，父母將付出十年多的心血培養孩子，使其達到令人頗為滿意的自我約束的程度。這條步入成熟的路是每個孩子都必經的，而且為了走好這條路，每位父母都需要承擔責任。這是值得敬佩的任務，需要智慧、豐富的想像力、耐心以及充分的愛。

● 愛與嚴厲的管束

　　愛會引起另一方的關注；嚴厲的管束同樣能引起對方的關注。所以嚴厲的管教其實是愛的行動。而且孩子感受的愛越多，也就越好管教他。原因是要想讓孩子毫無怨言、無牴觸情緒和阻礙（被動的行為）接受父母的管教，那麼孩子必須與父母達成一致。這也就是說在我們管教孩子前，必須讓他的「情感油箱」蓄滿愛的能量。

　　如果孩子與父母無法溝通，他將會把父母的要求和命令視為一種負擔，反而會怨恨這種負擔。若完全是這樣，孩子帶有怨恨來想父母的要求，會導致他面對父母的權威時（最終可能是全部的權威）表示反對，漸漸地這種態度已經完全習以為常了。

　　傑森今年十歲。他的父親是一位銷售員，由於工作需要，他的父親一週外出四到五天。週末，父親常修剪一下草坪，做些其他的家務，偶爾在星期六參加一場橄欖球比賽，傑森看到父親的時間很少。傑森最基本的愛的語言是精心時刻，所以他從父親那沒有感受到更多的愛。當父親週末回來時，身心都十分疲憊，沒有心情去做一些幼稚的小孩子遊戲。他對傑森的管教是典型的粗暴訓斥，語調中充滿了不滿。他認為他的管教是讓傑森成為一個有責任感的年輕人所必需的。然而，事實上，傑森非常厭煩這種管教，甚至害怕他的父親。他極少遵照父親的意願去做，而且週末時常避免和父親一起度過。

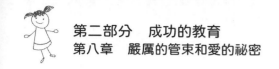

　　即使是一個粗心的旁觀者也能看出父親對傑森缺乏愛，而傑森對父親缺乏尊重。一個曾在你愛的庇護下感到安全感的孩子可能會接受父親粗暴的語言和生氣的語調；但是在傑森這個例子中，如果孩子的情感油箱空空，那麼這種管教只會滋生不滿和失望的情緒，不會培養孩子的責任感。

　　如果傑森曾經在父愛中有過一種安全感，他就會理解這種管教至少在父親的心目中是為了他好。但是傑森沒有感受到這份愛，所以他把父親的管教視為一種自私的行為。久而久之，傑森覺得自己對父親來說總是煩擾他，這嚴重地傷害了傑森的自尊心。

● 孩子如何去愛

　　在我們能夠用愛有效地去管教孩子之前，必須問兩個問題：

1. 孩子如何去愛呢？
2. 孩子犯錯時，他最需要什麼呢？

　　那麼，孩子如何去愛呢？孩子的方式是不成熟的。相比之下，成年人試圖付出無私的愛。我們經常失敗並且努力尋求一種得以回報的愛。例如，約翰深深地愛著瑪麗莎，他希望瑪麗莎也能愛他。約翰想全力以赴，竭盡全力取悅瑪麗莎，表現穩重，幫助瑪麗莎，對她十分溫存、尊重、無微不至。他無法確定瑪麗莎是否愛他，所以他沒有憑藉不成熟的方式而是努力贏得她的愛。這種獲得愛的理智的方法叫做對愛的回報，因為約翰正努力使瑪麗莎的愛更加安全、穩固。

　　但是孩子的愛既不帶有一種回報，又不是無條件的。因為孩子還很幼稚，所以他們會以自我的方式去愛。孩子會本能地意識到自己需要愛——需要有一個盛滿愛的「情感油箱」。他們沒有意識到他們的父母

也有「情感油箱」，需要用他們的愛去注滿。他們只關心自己的「情感油箱」是處於何等位置。當愛的能量降低或消失時，孩子會被迫焦慮地問：「你們愛我嗎？」父母的回答往往決定孩子的行為，因為孩子犯錯的主要原因是「情感油箱」的枯竭。

許多家長認為孩子應該透過自己良好的表現贏得父母的愛和欣賞，但是這恰恰是不可能的。孩子會很自然地透過他們的表現來驗證父母的愛。他正問：「你愛我嗎？」如果我們回答：「是的，我愛你。」然後注滿他的情感油箱，我們就會解除壓力，對於他來說考驗我們的愛也就沒必要了，管教他也就變得更加容易了。然而，如果我們掉入一個陷阱，認為孩子應該透過良好的表現來獲得我們的愛，那麼我們會受到挫敗的。

當孩子透過行動問：「你愛我嗎？」我們可能不喜歡他的行為舉止。如果孩子徹底失望時，他的行為將會違反常規，沒有什麼比缺少愛使孩子更失望的了。但是，這不意味著在沒有確定孩子感覺到愛之前就要求孩子好好表現。這是我們的責任；我們必須運用五種愛的語言注滿孩子的「情感油箱」，而且要重視其基本的愛的語言。

為了用愛去管教孩子，我們必須問的第二個問題是：「當孩子做錯事時，他最需要什麼？」事實常常相反，當孩子犯錯時，許多家長會問：「我怎樣糾正他的錯誤呢？」如果他們問這個問題時，符合邏輯的回答是：「懲罰！」這就是為什麼父母過多採用懲罰的方式而不是選擇其他合適的方法教育孩子。當我們依賴懲罰這種方式時，我們不會很容易地了解孩子真正的需求。如果我們用這種方式處理孩子犯錯，他們根本不會感受到愛。

相反，如果我們問：「孩子需要什麼呢？」我們則能夠理智地處理而且以正確的方向做出決定。如果你忽視孩子做錯事的背面需求就會使我們犯錯。如果我們問自己：「我怎樣糾正孩子犯的錯？」這經常促使我們輕

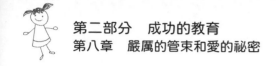

率地懲罰孩子。如果問：「我的孩子需要什麼？」會讓我們帶著一份信心去做，而且把每個問題都能處理得很好。

● 孩子做錯事的原因

當你的孩子做錯了事，而你問自己：「孩子需要什麼？」這時下一個問題應該是：「孩子需要他的情感油箱蓄滿愛嗎？」如果孩子真正地感受到了愛，特別是犯錯的原因是情感油箱枯竭時，管教孩子會容易得多。在這段時間，你必須牢記愛的語言，特別是身體的接觸、精心時光和眼神的示意。

當孩子犯了嚴重的錯，他的所作所為的確不應該原諒。但是，如果我們做的方式不正確──或是太粗暴或是太被動──我們就會與孩子產生很深的芥蒂，隨著孩子年齡的增長，這種芥蒂將會愈來愈深。的確，我們需要我們的孩子表現出色，但這個過程的首要一步不是懲罰。

小孩子要求我們的愛不是很細膩微妙的，他們會吵吵鬧鬧而且經常做一些大人們看起來十分反常的事。當我們發現他們正贏得和他們在一起度過某段時間時，那就支持他們；當我們在以個人的方式對他們坦露自己時，我們可以對自己說他們畢竟是孩子，而且我有義不容辭的責任，首先注滿他們的情感油箱，進而培養孩子在人生的旅途中大步的前進。

孩子做「錯事」時，我們總覺得責備孩子是天經地義的事。然而責備孩子時，如果我們只憑一時的意氣用事，就無法讓孩子清楚地明白到底「錯」在哪裡，這樣的指責不但對孩子沒有用，而且會帶給孩子很多錯誤觀念和負面影響。下面，我們就透過例子一起來看看吧。

結果和動機，哪個更重要？

1. 林林很想幫媽媽做家務，於是就主動去端盤子，可是他在端盤子時不小心摔了一跤，結果把十個盤子打碎了。

2. 小玉很喜歡吃蛋糕。媽媽告訴她一天只可以吃一塊，不能多吃。可是小玉還想要，於是就趁媽媽出門買菜時偷吃了 1 塊，結果不小心將櫥櫃中的一個盤子打碎了。

以上兩個孩子，你覺得哪個孩子更不好呢？

如果我們將兩個故事講給孩子聽，孩子大多會認為「林林不好」。因為林林打破了「十個盤子」，打破盤子的數量比小玉多，所以才不好，這就是兒童所謂的結果論。

孩子往往只從結果的角度來考慮對錯或嚴重程度，而不會從林林和小玉的動機去看問題。這是為什麼呢？教育心理學家皮亞傑認為，孩子的思維之所以停留在結果的角度，其主要原因是由於他們的母親經常只是根據物質的損壞程度來責罵孩子。

當我們只重視事情的結果、而忽視孩子的動機時，我們就無法進入孩子的內心世界，無法體會孩子想把事情做好卻失敗時的感覺，當然就無法用體貼的心情去安慰孩子。這時，如果再加以嚴厲的責罵，「踐踏」孩子的善意，那麼時間一長，孩子就會認為善意是不好的，自然就不會用善意去對待他人。

孩子的善意，需要肯定和鼓勵。

當孩子的「善意」常常得不到我們的肯定和理解，那麼他就會用負面、消極的眼光去看別人。以下的例子就很有代表性：

3. 在幼稚園裡，東東單手撐著牆壁站立，強強由前方跑過來，在東東前面約兩公尺處停下，跺著腳道：「你欺負我！」

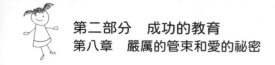
老師問：「怎麼了？」

強強說：「他故意擋我的路！」

而站著的東東卻感到莫名其妙！

4. 麗麗很想坐下來，可是卻找不到椅子，於是她就跑去對老師說：「是某某小朋友拿走了我的椅子！」

對於這樣的孩子，作為父母，我們該如何去做呢？皮亞傑認為，父母應該儘早讓他學習認識自己或他人的行為中哪些是善意的。尤其是在日常生活中，我們要肯定孩子的善意。尤其是當孩子不小心闖禍時，我們別急著責備，不妨體諒地對他說：「我知道你並不想這麼做，你不是惡意的！」這種對孩子積極的心理暗示和肯定是必需的，且有效的，將引導孩子朝正面積極的方面發展。

有一個這樣的例子，某小班的孩子們在第二天早上發現自己所做的黏土作品被人破壞了。當得知中班的孩子們曾來過這間教室時，小班老師便選出了四位代表去向中班的小朋友抗議。

「你們為什麼弄壞我們的東西？」

中班小朋友回答：「你們教室太亂，我們在整理的時候，不小心碰到桌子，所以弄壞了，對不起。」

這時，小班的小朋友又追問一句：「你們不是故意的吧？」

「我們不是故意的！」中班小朋友說。

回到自己教室後，四位小班小朋友報告說：「他們說不是故意的，所以我們就不要再生氣了！」於是，小班的小朋友便忍耐下來了。

就幼兒心理學而言，這一事例中，小班孩子們的表現是非常令人驚訝的。因為 7 歲左右的孩子，在面對這樣的情況時，也未必能做到，而這些

小班的小朋友卻做到了。這是為什麼呢？究其原因發現，是他們的父母和老師以身作則，常常用自己的言行來告訴孩子 —— 做錯事要接受應有的懲罰，但如果你是無意或不小心的做了，則是可以被原諒，或減輕懲罰的。這樣，孩子就能逐漸知道故意與無意的差別，也能學習體諒他人的感受，知道什麼事該生氣，什麼事不該生氣。

所以，重視、肯定、善待孩子的善意吧，讓我們用自己的善意來鼓勵孩子的善意，讓孩子成長地更健康、更快樂！

給爸爸媽媽的提醒：

切不可以物質損壞的程度作為處罰的唯一標準。責備孩子前，請你要先考慮一下：孩子做事的動機是不是好的。

如果孩子是出於好心，則要肯定和讚揚他的善意，並鼓勵他繼續做下去，然後再引導孩子如何把事情做好。以林林為例子，你可以對他：「你願意幫媽媽的忙，媽媽真高興！不過，你的力氣小，在端盤子時，要一個一個小心地端。這樣，就不會打碎盤子，媽媽就更高興了！」

如果孩子的動機是錯的，則要明確指出錯在哪裡，讓孩子懂得對錯和是非。

● 其他原因

認為所有孩子犯的錯都根源於其情感油箱的枯竭是很自然的，但並不是絕對的。

當你問自己「孩子需要什麼？」後，如果你已經確定了孩子的「情感油箱」沒有缺乏，就應問自己：「這是孩子的生理問題嗎？」造成孩子犯錯的第二個最普遍的原因是生理問題，孩子越小，他的行為舉止對生理上

的影響就越多。「孩子不舒服嗎？」、「餓了還是渴了？還是不高興了？病了？」這些都是小孩子生理上的正常現象。儘管是一個生理問題造成孩子犯錯，可是這個錯也不能原諒，不過如果其緣由是生理的要求，這種錯誤通常很容易解決。

　　誰都有做錯事的時候，這是個真理，沒想到這個真理連五歲的孩子都懂。

　　一個星期天的晚上，已經 11 點多了，五歲的兒子說什麼也不肯睡覺，只想玩電腦小遊戲。媽媽勸阻無效，漸漸失去了耐心，怒氣衝衝地對他說：「你現在雖然是幼稚園大班的學生，但還是一個小小孩，你必須聽大人的話，這個世界大人說了算！」

　　沒想到兒子一點也不服，立即還擊：「媽媽妳好不講理，大人也有做錯事的時候！」

　　媽媽頓時啞然。

　　仔細想一想，小孩子並沒有說錯，大人是有做錯事的時候，誰都有做錯事的時候。兒子將了媽媽一軍，反倒令媽媽清醒了許多。孩子不是襁褓中的嬰兒，已在不知不覺中長大了，他會用自己的眼睛觀察世界，他對身邊的事情有自己的想法。媽媽也許還記得，他說他將來要當一個了不起的設計師，建一個比商貿大廈還要雄偉的建築，裡面有大大的漂亮的花園、可以停很多很多車的停車場、像森林一樣濃綠的大公園和迪士尼樂園般美妙的娛樂城；他說他將來要像太空人一樣，飛到宇宙，去看一看鑲著金邊的行星。孩子是純粹的，他喜歡創想，心靈總是在自由地飛翔。

　　大人想當然地認為孩子就是孩子，沒有把孩子看成平等的「人」，這本身就是個錯誤，忽視孩子的想法其實是件很愚蠢的事情。兒子會以他自己的方式教育父母，他勇於向大人的權威發出挑戰，他只有五歲，但五歲

的他已在大人的世界裡立足，他不是附屬的，不是多餘的，他將來肯定會是這個世界的主人。

我們要做的也許就是 —— 孩子，爸爸媽媽向你保證，我們不會再強迫你接受每一件事情，而是讓你心甘情願地做好每一件事情。好孩子，爸爸媽媽將和你一起快樂成長，你開心嗎？

● 當孩子悔悟時，父母應給予諒解

假設你認為孩子犯錯不是由於生理的原因造成的，那麼下一個問題就是：「孩子對所做的事感到後悔嗎？」如果孩子對他所做的錯事真的感到很後悔，那麼就沒有必要繼續追究。他已經明白並且有所悔悟；此時懲罰可能是一種傷害。孩子感到後悔，真正地改悔，你應該感到安慰。這說明他的意識是積極的、健康的。

當孩子或成年人不能正確的做事時，什麼可以控制他們的行為舉止呢？是的，一個健康的思想意識。正常的思想意識又是由什麼構成的呢？是內疚。一定程度的內疚感對發展培養孩子健康的思想意識很必要。那麼什麼又可以消除這種內疚感，使其重新開始呢？你猜中了 —— 是懲罰，特別是體罰。然而當孩子已經對他的行為感到內疚時你仍繼續體罰孩子，那麼你就埋沒了他的能力，使他逐漸喪失了好的、健康的思想意識。在這種情形下，懲罰只會帶來不滿和怨恨。

孩子對自己做錯事感到後悔時，不要懲罰他們，應該原諒他們。在原諒的過程中，你在教會孩子如何寬容待人，為此使他們在成年時期亦可受益；在得到了父母的諒解後，孩子還可以學會如何原諒自己，原諒別人，這是多麼美好的禮物啊！這是種珍貴而難忘的經歷。使孩子內心深處流露出的愛無法阻擋。

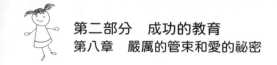

　　教孩子如何諒解的另一種方式就是當你錯怪他們時，請求他們的原諒。你只需偶爾這麼做，不必經常這樣做。如果經常這麼做，你會使孩子極度傷心，而你也並沒有真正地從自己的錯誤中吸取教訓。

　　孩子年齡小，其生理機能的發育和心理發展還不成熟，常會說錯話、做錯事，這是難免的，在成人的幫助下能認識錯誤，改了就好。可是有些孩子做了錯事不肯認錯，倔強、執拗，確實令人生氣。對孩子的這種不良行為，家長應仔細分析原因，在了解孩子的基礎上給予正確的教育。

★ **孩子做錯了事，自己不知是錯的**：如三四歲的孩子，常有把衣服紐扣扣錯位，將襪底穿到腳背上，把兩隻鞋子穿反等現象；再大一點的孩子，特別是男孩子，頑皮、好打鬧，有時會把衣服弄破，或是為了探個究竟，把新買的玩具拆得亂七八糟……這都是孩子生理和心理特點造成的，他全然不知錯。對這類錯誤，家長不應該過多地責備孩子，更不要說那些傷害孩子自尊心的話。如：「你真笨」、「你真是沒用」等等。而應該在「如何做」上給予具體指導，不斷豐富孩子的生活經驗，激發他積極主動進取的願望，在一次次戰勝錯誤的過程中學到更多的本領，學會辨別對與錯。

★ **孩子做錯了事拒絕認錯**：有的孩子個性強，倔強、執拗、任性、自以為是，做錯了事不願承認，怕認錯後丟面子。有的孩子則從來沒有認錯的習慣，這與家長的教育有關係，如孩子摔倒了，家長不教育孩子走路要當心，反而怨地不好；小孩子之間發生糾紛，家長往往是袒護自己的孩子，說別人的不是；家庭成員之間教育方法的不一致等等，都是導致孩子做錯事又拒絕認錯的原因。對這樣的孩子，家長不要急於追究錯誤的大小，而應把重點放在如何幫助承認犯錯上，首先，家

長必須改變以上不正確的做法，是誰的錯就是誰的錯，要本著實事求是的態度，不要怨天、怨地，混淆孩子的是非觀念。再來就是鼓勵孩子說實話，以親切的態度告訴孩子：「做錯了事沒關係，只要勇敢地承認錯誤並願意改正，就是好孩子。」同時嚴肅地指出：「做了錯事又不肯承認是錯上加錯！爸爸媽媽不喜歡這樣的孩子。」待孩子表示認錯後，肯定他的進步，再幫助孩子分析錯在什麼地方，其嚴重程度、不良後果等，教孩子應該怎樣做，讓他從中接受教訓，為今後正確的行為打下基礎。

★ **孩子做錯事，怕受懲罰，不敢認錯**：有的家長教育方法簡單、粗暴，不是呵斥就是打罵，常使孩子驚恐萬分，無所適從。當孩子做了錯事後為了逃避父母的懲罰，只好用說謊來掩飾自己的過錯。要幫助孩子克服和糾正這種不良行為，家長必須改變不良的教育方法，堅持正面教育。

家長權威的作風要不得，民主型的家庭教育最有利於孩子良好品德的形成。孩子雖小，但也有他獨立願望，有自尊心，孩子做了錯事，家長採取打罵孩子的做法是一種失敗的教育方法。家長要持冷靜的態度，分析孩子做錯事的原因，本著重動機、輕後果的原則，原諒孩子因生理、心理因素及缺乏經驗造成的過失。孩子畢竟是孩子，但是對其行為、品德上的錯誤則要毫不客氣地給予嚴厲批評，絕不姑息遷就，以便幫助孩子明辨是非，增強道德判斷能力，少犯錯。

● 有效地控制孩子行為舉止的五種妙方

作為父母，我們要對孩子身邊發生的事擔負起責任。我們能夠學會幫助孩子避免做錯事甚至避免懲罰的五種方法。這五種方法可以使你有效地

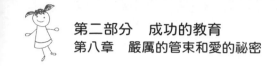

控制孩子的行為舉止，其中兩種方法是較為柔和的，兩種方法是較為嚴厲的，另一種方法較為適中。在你閱讀這部分時，你要仔細考慮對孩子採用的方法；你可以適當改變方法或是加入你自己的方法。

徵求意見

徵求孩子的意見是控制孩子行為舉止的一個非常重要的、柔和的方法，父母和孩子都會從中受益。徵求意見會使孩子感到很高興，並有助於緩和父母命令孩子給他們造成的不滿情緒。在徵求意見時，父母很容易和顏悅色，「但是既要和顏悅色，又要不失嚴厲」。

當你徵求孩子意見時，你要傳達三種暗示。首先你要尊重孩子的感受。你會說：「我尊重你投入感情的事實，特別是你對這件事的感受。」其次你要意識到孩子是有頭腦的，能夠形成自己的觀點。「我尊重你的看法。」

最後的資訊是最重要的。徵求意見會讓孩子明白你期望他對自己的所作所為負起責任。這種責任在現今正是孩子們所缺少的，如果你能給孩子機會這樣做，他們便能夠成為一個有責任感的人。透過這種方式，你將會指導孩子，鼓勵孩子承擔責任。

以這種方式培養孩子會使他們逐漸感到在塑造他們的個性上與父母的想法是一致的。這樣培養孩子不被動，同時做為父母也並沒有放棄自己的權威和尊嚴。事實上，因為孩子感覺到父母不僅是在告訴他如何去做，而且首先重視的是什麼對他最有益，所以孩子會更加尊敬父母。

表明您的意見也是引導孩子最好的方法。這種方法比命令孩子更加使人感到高興，這種方法更加周到體貼，你可以運用這種方式毫無阻礙地引導孩子。再沒有其他的方式有這樣的效果了。

發號施令

有時發號施令是很必要的，也很正常。徵求意見在你只有一種選擇時，更值得提倡，但是徵求意見無法解決問題時，發號施令就變得十分必要。此時你必須強硬些。集合孩子就是一種粗暴的方法，因為往往需要粗暴的語氣、強迫性的聲音，說話最終用降調。這種集合方式差不多總是滋生急躁、不滿和怨恨的情緒，特別是在經常對孩子發號施令的情況下。伴隨著這些命令的非語言暗示整體來說也是粗暴的，因為你正告訴孩子如何做，而且不給孩子任何回應和商量的選擇機會，表明了孩子的感受和想法對你來說並不重要。大多數情況下，你把全部責任留給自己，而基本上都會說：「你對這事的感受和觀點無關緊要，我不希望你對自己的行為負責，我只希望你按照我說的去做。」

你用自己的家長權威，例如命令、責備、責罵或是訓斥等用得越多，你得到的效果越小。但是如果你正確運用徵求意見的方法，然後偶爾對孩子發號施令將會很有效的。

作為父母，你只有一定程度的權威。如果你不正當的施展家長的權力，你將很難擺脫培養困境，甚至會面臨岌岌可危的時候。而和顏悅色又十分嚴屬不僅能維持你的威信，還能增加你的威信，因為你贏得了他們的感激，也贏得了孩子們的尊重和愛。

孩子是了不起的旁觀者。他們會看到、聽到其他的父母是怎樣以威嚴的和氣憤的方式對待孩子。當你對他們和顏悅色而且十分嚴屬時，你想像不到他們多麼愛你，並感謝擁有你這樣的父母。

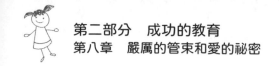
溫柔的管教

　　這種方法可以指導孩子往正確的方向發展。這亦是控制孩子行為的第二種柔和積極的方法；這種方法對小孩子特別有效，他們經常做些稱不上是錯的事，只是你不喜歡他們那樣做。你否定二歲的孩子可能是被他們任性的拒絕弄糊塗了。丹尼常說：「不！」但是這時他又會做你要求他做的事。有時說完「不」丹尼會遲疑一陣，然後再答覆你。看起來，他好像在拒絕你的請求，但是事實並非如此。二歲孩子的牴觸情緒是成長過程中正常的一個階段，是孩子開始在心理思想方面想脫離父母，想獨立的一種方式。

　　能夠簡單地說「不」是重要的。如果你為這事懲罰小孩子，只會傷害他，而且會直接影響他的成長。請注意不要把孩子的拒絕混淆為不聽話，他們完全有一些獨立的想法。

　　讓我們談談你三歲女兒一系列的情形吧。你先以請求的口吻說：「親愛的，過來，好嗎？」孩子回答：「不！」你變成命令的口吻喝斥道：「現在，快給我過來！」她又回答：「不！」這時你可能會懲罰她，但是你應該抑制住自己。

　　相反不要冒這個險傷害孩子，為什麼不真誠地指點她到你這裡來呢？如果她拒絕的話，你要知道這只是一種牴觸情緒，為什麼不採用正確的措施呢？在大部分時間裡，你會發現孩子不是在拒絕而只是想做「不」的遊戲，當你採取了正確的措施後，你沒有做任何傷害孩子的事。

　　這種拒絕通常發生在孩子兩歲時，但是你也會在孩子每個珍貴的成長階段發現這種情況。在你沒有確定如何解決這種境況時，可以嘗試溫柔的管教。當孩子在公共場合下，這種方式特別有幫助。不要因受到挫折便放棄，孩子的父母有責任讓孩子好好成長。

懲罰

懲罰是第四種方法。它也是最粗暴、最困難的方法。首先，懲罰必須符合犯錯的程度，因為孩子也知道公平，他們知道懲罰什麼時候很輕或是什麼時候很嚴厲，他們還知道在一個家庭裡父親對孩子的態度是不一致的。

其次，懲罰可能不適合特殊的孩子。例如，讓孩子回到自己的房間，他會感到很難過，因為這段時間可以和另一個兄弟姐妹玩。此外，懲罰可以不斷變化，因為父母在懲罰孩子時也隨他們的心情。如果每件事都很順利，他們感覺很高興，他們會盡量寬大處理；而在心情不好的時候，懲罰可能會更重些。

對於你來說判斷何時，或怎樣懲罰孩子同樣是很困難的，你仍然需準備好這種方法。首先要有計劃，它會使您避免陷入「懲罰陷阱」。這意思是說坐下來與愛人或是好朋友決定一下怎樣對孩子所做的各種錯事給予合適的懲罰。這樣事先計畫好在孩子做出令你傷心的事時該採取哪些措施，會控制你的脾氣。

孩子做錯事時，你立刻問自己我們最初建議的問題，包括您能想到的所有的錯誤（包括二歲的孩子總是說「不」）。你應該再問一個問題：「孩子是在拒絕我們嗎？」其實拒絕是孩子公然牴觸父母的威嚴，向其挑戰。

當然，孩子的牴觸情緒是不能允許的，需要給予糾正。如果徵求孩子的意見能夠戰勝這種牴觸情緒，並且你經常這樣做，簡直再好不過了；如果溫柔的身體或是發號施令是合適的方法，也很好；如果必須懲罰孩子，記住一定要小心處理。

最後，請不要把懲罰作為你管教孩子的最基本的方式。否則你會造成孩子很不必要的不滿；你也會強迫孩子過分壓制這種不滿情緒；這可能滋

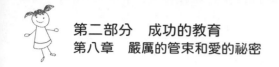
長他的壓抑的、消極的態度和行為，他會盡力間接地報怨你（我們將在第十章討論這個問題）。

用行為教育孩子

　　這種方式也能控制孩子的行為。它可以透過採用積極的幫助（在孩子周圍的環境裡加入積極的因素）、消極的作法（帶走了孩子周圍環境中積極的因素）和懲罰（把消極的因素帶進了孩子周圍的環境中）來實現。積極的幫助是靠給孩子糖果等方法來獎勵孩子的良好表現。錯誤的作法可能表現在因為孩子做錯事就剝奪了孩子看電視的權力。懲罰（有時稱之為不情願的方法）表現在讓孩子一個人待在房間裡。

　　用行動來管教孩子有時很有幫助，特別是對一些孩子，他們經常出現特殊的問題，卻沒有悔改的意思。如果父母過度採用這種方法，他們的孩子不會覺得父母愛他。其中的原因是這種方式建立在某些基礎上的——只要孩子做得對就可以得到獎勵；第二個原因是這種方式不必顧及孩子的感情需求，不會反映出無私的愛。如果父母盡力以獎勵的方式控制孩子的行為，孩子會滋長一種偏見——即他做事是為了獎勵。一種「對我會怎樣」的傾向接踵而來。

　　過多地採用這種方法造成的另一個問題是會讓孩子也學會了用同樣的方法對待父母，為了得到他們想要的東西而去做父母希望他們做的事，這會導致互相支配。

　　既然這種方法會引起很多問題，那麼你可能對於我們建議採用它感到奇怪。但事實它可以幫助解決那些有牴觸情緒的孩子身上經常出現的個別問題。採用這種獎勵的方式會花費一些時間，需要你與孩子及時溝通，付出努力並且持之以恆。

● 嚴厲的管教

嚴厲的管教發生在愛的環繞下會更有效的，因此在懲罰孩子之前或之後，對孩子有意識地表達你的愛是十分必要的。我們已知道透過孩子最基本的愛的語言來表達情感是最有效的方式，所以在你糾正孩子或懲罰孩子的時候也要說愛的語言。

萊利是一位電力工程師，他天生就十分嚴厲。在以前教育孩子時，他對孩子管教十分嚴格，而且缺乏靈活性。學會五種愛的語言後，他確定了兒子所需的愛的語言是身體接觸。他告訴我們如何在管教孩子時運用這種愛的語言。

「凱文在院裡打棒球時擊碎過鄰居家的玻璃。他知道不應在後院玩球，很多次我們都談了在後院打棒球的危險性，可孩子就是不聽。當鄰居看到凱文打碎玻璃時，鄰居告訴了我的妻子。」萊利說。

萊利回家後，十分平靜地走進凱文的房間，他正在那打電腦。父親走過去，拍拍孩子的背。大約一分鐘後，孩子轉過身來，注視著父親。「站起來。」萊利說，「我想擁抱你。」父親擁著兒子說：「我以前做事很疏忽大意，我要你知道我愛你勝過一切。」

萊利擁抱孩子很長時間，感覺著他們之間的親密。然後父親安慰兒子並且說：「媽媽告訴我史考特先生家玻璃的事。我知道這是個意外，但是你知道不應在院子裡玩球。所以，我不得不為此懲罰你，這樣做，我很難過，但是這對你有好處。你兩星期內不可以再打棒球，而且必須用自己的錢賠償史考特先生家的玻璃，我們會打電話到玻璃安裝公司問所需的費用。」

然後父親又擁抱了凱文。父親知道他感覺到自己的眼淚滴在他的脖頸上。萊利說：「我愛你，寶貝。」然後孩子說：「我也愛你，爸爸。」於

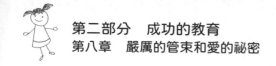
是萊利離開了房間，知道自己做對了；在責備他之前或之後使兒子確信父親是愛他的，多少感覺更好一些。因為萊利已知道孩子的愛的語言是身體的接觸，所以萊利感到兒子用一種積極的方式接受了自己的懲罰。萊利記得以前因為十分生氣，就嚴厲地管教他、訓斥他，有時生氣到極點還會打他。感謝上帝，現在萊利學會了一個更好的解決辦法。

如果凱文的愛的祕密是肯定認可，萊莉就可能會這樣做：

「凱文，我需要和你談幾分鐘。你知道我多麼愛你，欣賞你在學校學習的努力；我知道回家後，你想輕鬆一下，你喜歡打棒球。但如果你能為鄰居們著想一下，那會更好些，我也很喜歡你能這樣。我很少責罵你，大部分時間裡，你做得很不錯，只是偶爾出現些問題，無論如何，我很感謝你的一切。

你可能知道了史考特先生今天下午打電話給你媽媽的事。他告訴你媽媽看見你打棒球，擊碎了玻璃。這是個意外，但你知道我們是不允許在後院打棒球的。對我來說這樣做很難，可你違反了規定，所以我必須懲罰你。你在兩星期內不許玩球，而且必須自己拿錢賠給史考特先生。我會打電話給玻璃維修公司詢問費用的。

要知道我不是生你的氣，我知道你不是有意打壞人家的玻璃，我也知道你在院子裡開始玩球的時候可能沒有考慮到後果。我非常愛你，為你感到驕傲，我想你會吸取教訓的。」他們互相擁抱在一起，結束了談話，但是嚴厲的背後卻用肯定認可的愛的祕密表達了最基本的愛。

運用孩子基本的愛的祕密不等於不講其他幾種愛的祕密；而是盡可能採用最有效的表達深情厚愛的方式。要知道此時此刻你正向孩子表達一種愛，所以在你選擇管教孩子的方式上應該慎重。

● 尊重孩子愛的祕密

理解孩子最基本的愛的祕密將會幫助你選擇最佳的管教孩子的方法。大多數情況下，不要採用與孩子最基本的愛的祕密有直接關係的方法。不要把重視孩子最基本的愛的祕密作為管教孩子的方式。這樣的管教將不會有預期的效果；事實上還會造成情感上的極度痛苦。孩子的反應不是去改正錯誤，而是在做出痛苦的回絕。

舉個例子：如果孩子所需的愛的祕密是肯定與認可而你卻採用責備的口吻，這不僅告訴孩子你對他所做的感到不快，而且表現出你不愛他們。批評對任何孩子來說都會讓他感到很難過。對十六歲的傑克來說，批評甚至極度傷害了他的情感。傑克告訴人們父親不愛他，由此道出爸爸對他的嚴厲管教，包括大聲訓斥、傷感情的話。

傑克說：「如果我偶爾做的事他認為是錯的，他也會大聲訓斥我幾個小時，我記得他告訴我他不敢想像我是他的兒子，因為他無法相信他的兒子會做得這麼糟糕。我真的不知道我是不是他的兒子，但在我的感覺中知道他沒有愛過我。」

很明顯傑克最基本的愛的祕密是被人肯定與認可。當他的父親對他表達不滿時，做父親的已經傷害了兒子被愛的感受。

請注意：如果女兒愛的祕密是精心時刻，請不要用疏遠的方式管教女兒，例如她做錯了一件事讓她獨自待在自己的房間裡；如果孩子愛的祕密是身體的接觸時，不要忘卻擁抱他。

10 歲的男孩艾瑞克，他的愛的祕密是身體的接觸，他總是走到媽媽的身後，用胳膊摟著媽媽，撫摸著媽媽的肩。他的媽媽也回應著兒子，而且經常透過身體的接觸對兒子表達著愛。

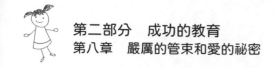
　　艾瑞克的爸爸小時候是在體罰的方式中長大的；所以當艾瑞克不聽話時，他也經常採用這種嚴厲的方式。打孩子並不是濫用家長的權威，這種方式不會打傷皮肉，最多也許只在艾瑞克身上留下傷痕。但是，當艾瑞克挨爸爸打時，他可能會哭三個小時。做父親的不理解為什麼他也分明是運用了兒子最基本的愛的祕密 —— 身體的接觸，但效果卻糟糕透了！這是因為做父親採用的教育方式不正確。因為這樣長期下去，艾瑞克經常感覺到的是受罰而不是愛。他爸爸打過他以後從未擁抱過他，這看上去與他用身體接觸管教孩子的所謂哲學是根本不一致的。

　　雖說艾瑞克的爸爸在管教兒子時十分努力，但是他沒有意識到他與兒子之間的感情距離有多遠。作為父母，我們必須時刻提醒自己，管教孩子的目的是糾正他們的錯誤並且培養孩子的自我約束能力。如果我們沒有正確運用愛的語言這個概念，我們可能在糾正孩子錯誤的過程中嚴重地傷害了孩子。理解孩子最基本的愛的祕密能夠使你嚴厲的管教更著有成效。

本章課外作業問答題

1. 一提到對孩子的嚴厲管教人們常常就想到懲罰。但是除了懲罰之外，對孩子的管教有許多積極的方法。當你在過去一段時間裡使用過下列的教育方法並決定經常使用時，舉出幾個這樣的例子，這些方法包括：樹立榜樣時言語上的指導、提出要求、教育和學習經驗。

2. 回想一下過去對你孩子錯誤行為的反應，是否會部分的引起孩子在愛上的空虛感呢？這種空虛感又是否大於他在思想上的反叛呢？你的孩子會在哪些領域和你交流他對愛的渴望？在未來你應如何滿足孩子對愛的需求呢？

3. 在這五種教育孩子的模式中,提出要求是最有效的,列出他從中獲得的益處。現在看看命令在行動上的控制、懲罰和糾正他的行為,這幾種教育方式儘管有時是必要的,但這對孩子有什麼不利之處呢?換一種方式是否更有效時,請就此舉出一些典型的事例。

4. 想像一下然後寫出你的孩子以後可能會產生的錯誤行為。和他進行一些對話或做一些身體接觸。這也許會與他心中愛的語言相符合。這和你日常教育孩子的方式有什麼不同呢?當你說出了他的心中愛的語言時,你的孩子會對此有什麼不同的反應呢?

5. 現在描繪出你教育孩子的方式和他心中愛的祕密相牴觸時的情景(例如,你孩子心中愛的祕密是希望你花時間陪他,而你卻使用了隔離的教育方法),你孩子對此的反應是什麼呢?這又會怎樣消減你想輸送給他的積極情感呢?

小組討論

　　無論是對孩子太過嚴厲或太過寬容的家長都常常意識不到要怎樣去修改他們的教育方法。透過回答下列問題來分析一下你教育孩子的方式:

　　我的父母過去對我進行教育時主要運用的方式是什麼?

　　我所閱讀過的教育孩子方面的書籍有哪些對我產生過巨大的影響?

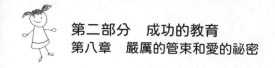
　　在你從其他家長那裡得到的有關教育孩子方面的建議中哪些對你產生了一定的影響？

　　和小組成員一起討論你的答案，在收到其他的回饋之後，便採取步驟以一種更有效的方式去教育你的孩子。

第九章
孩子的學習能力和愛的祕密

明智的表揚對於孩子們的作用，如同陽光對於花朵。

—— 羅素（Bertrand Russell）

父母是孩子的第一位也是最重要的老師。目前專家一致認為開發孩子學習能力最佳時間是六歲之前。伯頓‧懷特（Burton White）博士是哈佛學前教育計畫委員會的創始人和主席，他曾說：「如果希望一個人能夠發揮出他全部的潛力，那麼三歲前第一步的教育是十分必要的。」並且社會心理學家和教育家們相信這種做法可以開發小孩子學習的能力，而且創造了一些條件，來幫助解決孩子學前受教育時遇到的不利因素。這些作法可以提供一些鼓勵的因素，以此彌補由於孩子的家庭和周圍環境的某些限制。

的確，我們這些父母是最基本的老師。而且我們最基本的教育方法就是借助於嚴厲的管教。同樣，正常的管束、用愛調和，也可以開始孩子的學習的能力。在第八章，我們已把嚴厲的管教視為引導孩子逐漸成熟的方式；現在讓我們考慮一下其他關於嚴厲管教傳統的觀念：真正的管教會幫助提高孩子的學識和培養孩子社交的能力，使其受益一生。

近年來，人們逐漸意識到兒童早期教育的重要性，這點強調了我們作為父母在開發兒童智力中所起的決定性作用。這不是指必須從小就給孩子灌輸正規的思想，而是你應該盡力了解孩子學習和探索新知的內心渴望，從而滿足孩子對促進思考和享受學習樂趣的迫切需求。

許多父母認為孩子小時候總是要玩，而學習是上學後的事。但是小孩

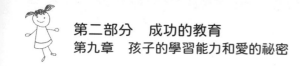

子喜歡認知新的事物，他們天生就有一種內在的對知識的渴望，而且一直都很強烈，除非大人討厭他們，責打他們。嚴厲的管教，讓他們失去信心。對嬰幼兒和初學走路的兒童的觀察表明他們大多數的活動不僅僅是玩耍。相反，無論是在嬰兒床上翻來翻去還是慢慢地爬；無論是能站起來還是會走路；或接觸、感受和品味周圍的世界，孩子都在學習著一種本領。

他們一學會說話，小腦袋瓜裡就裝滿了問題，而且三、四歲的孩子每天會問許多問題。當他們學會模仿時，就假裝著一副大人的模樣，但他們很少模仿玩樂中的成年人。相反，他們經常模仿大人們工作：洗碗、開車，扮成醫生、護士或媽媽照顧嬰兒、做飯等等。如果你觀察孩子一天的活動然後問：「什麼能讓他最高興呢？什麼會長時間吸引他的注意力呢？」你可能會發現是讓孩子學習和認識新事物的活動。

● 家庭教育

孩子早期智力最理想的啟蒙地點應該首先是在家裡。孩子透過五種感官而認識生活，能夠充分激發孩子視覺、聽覺、觸覺、味覺和嗅覺的家庭環境將會培養他們發現和學習新知的內在渴望。語言能力培養很大程度依靠孩子每天從大人那得到的口頭上的啟發和引導。而且，與孩子談話，鼓勵他們用語言表達與他們天生的學習渴望是一致的。鼓勵孩子說話，給他們適當的回答是此過程的一部分。在這豐富的語言環境中，孩子們的詞彙量不斷增多，他們運用字詞的能力也不斷提高，很快他們就學會了運用這種能力表達思想感情和願望。

提高孩子口頭表達能力的原則適用於孩子智力開發的各個領域。如果家庭沒有這種基本的知識來引導啟發，孩子可能會在學習中受到阻礙，對

其教育文化程度的預測也很渺茫。學校教育只能補充一些家庭教育無法涉及到的指導。

愉快的環境和態度有助於孩子在家裡學習。孩子不是憑感知，而是更加感情用事；與所做的事這個事實相比，他們更容易關注感情。這意思是說孩子更容易記得在特殊的情況下感覺如何，而不是回憶事情的細節。例如，一個小孩聽人講故事，她可能忘記了故事的內容，但卻能記住故事裡的人物。

你的女兒可能已經忘記了一些學習時的細節，但她永遠記得你這位老師。在你教育孩子過程中，你使孩子感受到了對她的尊重、善意、關心和愛護，使她對自己十分自信，你不會批評她，使她難堪。如果你的教育讓人感到厭煩或不值得尊敬時，孩子可能會拒絕，特別是倫理道德上易犯錯。而如果你能尊重孩子，孩子也會尊重你和你的觀點。

孩子從兒時到接受正規教育的過程中，你是最關鍵的人。學習是由各種因素影響的複雜過程。其中最強有力的因素就是你全身心的投入。

家長在家教中應堅持如下幾條基本原則：

★ **全面發展原則**：現代社會要求未來的建設者，不但要有健康的身體，還要有健康的心理；不但要有較高的智力素養，還要有較高的非智力素養。任何偏廢都不利於未來適應競爭的社會。

★ **一致性原則**：孩子的父母要共同承擔教育孩子的責任，教育的方式要保持一致。父母在教育方面的不一致性往往使家教事倍功半。

★ **榜樣原則**：家長不可忽視自己的言行對孩子潛移默化的影響，一定要謹言慎行，發揮身教勝於言教的作用。

★ **超前性原則**：家長應有一定的超前意識，提前了解和研究孩子下一個發展期的變化特點，做好調整教育方式的準備。

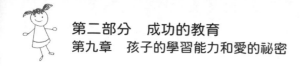
★ **兩個積極性原則**：家教的成功不但要有家長的積極性，還要有孩子的積極性。調動孩子的積極性是家教成功不可或缺的條件。

家庭教育不同於學校教育、社會教育，尤其對處於嬰幼兒期、童年期的孩子來說，家庭教育對其性格、氣質、道德觀念和行為習慣的形成有不可替代的作用。這個作用是由家庭教育的特點決定的。

★ **親子關係的密切性（包括祖孫關係）**：親子關係和祖孫關係是一種血緣關係，是一種自然形成的養育和被養育的關係，也是一種親情關係。這種關係決定了親子間必然產生親切感和依賴感。

★ **教育的啟蒙性**：早期教育對於一個人的智力和非智力素養的培養是基礎性的，具有極其重要的啟蒙作用，並會影響孩子日後接受其他教育的能力。

★ **教育的滲透性**：由於家庭教育與家庭生活密切相關，家長對孩子的影響無處不在，家長可以在日常生活中隨時隨地進行教育。

★ **影響的深刻性**：正由於家庭教育具有以上三個特點，家長對嬰幼兒期和童年期孩子的影響是巨大的，並可能影響孩子一生。

● 幫助孩子在思想感情方面走向成熟

了解孩子學習能力最重要的一點是：為了使孩子能夠在各個年齡層更好地學習新的東西，他們必須在特定的年齡層，使感情更加成熟。隨著孩子的成長，他學習新事物的能力也因為一些因素不斷提高，其中最重要的因素就是思想感情方面的成熟。孩子感情越成熟，他們越能更好的學習新事物。這其中父母對孩子思想感情的成熟影響最深。

這並不是說所有有關孩子學習的問題都是父母的錯，因為許多因素都

會影響孩子的學習能力。但是，使孩子感情成熟在他們準備學習和進行學習的過程中特別重要，此時父母的幫助最大。我們能夠透過注滿他的情感油箱來提高其學習效率。

在你堅持講五種愛的祕密（身體的接觸、肯定的語言、精心時刻、禮物和親身服務）時，你一直在給予孩子知識的引導和啟發。最初，在你可能不了解孩子最基本愛的祕密的情況下，你應有規律的運用五種愛的祕密，這樣你不僅可以滿足孩子對愛的需求而且也對孩子在身體和智力兩方面發展自己的興趣給予啟發。你主要以愛為前提，同時也教育培養了孩子。

有些父母沒有花時間用五種愛的祕密，而只是試圖滿足孩子吃穿住的物質需求，他們沒有為孩子增長知識和提高社會能力提供有利的環境。孩子長大了，但他的知識和社會經驗的發展卻受到了阻礙。如果孩子在父母那裡得不到愛，得不到認可，就沒有動力迎接現在和未來的挑戰。父母與孩子之間溫情、充滿愛的親情關係是增強孩子自尊心的主要基礎，亦是學習的動力。

大多數家長並沒有意識到孩子思想不成熟。長期發展下去對於孩子來說思想不成熟很可能達到無法彌補的程度。這將是個教育的悲劇！孩子思想是否成熟影響著其他各個方面 —— 孩子的自尊心、感情上的安全感、處理緊張狀態的能力、社交能力和學習的能力。

也許沒有比父母離異更能明顯地說明愛與孩子學習的關係了。痛苦的家庭打碎了孩子的「情感油箱」，使孩子經常感到困惑和恐懼，這些都是阻礙學習的因素。父母離異的孩子在最初的幾個月內會對學習失去興趣，直到從愛中獲得某種程度的安慰感和信任感，孩子才會慢慢回到他的世界裡。遺憾的是，許多孩子不可能完全癒合這種心理的創傷。

作為父母，我們對孩子生活的影響最大。如果你是一位單親家庭的父

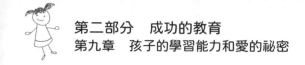
母,可以嘗試用愛的祕密來恢復孩子對家庭的安全感(與前夫或前妻合作,一起努力也會幫助孩子恢復的)。

切記:父母及身邊其他重要的長輩完全能夠滿足孩子「情感油箱」的需求而且能使孩子健康成長,逐漸成熟,並為下一步的學習做好準備。

● 全心的投入和粗心大意

據美國教育部長理查·賴利(Richard Riley)說:「父母的關心是提高美國教育缺憾的一個環節。」的確,1996年閱讀理解測試表明那些家長積極參與孩子學習生活的學生成績要比其他學生高。但是測驗結果對於美國來說並不十分樂觀。在羅倫斯·斯坦伯格(Laurence Steinberg)《超越教室的空間:學校改革為何失敗和父母如何做》(*Beyond the Classroom: Why School Reform Has Failed and What Parents Need to Do*)一書中指出:「我們大學畢業生極少能勝任現代工業化社會。」而且,「這是個態度和努力的問題,不是能力問題。」斯坦伯格是法學院的心理學教授,他相信這是對教育提出的一個挑戰,也是對權威的挑戰。

成功孩子的背後,必定有一個以上全身心投入的家長。缺乏關愛,孩子就像沒有雨露滋潤的禾苗,長不高,也長不大。

小羽從國中、高中到大學連續三次「保送」,沒托過一次人,沒送過一分錢的禮,全靠孩子自身的「實力」:扎實的學業成績、突出的個人特長、優異的體格、良好的心理狀態和交往能力。

在小羽分別獲得國中、高中保送之後,不少親朋好友都很羨慕,說小羽為父母省了不少費用。確實,從這個角度講,父母的投入與一般家庭相比是不多:從未請過家教,參加過的課外班超過一個月的僅有數學班和游泳班。也有人說他的父母運氣好,生了一個好孩子。但小羽的父母覺得都

沒有說到根本上。寶劍鋒從磨礪出，梅花香自苦寒來。培養孩子和種莊稼是一個道理，一分耕耘才能有一分收穫。耕耘需要的是自覺、勤奮、刻苦和毅力。他的父母敢說，在培育小羽成長方面，他們的勤奮和投入是一般人難以理解和做到的，只不過別人看不到罷了。回想這些年教子育子的過程，他們感到教子成才是耗費人整個身心的巨大工程，沒有愛的奉獻，沒有鍥而不捨的執著，是很難成就一個孩子的。家庭教育的投入不僅表現在金錢、物資等有形投入上，更重要的是表現在家長時間、精力和用心程度等看不見、摸不著的無形投入上。

嬰幼兒素養教育是系統化的工程，它涉及智力開發、科學餵養、體能鍛鍊、心理素養和性格培養、美德薰陶等。它寓教育於生活中，養教結合；寓教育於遊戲中，教在有心，學在無意。它是個性化的教育，其教育必須符合孩子的身心發展規律，符合孩子的個性。

嬰幼兒素養教育的這些特點要求家長細心。要細心關注孩子在生活中的點點滴滴，抓住可施教的機會對孩子進行教育；要細心關注孩子的言談舉止，了解孩子的潛能、特點，因材施教，使教育符合孩子的天性；要細心觀察孩子的各方面發展是否平衡，對不足的方面強化訓練，以培養和造就完美人才；要細心觀察孩子對教學的反應，以了解教學的內容是否適時、適度、適量，使教育更符合孩子的成長規律；要細心關注孩子的日常生活行為，防微杜漸，發現有不良的行為即以糾正，只有這樣才能提高教學品質。

有的家長可能要說，我按照教學大綱進行總沒錯，教學大綱是有關部門針對一般的嬰幼兒制訂的，直接套用可能並不適應你的孩子。嬰幼兒的發育速度有快有慢，個性也不相同，你的孩子是獨特的，他有別於其他的孩子，因此家長教育孩子必須細心，如果粗心大意，盲目施教，會收效甚微，甚至揠苗助長，傷害孩子。

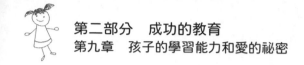
● 有限的投入

斯坦伯格教授對 20,000 名學生進行調查揭示了許多令人震驚的事實。三分之二的高中生每天都不和父母交談，其中一半的學生說他們把得「C」或更糟糕的成績單帶回家，父母也不會很難過。還有三分之一的學生說他們的父母對他們在學校的表現一無所知。另三分之一的學生承認在學校糊里糊塗地就度過了一天。

這種結果是由兩個因素造成的：一是枯竭的「情感油箱」，二是缺乏用成熟的方式處理不滿的訓練。這些很自然地會阻礙孩子的學習能力。最影響學習能力的麻煩問題是消極、叛逆的行為舉止。這種反叛的無意識作法會導致孩子潛意識地，甚至故意地在學校裡表現極差。

作為父母，我們必須注滿孩子的「情感油箱」並且教他們如何處理不滿的情緒。當我們滿足了孩子在愛和教育方面的需求時，我們才有資格期望他們在人生中做得出色。許多學生認為父母的全心投入會提高他們的學習能力，影響他們在學校的表現，或影響生活中其他各個方面。

隨著教育體制改革的推進和人民收入水準的提高，家庭教育需求迅速增加，家庭教育投資持續升溫。但現實中，很多家長自身的家庭教育投資觀念沒有隨著社會的變化和子女發展而進行及時更新，致使在進行子女教育投資時進入許多盲點，存在著不同程度的非理性行為。這些非理性行為通常表現為：

一位母親去同事家串門，發現同事的女兒在學鋼琴。同事在聊天中講了學鋼琴的許多好處，使這位母親心裡酸酸的。回到家就和丈夫商量要讓自己的女兒也學鋼琴。女兒出於好奇心，也沒有反對。於是買回鋼琴，請來教師。但學習不到兩個月，女兒便心生煩躁，不願再學。父母百般勸

說，軟硬兼施，都沒有效果，只好放棄。這種投資行為的從眾性和盲目比較性，收穫的是父母和孩子的失敗感。

一些父母把孩子當成學習的機器，一切以提高學業成績為標準，在進行家庭教育投資選擇時，也以此為原則進行取捨。週末上「英語班」、「作文班」，晚上請個家庭教師給孩子補課，孩子的課餘時間被家長安排得滿滿的。把所有的錢都花在提高孩子的學業成績上，而較少關心孩子的道德品格和勞動技能等方面的發展。

面對教育支出比重的增加，許多家長都發出過這樣的感嘆──「只要孩子能考上大學，我就是砸鍋賣鐵也心甘」、「只要是學習用的，孩子花多少錢都行」、「不管花多少錢，一定讓孩子上大學」。有一個學生在作文中寫道：「爸爸是個大忙人。他每天都早出晚歸，沒有一點空閒時間。有一天晚上，我對爸爸說明天要開家長會，爸爸說沒有時間，我死死地纏著他，他才說一句『看看吧』。到了開家長會的時間，爸爸還沒有回家，我連忙打電話給他，他說『今天晚上加班，讓奶奶帶你去吧』。說著就把電話掛了。十二點時爸爸終於回來了，只見他無精打采地走進書房又工作起來。爸爸真是太辛苦了！」家庭教育的投資是多種形式的，既需要金錢的投入，更需要時間、精力、情感和智慧的投入。

在很多家庭，教育投資的重點幾乎全部都放在孩子身上。許多家長不願意參與社區學校或家長學校組織的家長教育活動（除非這些活動與孩子學習有直接關係），即使這些教育活動是免費的。從家庭系統理論看，家庭是一群共用特定物理、心理空間的個體所組成的具有獨特性質（情感、忠誠、持久關係）的自然社會系統，孩子的心理行為問題和症狀往往是由於家庭成員之間的不良交往模式或者不良的家庭結構引起、維持和發展的，透過改變家庭成員之間的不良交往模式或者家庭結構可以改變孩子的

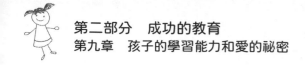
心理行為問題和症狀。因此，不注重自身的教育投資，在孩子身上的投資效益會大打折扣。

● 父親的全情投入

現在的社會越來越重視父親在兒童發展中的作用。11 年來的調查表明父親對孩子特別重視會減少孩子犯錯，提高孩子教育的水準。當孩子埋怨家長不負責任的作法時，這時通常與父親有很大關係。

有人曾經對 548 個家庭進行過調查，從孩子七歲到十歲開始，直至他們 18 歲到 22 歲結束。北卡羅來納大學的社會學家凱薩琳‧漢萊斯研究表明，孩子與父親在一起的時間愈多，他們接受的教育就愈多。而且孩子與父親的感情愈親近，孩子就愈少犯錯。

作為父母，你必須明確運用五種愛的語言祕密，在必要的時間內注滿孩子的「情感油箱」，你是提高孩子的學習能力，使其在各方面取得成功的關鍵人物，而且你與外人相比有很大的優勢 ── 你了解自己的孩子，你擁有有利的家庭環境，在此你完全可以滿足孩子的需求。為什麼不試一試呢？做個好爸爸並不容易，但只要首先你想成為一個好爸爸，一切都將不是問題。

在家庭教育中，怎樣確立父親形象，樹立為父人格，表現父愛情境，對孩子的教育和成長有著重要影響。因為父親的形象是兒童青少年認識世界的視窗，良好的父親人格和深刻的父愛有助於子女性格的健康發展。

父親影響力的大小主要取決於 3 個因素：形象、人格和父愛。首先是父親的形象，主要表現在以下幾個方面：

獨立能力和自信心。父親通常以完全不同於母親的教育方式和態度對待自己的孩子。例如，他們和自己的孩子像朋友般地一起嬉戲，一起盡情

地玩耍，甚至翻滾鑽爬，所以他們常常是孩子最為歡迎的遊戲夥伴。孩子在與父親玩遊戲時，可學會探險和解決體能問題，並能強化對外界的控制感覺，增強自信心。

人格是父親影響力的第二要素。《三字經》中五代的竇燕山5個兒子都成了當朝官員，在當時是個成功父親典型。他在做父親以前曾經是個奸滑的商人，後來改過做了一個受人尊重的好人，這才有了成功培養5個兒子的佳話。從他的故事就可看出父親的人格力量對孩子的影響有多大。

父親的人格表現與母親不同。在父母與子女的對話中，父親總是缺席的。教育學家認為，這是父親和母親性格構成不同造成的。母親一般情感豐富，在與兒女溝通方面有優勢，而父親的性格一般比較理性，不卑不亢。

簡而言之，兒童是透過對父親形象的認同和模仿而認識周圍世界的，此時，父親對子女的熱愛、責任心和適度的嚴格要求就顯得尤為重要，否則，兒童的心理就可能開始偏離健康的方向，或懷疑或排斥抗拒周圍世界。

在人類豐富而複雜的感情世界中，父愛是一個非常重要的因素，和母愛一樣，父愛也是一種偉大而崇高的感情。幼兒心理學家葛塞爾曾指出：「失去父愛是人類感情發展的一種缺陷和不平衡。」因此，人們認為沒有父愛的家庭會嚴重影響孩子的身心健康，造成孩子性格心理的缺陷。

心理學的傳感效應表明，父親的所做所為往往是男孩子的活模特兒，有時候父親身上的許多優良特質和特有精神氣質以及一些不良習慣都會在兒子身上展現出來。所以，一個優秀的父親所擔負的責任，不單純是負起家庭生活的重擔，起到家中精神支柱的作用，更為重要的是，他具有協調家庭、關心培養孩子、熱情教育孩子，使孩子深深感應到父愛之神聖，父

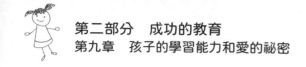
愛之偉大，父愛之溫暖，意識到只有在有父愛的家庭中，才會真正感受到生活之完善，情感之平衡。

從人類心理發展來看，女孩子多渴求得到父親的疼愛，從情感潛意識上更偏向父親，對父親的依賴性和愛戴心理更強。這是因為她能夠從父愛當中得到異性的安全感和特有的保護性心理。所以，我們往往發現女孩子對父愛的情感效應突出表明她理能從心靈深處理解和寬慰父親的感情和過失。而相應地，父愛更能使得到一種崇高的精神慰藉。在受到挫折或遇到困惑時，得到父親的關心、愛護，將是其人生莫大的安慰。

一個確立了良好的形象、人格與父愛的好父親，在家庭中所扮演的角色，是別人無法代替的，他常常有意無意地薰陶著他的兒子展現雄偉的氣魄和宏大的志向，具有善於奮鬥和進取之心，具備剛毅、不畏艱難獲取事業成功的雄心壯志；希望自己的女兒具有女性之溫柔、賢慧、聰穎的特質，而同時他又造就著一個秉性善良、溫柔的賢妻良母。

可見，父親的全情投入是對兒童健康成長的重要橋梁。

● 幫助焦慮的孩子

做每件事之前都有良好的心理準備，這樣的孩子必具有最大程度發揮其能力的注意力、動力和精力。相比之下，如果他為焦慮和憂鬱所煩擾或感受缺乏愛，將可能會在集中注意力方面出現問題而且感覺缺少活力。對她來說記住手頭上的工作會十分困難，一切會變得枯燥乏味；從而使學習能力遭到挫折。

如果這種焦慮繼續下去的話，它將會在孩子進入新階段的學習中，特別是在此階段需要做出改變或內容變難的時候表現更加明顯的焦躁。這種

與學習有關的焦慮經常發生在三年級升入四年級的孩子身上。這段學習時間通常在學習內容和教學方法上有一定的改變。最基本的差異是從具體的學習思考轉變為抽象的學習和思考。具體形象的學習是涉及一些平淡的事實，正如這樣的句子：巴爾的摩在馬里蘭州。抽象思維是象徵性的：詞語和短語就代表著思想和概念。從具體思維到抽象思維的轉變是一個巨大的飛躍，不是所有的孩子都能知道如何完成這個飛躍的。

如果孩子無法輕鬆地進行這階段學習，他就會在許多方面受挫。他無法完全理解課程的內容，他感覺他正落後於別人，這會刺傷他的自尊心，因為他感覺自卑。除非能夠儘快糾正孩子的這種心理，否則他會感到壓抑，更加焦慮，進而將會開始感覺自己完全失敗。因為四年級是學業過度時間最嚴峻階段之一，所以家長要特別注意。

在這種或其他危機階段，對於你的孩子甚為重要的就是他們的感情、思想上的成熟。透過了解這點，我們能更明確地控制他們的焦慮，幫助他們抵制緊張情緒並在變動時保持心理平衡。孩子越能做好這些事，他們就會學得越好，並且這些能進一步幫助孩子思想感情達到成熟。

這些孩子中，有許多受到老師特別的關懷而得到了幫助，其中包括眼神的示意和身體接觸等方式。當他們的情感需求得到滿足時，他們的恐懼和焦慮將會減輕，其安全感和自信將不斷增強，然後他們能夠繼續學習。當然如果父母能夠在家滿足孩子這些需求將更好。

● 激發引導孩子

父母經常問這個問題：「我如何激發、引導我的孩子呢？」我們只有在注滿孩子情感油箱，鍛鍊他們處理不滿情緒的能力後，才可以去激發、

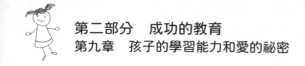

引導孩子。若沒有做到這兩個基本要素，激發、引導孩子是幾乎不可能的事。（你將會在下一章中發現更多的憤怒和叛逆的行為。）除非孩子最初就感到有人真正地愛他們、關心他們，否則激發、開導他們極為困難。原因是孩子需要考驗父母，想服從父母的指導。如果孩子的「情感油箱」枯竭，將導致他們產生叛逆的行為，去做父母不希望他們做的事。

激發孩子的關鍵是讓他們對自己的行為舉止擔負起責任。不負責任的孩子不容易被啟發開導。相反，孩子則很容易被啟發引導。

● 鼓勵孩子的興趣愛好

你可以採取兩種方式幫助孩子具有責任感。首先要耐心地觀察孩子集中注意些什麼；換言之，孩子喜歡什麼、欣賞什麼、願意做什麼，然後朝此方向引導和鼓勵孩子。如果發現孩子對音樂感興趣，你可以鼓勵孩子學習。但是關鍵一點是孩子首先願意學。如果只是父母有意讓孩子上這門課，效果都不會很令人滿意。

興趣是學習的最好老師。但是有些學生對學習全無興趣，如何加以引導和培養呢？

請記住，愛好不等於興趣。

不少家長把「興趣」和「愛好」兩個概念等同起來，發現孩子愛好某一事物時，就認為他對其產生了興趣。其實不然，這兩個概念有區別，家長只有意識到這一點，把它們區分開來，才能有效地對孩子興趣加以引導和培養。

在這兩個概念中，「愛好」的範圍很廣，所含感性因素偏多，而興趣是人們對某一事物高層次的需求。就比如有些學生喜歡看電視，這只能說他愛好看電視，而非興趣。所以，家長培養孩子的興趣要多樣化，但不能

太犯濫，要讓孩子專心致志地集中到一兩門主要興趣上，而把其他的興趣作為一般愛好就行。

怎樣發現孩子的興趣？

孩子有自己特殊的興趣，沒有誰比父母更能發掘他們的興趣所在。擴展視野對發現興趣很重要，孩子如果沒有機會接觸世界上各種奇妙的事物，他們很難對外界發生興趣，父母也就可能很難找出孩子的興趣。因此，父母應該創造機會擴展孩子的視野。比如，當發現孩子遇上了一些令他雙眼發光的事物時，這種興趣就值得培養，父母應該鼓勵他們去探索。

興趣培養五點注意：

生活中，有不少家長發牢騷：「孩子喜歡玩，為什麼就是不愛學呢？」我們建議，培養孩子的學習興趣要注意以下五個方面。

★ **啟發和引導孩子的求知慾**：小孩子特別愛問「為什麼」、「這是怎麼回事？」面對孩子千奇百怪的問題，有的家長則會顯得不耐煩。然而，這些問題恰恰是求知的萌芽，家長應該耐心面對，用通俗易懂的語言為其解釋。

★ **從遊戲中開發孩子的興趣**：愛玩是小孩子的天性，一些益智遊戲也能激發孩子對某一事物的興趣。同時，因為孩子的年齡偏小，他對有興趣的事情，一開始往往只憑好奇和熱情。因此，家長要引導他從興趣中探索和思考，從興趣中獲得科學知識，使其保持興趣的長久性。對孩子的興趣不聞不問無動於衷，是做家長的大忌。

★ **學會鼓勵孩子**：家長是孩子心目中的第一個權威評價者，他們渴望得到家長的肯定。如果家長總是「打擊」孩子，有可能摧毀其求知慾。因此，當孩子做得好時，家長可以適時表揚，可當孩子做得不好或者失敗時，要先發現孩子有創造性的一面，然後再鼓勵他們。

★ **把間接興趣轉化為直接興趣**：也許有的孩子對學習某一科目的確沒有直接興趣。舉例而言，有名學生對數學沒有興趣，但是他的目標明確，想讀名校、考上頂尖大學，結果他的成績也不錯。這名學生對數學是一種間接興趣，面對這樣的孩子，家長就要琢磨如何把其間接興趣轉化為直接興趣，畢竟有了直接興趣，內在動力才強，才能學得持久。在這一轉化中，讓孩子獲得成就感很重要。孩子學有成就，才能激發他對學習的直接興趣，產生內在動力，主動而學。

★ **教給孩子科學高效的學習方法**：高效的學習能讓孩子在學習中發現樂趣，學有成就，這是保持興趣的動力源。

培訓要尊重孩子興趣。

如今，培優成風，包含藝術、體育、科目學習等多方面內容。但課外培訓只有建立在孩子有興趣的基礎上，方能收到良好的效果。一些家長盲目跟風、功利思想嚴重，沒有考慮到孩子的興趣和學習特點，只會加重孩子的負擔。

● 讓孩子自己承擔起責任

第二種方式是讓孩子記住：你和孩子不可能在同一時間裡對同一件事承擔責任。如果你等一等，讓孩子自己負責，加之你的支持，他會有負責任的動力。如果你首先讓孩子做某些事，然後你承擔責任，那麼，孩子將很少有動力去承擔責任。

讓我們把這些借鑑到孩子做作業和提高學業成績方面吧。大多數孩子都會經歷不願完成作業的那段時間。當牴觸、叛逆的情緒出現時，這點就特別明顯。記住某些牴觸、叛逆的行為在十三歲到十五歲之間的孩子身上

發生是正常的現象。

消極的牴觸情緒和叛逆行為是在向權威挑戰；換言之，它目的在於使父母傷心失望。在大多數家庭裡，家長主要關心的是學業成績。這就意味著孩子的反叛行為直接與父母強調的學業成績和作業成正比。家長越重視孩子的學校成績，孩子會越來越有牴觸情緒。記住一點：對孩子的作業管得愈多，孩子就會越不在意作業。而且孩子越不愛完成作業，他們越缺少動力。

如果你希望孩子對自己負起責任，受到很大的鼓舞，你必須意識到作業是孩子自己的事，不是你的。你怎樣做呢？讓孩子知道如果他能首先自我幫助，你將會很高興幫助他一道完成作業。因為你希望讓孩子獨立完成，甚至當他請求你幫助，你要盡量避免做任何事，而是想辦法讓孩子先自己解決。

例如，你兒子有道數學題不知怎麼算，你就不應該替他算出這道題。相反，你可以拿出數學書，讓他看看解這類題型的具體解釋。然後把書拿走，讓他獨立解答。這將教會他更好地自己處理問題。如果你感覺老師沒有把一些概念講明白，可以建議孩子第二天請教老師。

當然，有時你必須闡明你的疑慮或給孩子一些額外的指點。只要你沒有替孩子承擔他自己應該做的事，就是值得稱讚的。如果你意識到你在很大的程度上干涉了孩子獨立完成作業，那麼就應逐漸地把責任交給孩子。可能你會看到孩子的成績暫時下降，但孩子獨立承擔的能力卻在提高，並且變得十分自信，這麼做是很值得的。因為你採用這種方法，所以隨著孩子年齡的增長，他們越來越少的依賴你。而且你可以和孩子一起度過一些時間，追尋一些對你們都感興趣的事，而這可以完全不涉及學校的課程。

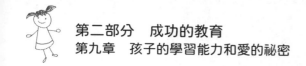

● 對孩子用愛的祕密

　　如果孩子能在愛中獲得安全感，就會得到最大的鼓勵，在學校的學習生活中表現出色。如果你了解孩子最基本的愛的祕密，並在孩子早晨離家上學前，傍晚放學回家後對他們運用愛的祕密，就會提高孩子每天的生活品質。對於在校讀書的學生來說，這段時間是很重要的：在早晨上學和晚上回家時真心地接觸孩子會使他們有安全感並且有勇氣迎接一天生活的挑戰。

　　葛瑞絲已經九歲了。當她的媽媽學會五種愛的祕密後，把她們的日常生活做了許多調整。當媽媽的後來說：「我沒有相信這會在葛瑞絲的生活中起多大作用，甚至當我聽說這五種愛的祕密後逐漸發現葛瑞絲所需的愛是親身服務時，也從未想過採用這個方法會對她的學習生活有多大幫助。但是後來聽朋友說她在孩子上學前和放學回家後都對孩子使用愛的祕密，我就決定試一試，結果很明顯地反映出來了。早晨，我們家顯得特別緊張忙碌；我丈夫 7：00 離開家，葛瑞絲 7：30 乘車上學；而我 7：50 要去做我的兼職工作。我們各自忙著自己的事，我們之間最有意義的表達就只是在離開家時互相說聲『再見』。」

　　知道葛瑞絲的愛的祕密是親身服務後，這位母親問女兒：「如果早晨，媽媽為妳做一件事，使妳的生活更加簡單、快樂，應該做什麼事呢？」

　　「媽媽，妳為我做得最重要的事就是為我做早餐。要知道準備碗碟、湯匙、麥片粥、牛奶和香蕉是很煩人的事，如果妳能把所有的飯菜擺在桌上，我一坐下來就可以吃，那該多好啊！」葛瑞絲母親很驚訝的同意了，第二天早晨，早餐都擺在桌上。

「我立刻就感覺到她早晨態度的變化，她甚至一直在說謝謝，而且直到離開家上學時，心情仍特別好。」

「三天後，我在她放學回家後實施了親身服務。第一天，我做了一些小餅乾。當她回家埋頭學習時，我說：『葛瑞絲，我做了一些小餅乾，想不想休息一下，吃點餅乾？』然後我給她倒了一杯牛奶，我們坐下來談論她一天在學校裡發生的事。

第二天下午，我幫她的裙子縫了一圈花邊，一星期前葛瑞絲就讓我給她縫補。她進來時，我說：『寶貝，我幫妳的裙子縫了一圈花邊，妳試試，看長短是不是合適。』當我說：『妳穿上這條裙子看上去漂亮極了。』她說：『謝謝，媽媽，謝謝妳為我縫的花邊。』我真心地聆聽著孩子的話，並把每個字寫在了日記裡，我知道這給了我一些啟示，讓我學會如何對葛瑞絲表達愛。這段小插曲成為我們親身服務中最快樂的一次，我們在一週內一起分享了幾個下午的快樂時光。

所有這些都是幾個月前開始的。我發現最大的改變是當我們談論學校生活時，她的一些評判比以前更加積極客觀了，看上去她過得更加快樂而且比以前更有動力，最重要的是我感覺我們之間的關係更加親密了。」

如果葛瑞絲最基本的愛的祕密是身體接觸，那麼在早晨她走出家門或晚上放學回到家，擁抱她、吻吻她都會得到這樣的效果的，當然她也會喜歡小餅乾和牛奶的。

也許當孩子回家時，你還沒有回來，如果是這樣，最好當你進家門時表達一下誠摯的愛。如果你早晨和孩子互道再見離開家，晚上一見到她就對她用愛的祕密，那麼你正做著一天中最有意義的事，而且這又恰恰能對孩子的學習動力有著積極的促動。

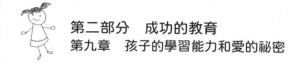
本章課外作業問答題

1. 什麼激勵著你的孩子去學習？什麼東西在阻礙著你孩子的學習進程？依據以上兩點，怎樣才能全面的描繪出你的孩子在學習過程中所體現出的優缺點？

2. 在現實生活中，影響你孩子情感波動的最關鍵因素是什麼？你認為他們的情感狀況會對以下各方面：自尊、安全感，他們對壓力和轉變的反應以及他們的學習能力造成怎樣的影響？

3. 你和孩子交流的程度在怎樣影響著孩子的自信心及與他們學習動機緊密相連的安全感？你對分數的強調是如何幫助或妨礙著孩子的學習？在本章中你學到了什麼來促進你孩子下學期的學習。

4. 詢問你的孩子他最喜歡的技能是什麼？把他所感興趣的東西列成表，並計畫透過一些學習經驗來促進他發展這些興趣。

5. 你是以什麼樣的方式來擔負起孩子學習的大部分或很少的一部分責任的？你是如何在鼓勵他們的同時又使他們承擔起家庭作業、考試和其他類似事情的責任？制定一個計畫去幫助和鼓勵他們去掉這些巨大的負擔。

小組討論

　　學習能夠使那些情感穩定的孩子獲得巨大的成功，這種穩定是透過滿足孩子們對愛的需求來實現的。讓小組成員來討論一下，如果孩子心中的愛的祕密是願意父母花費時間陪他，那麼家長該怎樣做才能提高孩子的學習。這也適用於其他愛的祕密，你也許想記下對這些的討論情況。

第十章
愛讓我們遠離憤怒

你們是弓，你們的孩子是從弦上發出的生命的箭矢。

—— 紀伯倫（Kahlil Gibran）

憤怒與愛，二者之間的連繫經常比我們看到的要緊密得多，我們總是對自己所愛的人生氣、發脾氣。你也許會吃驚於在一本關於愛的書中發現一段講述生氣、憤怒的章節。但這卻是事實，我們經常在發怒的同時感受到愛的關懷。

憤怒是家庭生活中最令人討厭的情感。它會造成婚姻上的衝突，會引起家庭中的爭吵，甚至會發生對孩子的歐打。而且許多社會問題也都源於不適當的發怒。然而我們必須意識到在我們的生活中和對孩子的養育過程中，憤怒有其安定的一面，並不是所有的憤怒都是錯誤的，你會生氣、發怒，是因為你無法忍受謬誤和你對某人（包括你的孩子）幸福的關懷。憤怒最好的也是正確的目的是為了促使我們端正行為，改正錯誤。於是在美國，憤怒的母親們成立了名為「MADD」的懲罰醉酒駕車的組織，試圖去消除在公路上肇事的禍端。一位婦女曾因其孩子被喝醉酒的司機撞死而無比憤怒。這一組織正是在此事之後建立的，呼籲政府制定法律抵制醉酒駕車。

然而，與其說憤怒能夠解決問題不如說它能引發問題更合適。作為一種情感，憤怒的表達並不總是有正當的理由。憤怒經常演變成無理性的發作，使得你不但無法控制它反而要受他控制。當憤怒上升到頂點時，人們經常會拋棄理性而採取一些具有破壞性的作法，這常使事情變得更糟，而

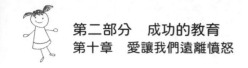

且我們常常無法對什麼是最正確的作出判斷，或者我們以自己的方式去尋求如何糾正錯誤。

● 對你子女未來幸福的威脅

憤怒是能夠被獲悉的 —— 我們為何會感到憤怒，我們如何表達憤怒，我們又如何來改變對待挫折和失敗的方式。除非作為家長的我們能夠了解什麼是憤怒並能以正確的方式來處理憤怒，否則我們就無法教育自己的子女在他們生氣、發怒時該怎樣做。

對你子女一生最大的威脅也許就是他或她自己的憤怒，這也許會令你感到吃驚。如果你的子女無法很好地控制他的怒意，那麼這就會對他造成傷害，甚至會毀了他的一生，對憤怒的處理關係到他們和以後將遇到的每一個問題 —— 由於憤怒，導致孩子長大後做出過激的行為，造成他最終的落魄或傷害家庭裡每一個成員，甚至在某些過激的時候會引起他的自殺。所以做為父母的你，不應該僅僅考慮現在，更應從長計議，竭盡所能來保護好你的孩子。

「天使」請息怒！

穎穎媽是個職業女性，凡事追求完美。自從生下穎穎後，她就不斷請教前輩育兒的經驗，也看了不少育兒書籍，希望將穎穎培養成一個聰明、可愛、有禮貌的健康寶寶。但穎穎兩歲開始經常發脾氣，有一次居然在玩具店前耍賴，躺在地上大哭大叫，這使得自視甚高的媽媽感到無比尷尬和苦惱，以至於她都開始懷疑自己是不是個失敗的母親？

面對「小天使」的憤怒，新手爸媽們也許會像穎穎媽那樣感到迷惑、挫敗和無助：有的爸媽會失去控制，也跟著發脾氣，甚至在情緒衝動的情

況下體罰孩子；有的父母則會屈從，孩子要什麼給什麼，致使孩子以發脾氣來控制大人。其實，憤怒只是孩子情感的宣洩，強烈的情緒不能被否定，情緒的爆發 —— 憤怒也需要得到正確的認識與對待。意識到這一點，父母就應該引導孩子以一種別人可以接受的方式來表達自己內心的感受，而不是以懲罰或屈服來平息憤怒。

表達憤怒因「齡」而異：孩子表達憤怒的方式會隨著年齡的增長而不同。1 歲以前的孩子多半會以哭來表達憤怒；2 歲左右的孩子則會以賴在地上哭鬧、亂丟玩具或不吃飯來表達憤怒；3 歲或再大一點的孩子甚至會有強烈的攻擊或報復行為。

憤怒的誘因：嬰兒在需求得不到滿足的時候，就有了最原始的憤怒情緒，比如肚子餓了、尿布溼了、玩具消失了或媽媽離開了，他們都會哇哇大哭。不過，這個時期的憤怒比較容易平息。

★ 1 歲左右的幼兒開始探索世界了，天生的好奇心驅使他看到一切都要去摸、去玩、去嘗，但大人總是這不行那不行的，逼得孩子懊惱不已。

★ 2 歲的孩子凡事都要自己做，但由於身心發展不夠成熟而做不好，常讓自己氣得要命。

★ 3 歲左右的孩子語言表達能力還不夠，加上反抗心理的出現，當他的行為受到約束或需求遭到拒絕時，很容易大發雷霆。

當然，身體不適、睡眠不夠、飢餓口渴、被人捉弄、被人干擾等因素也會助長孩子憤怒的情緒。

每一位家長都要學會接受孩子的「憤怒」，接受他們與我們不同的觀點、意見、感受和要求，而不是在遇到分歧、反對、不從和彆扭的時候，

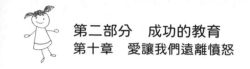
要麼勃然大怒、要麼冷漠待之。簡而言之，我們必須學會接受他們的疆界，接受他們的個體性。

少有家長能夠平靜地接受孩子的「不」字，而是多多少少都會感覺受到挑戰、威脅、甚至傷害，心裡也會感覺到煩惱和憤怒。這既是人之常情，也是我們從小沒有得到正確的「不」字訓練的後果之一。

然而，良好的關係必須建立在拒絕和面質的自由上。克勞德和唐森博士說，成長中的兒童需要確認他們的疆界得到認可。最關鍵的是，他們的反對意見和實踐行為不會導致父母收走愛。

也就是說，當孩子出現我們難以容忍的行為時，我們絕對不能因為傷心、失望和憤怒而表現出不愛孩子了。我們不能用語言、肢體、目光或者行動來向孩子傳輸這樣的致命資訊：你聽話才可愛，你不聽話就不可愛。你表現得好，我就愛你，你表現得不好，我就割斷我們之間的關係！

「聽話！不聽話媽媽就不喜歡你啦！」這樣的要脅我們司空見慣，它給了孩子什麼樣的選擇呢？不是非輸既贏，更不是雙贏，而是雙輸：要麼繼續反抗，卻會失掉生命中最最重要的關係（對於小孩子來說這意味著死亡）；要麼趕快乖乖投降、表現順從，埋沒自己的感受，從而失去練習拒絕和面質技巧的機會，逐漸地變成一個不會表達自己的人。

從根本上講，從孩子身上收走愛的父母在對孩子進行心靈和感情的敲詐勒索。對於孩子來說，生存是最重要的，為了活命，他們肯定會放棄自己的感受，跟隨父母的步調。對於人類來說，跟他人的關係是最重要的，誰也不願意被親密的人拋棄。

「不聽話，爸爸媽媽就不愛自己了。」這種氛圍中長大的孩子，學會強化自己順從、可愛、懂事的性格特徵，同時變得害怕甚至痛恨自己積極進取、敢說真話、與眾不同的性格特徵，他們努力地掩蓋這些特徵。長大

之後，他們也不敢反對或者拒絕他人，因為在他們看來，只要提出不同意見，就意味著關係的破裂；那麼為了維持關係，他們只好把分歧掩埋在心裡，表面上做出隨和的樣子。

當孩子跟父母有分歧，甚至於「憤怒」時，父母的表現可以說是多種多樣的。脾氣溫和的父母也許採取傷心的語調，或者長時間的沉默，來通知孩子「我不高興了！」脾氣暴躁的父母則會對孩子大喊大叫、暴跳如雷；還有些父母則使用眼淚或者身體的不適來要脅孩子。總之，他們給孩子傳遞的資訊就是：你必須對我的情緒、身體和精神狀態負責！這樣，就像前面提到過的，他們把剛剛三四歲的孩子變成了父母的父母。

父母爆發的憤怒（透過訓斥、強制或者暴力而表達的憤怒）給孩子帶來恐懼；父母掩蓋的憤怒（透過沉默、傷心或者生病而表達的憤怒）給孩子帶來內疚。出於恐懼和內疚，孩子會盡量表現得服服貼貼。今後，他們也會因為恐懼對方的憤怒，或者害怕傷害對方的感情而服從他人。長期生活在這種小心謹慎，甚至膽戰心驚的情境中，孩子會變得不獨立、沒有自主能力、依賴他人、猶豫不決、不敢直言，他們的創造能力會消蝕殆盡，也難於接受或者完成工作任務。

如果我們能夠坦然地接受孩子的反對、反抗和不同，如果我們平靜地對待他們的憤怒情緒，如果我們告訴他們：「我永遠愛你，但是你不能這樣做」、「我知道你很生氣，但是你還是必須把別人的東西歸還回去」、「我明白這是令人遺憾的情況，來，讓我好好抱抱你」等等，既給共情，又堅持原則，同時確認我們的愛，那麼我們就賦予了孩子最最強大的內心力量：他們能夠尊重他人的疆界、他們能夠保護自己的疆界、他們能夠表達自己真實的感受、他們學會怎樣掌握和他人的分歧、他們能夠坦然面對生活中各種各樣的挫敗。

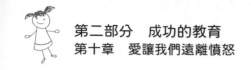

● 父母該如何控制自己的憤怒

　　要控制孩子的憤怒的首要一點，我們必須懂得很好地控制自己的怒氣，就像我們對孩子們講的那樣。但是很少有家長能夠以適當的方式對待自己的憤怒。一旦發起火來，根本控制不了自己。一個原因是大多數人對憤怒的表達都是無意識的。另一個原因是很少有成年人透過對憤怒的處理方式來完成從幼稚到成熟的過度，這樣恰恰又會對孩子產生極不良的影響。讓我們來看看傑克森一家是如何處理他們的怒氣的。

　　工作了一整天之後，疲憊的傑夫·傑克森坐在屋裡看電視，同樣勞累了一天的妻子愛倫在洗盤子。他們之間的關係並不是很融洽。這時，兒子朱尼爾走進廚房向媽媽要一些小點心。此時的愛倫哪裡有給他做點心的心思：「剛才你沒有好好吃完晚飯，所以現在什麼也沒有。」愛倫對朱尼爾說。小傢伙很失望地走回屋裡，在壁櫃上他找到了一瓶糖果。「嘿！你要幹什麼？沒聽見你媽說嗎！不許動那個！」傑夫這會也衝著兒子嚷。

　　朱尼爾很不情願地離開了屋子。五分鐘後他又轉了回來，好像忘了剛才的事情。手裡拍著籃球問：「我能去波比家嗎？」

　　「不行，不許你去波比家！」傑夫大聲喊道，「你的作業還沒做完，別再咚咚地拍那個球了！」

　　朱尼爾只好抱著籃球離開了。一會他又轉到廚房裡：「媽媽，我做作業時要用的課本忘在學校裡了，我能到波比家去借一本嗎？」說話間，孩子還在轉著手裡的球，一不小心，球撞到了桌角，一個杯子從上面掉下來，碎了。

　　聽到聲響，傑夫從沙發上跳起來衝進廚房。「我告訴過你不許拍那個球！」他一把抓住朱尼爾把他拽進屋裡，開始打他的屁股：「我告訴過你

多少次了，你就是不聽話，讓你不聽話！」

「住手，別打了，你要殺了他！」傑夫停了下來，朱尼爾跑回自己的屋裡放聲大哭。愛倫回到臥室裡也心疼地哭了。傑夫「撲」的一聲又坐回到沙發上，盯著電視一動不動。

家庭中的許多情感交織在一起，最後爆發出來並惹得每一個人都不開心。愛倫正在生氣，是因為她認為自己勞累一天了，又忙了一個晚上，而丈夫一點都不體諒她，不幫她洗盤子；而傑夫生氣朱尼爾沒有聽他的話，一直在玩籃球，咚咚的吵得他很煩，一天的喧鬧後，他需要一個安靜的氣氛；朱尼爾應算是最生氣了，因為孩子認為他所犯的錯不該受到這麼嚴厲的懲罰，當然愛倫還生氣傑夫狠狠地打了孩子一頓。

我們看到發火並沒有解決任何問題，反而使事情變得愈來愈糟。孩子朱尼爾如何處理他內心的不快，做父母的應該看下去。也許朱尼爾在表面上很聽話，媽媽不讓吃糕餅，他就沒去拿，爸爸不讓拍籃球他也停下來，波比家沒去成，孩子也並沒有吵鬧。似乎什麼問題都不會發生，但做父母的卻應該知道孩子內心始終在積蓄著不快，而這種不快終究是要爆發出來的。

現在，面對同樣的情形，讓我們想像一下換成另外一種方式來解決又會怎樣呢？傍晚，愛倫停止洗盤子，走進屋裡坐在傑夫身邊告訴他她愛他，然後對他說：「我現在有一件事使我很生氣。你不用擔心，我不會對你發牢騷的；你覺得我們是現在談一下好呢，還是等到節目播完之後再談更好一些呢！」說著愛倫轉身回到了廚房或走進書房去看書。

當他們談話的時候，愛倫很平靜地告訴了傑夫，她覺得自己受到了很不公平的對待，因為傑夫沒有幫她洗盤子，特別是在她工作了一整天和做完晚飯之後，她希望傑夫能經常幫她做些家務。

　　如果愛倫和傑夫進行了一場這樣的談話，那麼朱尼爾要小甜餅的要求也許會得到不同的回答。當兒子朱尼爾第二次在廚房裡拍球時，傑夫可能會走進來，拿過他的球對他說：「孩子，媽媽和我都很愛你」，然後再告訴朱尼爾如果他不聽話，他的球就會鎖進車裡，兩天不許他玩。接著傑夫再說些讓孩子輕鬆的話。這樣，家庭裡的狀況是不是就會大為改觀了呢？

　　相反如果家長們不懂得如何控制自己的怒氣，那麼他們就無法教育好子女該怎麼對待他們的怒氣。為了孩子未來的幸福父母對他們進行這種教育是相當必要的。如果你從不懂得言傳身教，那麼我奉勸你儘快在這方面尋求些幫助，以便你的孩子能夠在這方面受到你盡可能多的、積極的影響。

　　在人的各種情緒中，憤怒、傷心、失望等對人的身體健康是很有害的，我們應採取積極的辦法控制這種不良情緒的發生。如果你發現自己處於憤怒的邊緣，你可以嘗試下列的一些方法：

★ **躲避刺激**：如果你遇到一件使你生氣的事，要盡量躲開，或暫時迴避一下，以免使矛盾激化，這是一種消極的制怒方法。

★ **轉移刺激**：發怒時，在大腦皮層有一個較強烈的興奮中心，如果這時我們轉移一下目標，即在大腦皮層建立另一個興奮中心，以便減弱或抵消原發興奮中心。比如聽聽音樂、唱唱歌、看看報紙、逗逗孩子等，往往怒氣就會煙消雲散。這是一種積極的制怒辦法。

★ **釋放法**：在日常生活或工作中，經常會產生一些矛盾或意見，這很容易使人發怒。如果我們把心中的不滿或意見坦率地講出來，即可泄怒。

★ **意識控制法**：人在發怒時是很容易失去理智的。這個方法就是要我們有很好的道德修養和意志鍛鍊，盡量杜絕或減低發怒時的情緒反應。

它的表現形式是以內部語言或文字來協助。如有的人在自己的床頭或工作職位上寫上「息怒」的字樣，當遇到發怒的事情時，一看到「息怒」二字便會冷靜下來。這種辦法也會收到好的效果。

★ **昇華法**：這是把怒氣轉化成為人生、孩子、未來的奮鬥力量。

● 性格的塑造

你的子女對待憤怒的方式將很大程度地影響他們在人格上的成長，誠實正直是性格中最重要的一個方面。培養你的孩子能夠恰當的控制自我，那將有助於幫助他們養成良好的性格和樹立強烈的正直感。然而，如果他不懂得怎樣以一種理智的方式去對待憤怒，那麼他就無法在其個人的價值觀、倫理觀和道德觀上達到真正的成熟。這種不成熟的表現就是缺乏正直感。

這種正直感的缺乏嚴重影響了孩子們思想的發育。愈是無法很好的控制自己憤怒的孩子，就愈是和社會相對抗，孩子們在對待憤怒上的不成熟表現也是他們不願接受長輩價值觀的重要原因。甚至逐漸培養出自己的一種叛逆的性格。

然而，幸運的是當我們教育孩子如何對待憤怒的同時，我們能夠看到他們生活中的歡樂。要知道憤怒只不過是人類的正常反應，其本身並無好壞可言，問題在於我們處理憤怒的方式。如果憤怒能夠促使我們在寧願沉默時採取行動的話，那麼它就會帶來好的結果。

吉爾，一個很害羞的 14 歲小女孩。她確實是一個很討人喜歡的小女孩，但卻在歷史課上和她的老師發生了爭執。她的歷史老師在課堂上記下所有學生宗教信仰的習慣，特別是基督教的。他經常嘲弄那些吉爾所崇拜

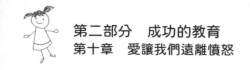

的基督教徒，老師的嘲諷使吉爾產生迷惑，到了後來她甚至開始懷疑起自己的信仰來。

其中一次，她的老師就對「傳教者的孩子」做了一次苛刻的評論，吉爾的一個好朋友就是牧師的女兒。這使得吉爾很生氣，事實上她憤怒極了！當天晚上，吉爾找了一些信仰基督教的孩子在教室裡制定了一個計畫。第二天，當這位老師再次開始他那滔滔不絕的評論時，這些學生便站出來以一種很「文雅」的方式來駁斥她們的老師；他們讓這位老師明白了他的做法是多麼的令人討厭。這位老師的第一個反應是試圖去嘲笑這些年幼的孩子，但他很快意識到他的叫嚷和轉變話題的努力是多麼愚蠢。從此以後，這位老師再也沒有發表過他那令人厭惡的評論。吉爾善用了她的憤怒，教育了這位老師並捍衛了自己宗教信仰的自由。

遺憾的是，大多數孩子都無法做到像吉爾那樣，一種較為普遍而又有害的處理憤怒的方法就是採用叛逆的行為。對人處事是採取報復的方式來表達憤怒的，是一種以被動的、無意識的方式去做一些和權威人士想法相反的事情。這裡的權威人士是指家庭、老師、上級、員警等。當然，對於一個十幾歲的孩子來說，其權威人士就是家長。

查克是一個 15 歲的小男孩，很聰明，學習努力，成績優秀，按時完成作業。但隨著年齡的增長他對自己的父母非常不滿。漸漸地他的成績越來越差。他的父母對此毫無辦法。查克的行為就是一種傳統的叛逆行為。

性格是個性的核心，是人在對客觀事物表明態度時採用的行動方式。性格的形成有遺傳影響，但主要靠生活環境和教育。性格的發展有以下特點：隨年齡的發展逐步形成，但嬰幼兒時期是關鍵；性格一旦形成，具有相對穩定性；在強大的外來影響下，某些性格特徵具有一定的可塑性。

人的性格非常複雜，由許多特徵綜合反映，如：對現實的態度，即對

人對己、對工作、對團體的態度；意志方面，如道德規範、行為控制能力、克服困難的毅力等；在情緒方面，如不同情緒體驗、控制力和自我調節能力等。性格有積極性和消極性之分，前者如機靈、大膽、獨立、善合作、善思考；後者如任性、頑固、被動、投機取巧等。各種性格特徵可在一個人身上混合存在，形成幾種主體特徵。

根據艾瑞克森的個性發展論，性格是在人的內動力和外環境產生和解決矛盾的過程中發展起來的，具有階段性：嬰兒期（信賴 —— 不信賴），所有生理需求都仰賴成人，如果與成人無依戀關係，將產生不安全感和情緒問題；幼兒期（自主—懷疑），開始有自理能力，學會言語，產生自主性，但仍需依賴成人，故依賴和違拗行為交替出現；學齡前期（主動—內疚），自理能力提高，有主動行為，但經常因失敗而產生失望和內疚；學齡期（滿足—自卑），因學習能力提高和某些行為得到認可而滿足，又因經常失敗而產生自卑；青春期（自我評價—自我意識混亂），發育接近成人，認知能力提高。如果對自己的體格、智慧、情緒等感到滿足，行為得到社會認可，有明確的目標和堅定的意志，自我評價即基本確立。但青春期心理發展似狂風暴雨，如果因為性發育的困惑得不到正確疏泄，或在感情、夥伴關係、職業選擇、價值觀上處理不當，可發生自我意識混亂，使潛在的消極性格特徵浮升為主體特徵。

小孩沒有社會經驗，集體觀和自我意識未形成。但是家庭的物質和精神支持、家庭成員的關係、家長的育兒態度等，都給性格的形成打下深深的烙印。因此，嬰幼兒期是性格的形成時期，又是奠定性格特徵的關鍵階段。

父母的養育態度對小孩的性格形成有重要影響。養育態度較民主的，小孩易形成大膽、機敏、善交往、獨立性強、善思考的性格，但也容易任

性和驕傲；養育態度放任自流的，小孩易養成機敏、大膽的性格，但也容易產生任性、驕傲、依賴性強、情緒不穩等不良性格；家長過於保護的，小孩性格中依賴、被動、缺乏獨立性、缺乏自信、膽小的成分較多；家長過於苛嚴的，小孩易養成倔強、頑固、冷酷、缺乏自尊心等性格；父母雙方養育態度不一致的，小孩性格中警惕性高、投機取巧、易說謊、兩面討好等成分較多；家長完全居於支配地位的，小孩容易養成順從、依賴、缺乏獨立性、不善思考的性格，但也可能倔強、違拗。所以，父母要學習科學育兒方式，注意從小對孩子主動性、獨立性的培養，並在開始需要辨認是非時給予良好的道德教育，既要善於發現孩子積極的性格特徵，又要注意小孩性格發展中潛在的消極面並及時排除。

　　建議我們可在民主育兒方式的基礎上適當提供「挫折教育」。家長還應注意自己言行的表率作用。

● 如何識別孩子的叛逆行為

　　對於家長們來說有多種方式決定該怎樣對待孩子們的叛逆行為。對這種行為進行糾正是必要的。造成這種行為的原因有很多。首先，這種叛逆行為並不是毫無道理的，這在查克的事例中反映的很清楚：對於他的能力和刻苦學習的程度，卻獲得如此糟糕的成績非常難以令人理解的。

　　第二，你也許會對能否糾正這種行為產生懷疑，因為對那些有叛逆行為的孩子來說，不論權威人士對他們採取什麼方法都是毫無分別的。他們的目的只有一個，就是要打倒那些權威人士。無論查克的家長和老師採取什麼辦法都無法提高他的學業成績，他們幫助他完成家庭作業，允諾他如果能提高成績將得到獎賞，甚至要提出對他進行懲罰。似乎任何一種方法都無法在短時間內奏效。然而，經過很長一段時間後，這些辦法依然起不

到任何作用。這就是為什麼叛逆行為難以被糾正的原因。查克在潛意識裡知道任何方法對他都沒有用。因為他的目的就是要弄得這些人拿他沒辦法。

第三，儘管這種行為的目的是要挫敗那些權威人士，但是那些有叛逆行為的人終將被擊倒。而且他們的前途和他們與家人之間的關係也將會受到嚴重的影響。

如果孩子偶爾淘氣，不聽大人的話，父母往往不以為然；如果孩子經常不聽話，管不住，父母就會深感頭痛。「不幸」的是，許多父母發現，隨著孩子年齡不斷的增長，孩子不聽話的行為愈來愈嚴重，而且在父母不斷嘮叨下，孩子甚至產生了叛逆的心理，不管父母說什麼，也不管對自己有多大好處，一律是先否定再說。

奇怪的是，每當父母把孩子如何頑固執拗的表現告訴幼稚園老師，老師卻很可能不認同；父母告訴其他和孩子接觸過的熟人時，他們往往也會表示詫異：「你的孩子挺好的呀！沒有你說的那麼搗亂啊！」當父母聽到別人這樣說時，真是既欣慰又困惑。

已經上幼稚園大班的姍姍就是這樣，在老師和小朋友面前，姍姍熱情、愛學習、容易相處、樂意照老師的要求做，經常受到老師的表揚。可是在家裡，姍姍總是鬧彆扭，特別是對爸爸說的話，她一般都要反對一下，讓爸爸老大不痛快。同一個孩子，因不同的人而有不同的評價，是孩子在父母和別人面前的表現真的有那麼大的不同，還是另有原因呢？

孩子為什麼說「不」？

幾年前，曾有一所小學做了一項「對爸爸媽媽哪些地方不夠滿意」的調查，調查結果發表在雜誌上。統計顯示，孩子對爸媽不夠滿意的地方有58項之多，比如：動不動就發脾氣；不了解我的心；要求太嚴，標準太

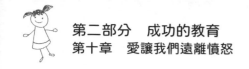
高；不接受我的意見；說話不算數；當我想做自己的事時，他們總不讓；總在罵我的時候誇獎別人等等。

　　看了小學生們對自己爸媽的不滿意，你有什麼想法？第一，這是對小學生做的調查，與我這個幼兒家長何干；第二，就算有對上的地方，恐怕你也不願意把這樣的父母形象與自己連接在一起。但是，靜下來想一想，我們做父母的都不是完人，上述孩子的不滿意，在我們身上多少會有體現。別以為孩子還小，什麼也不懂，其實，孩子雖然嘴上沒說，但這些不滿意已經在他的心理了，並且已反應在行為上。的確，孩子的這些不滿意都可能成為向父母說「不」的理由。

　　成人沒有以身作則。

　　當孩子出現一些問題時，以往我們總是要問上一句「這孩子是怎麼了？」習慣從孩子身上找原因。其實，有許多問題的產生根源是父母。孩子的某些叛逆心理和行為，可能恰恰是家庭教育弊端所致。

　　對孩子要求嚴格，卻對自己要求寬鬆的父母，孩子能心甘情願聽他們的話嗎？即使爸媽說的條條是理，孩子依然不肯服從，孩子愈大，這種現象愈明顯。比如，姍姍的爸爸就有這個問題，他不讓姍姍在看電視時吃東西，可是自己卻經常如此。姍姍有好幾次忍不住給爸爸提意見，結果逢他看得高興時，他就說下次一定改；逢到他看得不高興時，他不但不聽，還發脾氣，擺出家長的架子壓人。起初，姍姍只是在這個問題上不服，漸漸地，這種不滿就擴散開來，爸爸說的話都不願意聽，姍姍的叛逆心理愈來愈嚴重。

　　把孩子當小小孩對待。

　　再有一些父母無視孩子地成長，總是把孩子當小小孩子對待，這也不讓做，那也不讓做，這是造成孩子產生叛逆心理的另外一個重要原因。比

如，在幼稚園裡老師經常教育小朋友「自己的事情自己做」，姍姍聽了以後特別想做點自己沒有做過的事情。一天，姍姍提出晚餐後自己洗自己的碗。可是媽媽左思右想一番，還是以「萬一碗摔碎了怎麼辦？」、「碎片刺破手怎麼辦？」等理由拒絕了她。沒有做成事情，姍姍可不高興了，睡覺時故意不肯上自己的小床，很晚了還賴在爸媽的大床上，惹的爸爸想要處罰她。

第二天晚上，姍姍一家到小阿姨家做客，晚餐後姍姍又提起洗碗的事，媽媽再次重複昨天的理由，沒想到小阿姨卻爽快的說：「想自己洗碗是好事啊！搆不到水龍頭，我幫你墊個小椅子，萬一碗摔壞了也沒關係，小阿姨再買新的。」小阿姨話剛說完，姍姍就興奮的大叫起來：「謝謝小阿姨。」接著，馬上就去洗碗，而且洗的非常認真、仔細。

孩子都是好孩子。

可見，父母確實要反過來想一想：自己總是抱怨孩子不聽話，難道孩子天生就是一個不聽話、愛搗亂的孩子嗎？孩子真的想做一個處處和爸媽作對的人嗎？其實應該說，孩子都是好孩子，而父母未必都是好家長。

換個角度來說，父母喜歡乖孩子的真實理由是什麼？我們不喜歡孩子和自己作對的目的何在？其實說穿了，還不是為了自己省心、省力吧！以這樣的心態對待自我意識萌發，獨立性、自主性正蓬勃發展的孩子，是否有點太自私、也太短視了呢？

● 少年時期的叛逆行為

叛逆行為通常只出現在人生的一個階段；青春期的早期，也就是13～15歲之間。這種叛逆行為只有在不傷害他人的情況下才被視為是正常的。而且這對孩子們學習如何以一種成熟的方式來對待憤怒和如何順利

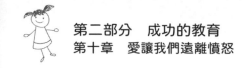
地度過這段時期是必需的。如果他不懂得怎樣以一種成熟的方式來對待憤怒，那麼這在他以後的生活中就會永遠成為他性格中的一部分。這種叛逆行為會促使他對上級、配偶、子女及朋友造成傷害。

我們的子女告訴我們，幾十年前，當我們也是孩子的時候，我們在叛逆行為上的表現方式是很有限的。那時，在鄉下，一個十幾歲大的孩子可能會把叔叔家的蘿蔔拔出來扔得滿地。在都市，一些男孩可能會聚在一起把收音機拆開，經過重新的組裝後把它安到別人的臥室裡放到最大的聲音。而今天，對於那些行為叛逆的少年卻有更多的選擇，而且其中一些更具危險性：毒品、暴力、吸菸、犯罪、性病、未成年懷孕、蹺課和自殺等。通常，在少年們度過這段時期之後，他們的身心會受到很大的傷害。

作為家長，你需要識別子女正當的叛逆行為和那些既有害又不正常的叛逆行為。例如：搞惡作劇是孩子們在叛逆時期的一種正常表現。亂糟糟的屋子可能會惹人生氣，但卻不會產生什麼惡果。劇烈的體力活動則有利於滿足青少年對危險的追求所產生的刺激。在這段時期裡可以讓他們參與登山、溯溪、長途自行車賽和其他團隊或個人的體育活動。

當你在試圖去幫助你的孩子度過這段時期時，你應該記住你的目的是培養他們到 17 歲以後能夠理解該如何對待自己的憤怒。除非他們能夠學到其他更成熟、更能讓人接受的方式來取代那種叛逆行為，否則他們就無法度過這段時期。

正因為有許多人未能順利度過這段時期，所以有叛逆行為的成年人也屢見不鮮，可以看到許多人不懂得如何控制憤怒，更不幸的是許多家長錯誤的認為所有的憤怒都是不對的，並促使他們的子女遠離憤怒，這種方法是錯誤的，這不但不會培養孩子以正確的方式來對待憤怒，而且會促使他們不斷地用錯誤的方式來處理憤怒，一直到成年以後也是如此。就像他們

的家長以前做的那樣。叛逆行為是大學生無法適應社會的根源；它也是孩子們在步入職場後與他們的上級產生矛盾的一個重要原因；更是造成婚姻問題的罪魁禍首。我們常在生活中遇到許多困難，而叛逆行為正是隱藏在這些困難背後的原因之一。所以我們做家長的必須培養孩子以適當的方式來處理憤怒，我們不能只要求他們完全遠離憤怒。要及早教孩子們學會如何對待憤怒。

很明顯，你不能等到孩子們長大以後才教他們該怎樣對待憤怒。你應該盡可能早地去教育他們，儘管你無法在他們六、七歲時就期待他們能夠很成熟的去對待憤怒。

怎樣處理憤怒是教育孩子過程中最困難的一部分，因為孩子們表達憤怒的方式是很有限的，他們只能透過言語或行為來表達。這兩種方式對家長來說都是難以應付的。而憤怒是不能被壓抑住的，它必須透過某方式發洩出來，這對於家長們來說是難以理解的，結果造成許多家長都以錯誤的方式來回應子女們的憤怒。

如果能夠仔細考慮一下的話，那麼你就會承認讓孩子們用語言表達憤怒比用行為要好得多。當你的孩子用言語來宣洩他的憤怒時，你可以告訴他該怎樣以一種成熟的方式來表達憤怒。無論如何，也要避免他產生叛逆行為。

等孩子到了六、七歲時，你的主要任務就是防止叛逆行為在他身上扎根。其中第一步，也是最重要的一點是以無限的愛來充實他的情感。造成憤怒和叛逆行為的原因就是缺乏愛的關懷。經常對你的子女說些愛的話語就會防止他們產生這種行為。當你的孩子感受到你那深深的愛時，就不會有壓力來表露他們的不愉快，並會以正當的行動來問：「你們愛我嗎？」相反，那些感受不到愛的孩子則被迫透過不良行為來問這句話。當然對

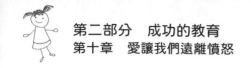
愛的渴望並不是造成叛逆行為和憤怒的唯一原因，但卻是最重要的一個原因。

下一步是要明白孩子對家長的憤怒並無防衛能力。當你把憤怒盡情地宣洩到孩子身上時，他們的心裡也會產生巨大的憤怒，但卻不敢表露出來。如果你經常這麼做，那麼這種被壓抑的情感就很可能會以叛逆行為的方式發洩出來。你也許不會喜歡靜靜地聽他們述說憤怒，但這要比讓憤怒在行動上更可取。

要知道當孩子們在用言語來表達憤怒時，大多數家長會對此大為惱火，他們會說：「你怎麼敢這樣和我講話！我不想再聽到你說這種話，明白了嗎？」於是他們就只有兩種選擇了，要麼聽父母的話要麼反抗。

● 如何幫助孩子跨越憤怒之梯

孩子生氣時的表現是大同小異的，他們對自己的脾氣失去控制，也無法像平常一樣地正常思考。「但是，幫助孩子平靜的方法則要因人而異。」明尼蘇達大學的雪麗‧蓋勒說道，「對一些孩子來說，咬咬大拇指，撫摸一陣毛毯，或者坐在媽媽的膝上聽一個故事就能平靜下來，而另一些則可能需要尖叫一陣，如果尖叫能夠阻止他們把東西砸壞，尖叫也行，因為最終的目的是教會孩子學會鎮靜下來的辦法。」

但是，即使你以為你找到了孩子平靜下來的有效方法，這個方法在下個星期還是可能失效，當孩子在超級市場突然大發脾氣的時候，你還是可能感到手足無措，因此，我們在這裡就一些有經驗的母親與兒童教育專家來談談她們的祕訣。

★ **抱緊孩子**：許多家長都知道把孩子包在襁褓裡能使大哭的嬰兒平靜下來。「這個原則也適用於大一些的孩子」，已有兩個孩子的克莉斯汀‧班內特說道，「比如，當孩子摔了一跤，擦破了皮的時候，她的安全感被粉碎了，因此她可能大哭大叫，你可以把她抱起來，輕輕地搖她直到她的肩膀放鬆下來，這樣，她的安全感會慢慢回來。」

★ **讓他用小拳頭發洩**：如果孩子發怒要砸東西，給他一個枕頭讓他打個夠，幼稚園教師琳‧菲力浦建議：「或者給他一個塑膠錘子，讓他砸到他會用語言表達他的憤怒為止。」

★ **家長保持平靜**：「當孩子發脾氣的時候，最要緊的是家長不能發脾氣。」辛格門博士說，「培麗亞是我們七歲的女兒，她常常會情感用事，有時我實在受不了了，我就告訴她我需要離開房間靜一會，我發現她已經到了能夠寬慰自己的年齡，所以我告訴她感到悲傷或憤怒是正常的，然後我讓她的憤怒自己慢慢地消失。」

小孩子常常需要向家長「借貸」平靜的心態，孩子要平靜下來之前必需把家長的平靜內化，如果家長自己行為失控，孩子就不可能做到這一點。

★ **傾聽孩子訴說**：即使是一個小孩也應該有傾訴她感情的權利。「我們三歲的女兒麥迪生，每次聽到她十五歲的姐姐要她離開她的房間時，都很生氣。」南卡羅來納州的海蒂‧斯坦波爾‧皮雅說，麥迪生會大聲地叫道：「她叫我滾出去！」然後就大哭起來。我會認真地聽她傾訴，因為她的感情的確受到了傷害。等她說完了，我就讓她幫我準備晚餐或者做一些大女孩在家做的事，這樣她就感到她受到了特別的對待。

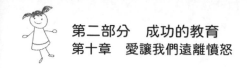
★ **使用紡織品與玩具**：紡織品對有些孩子有特別的寬慰作用，特別是那些性格喜歡抱毯子或抱小貓小狗的孩子，試試看對孩子說：「你可以和這隻毛茸茸的熊坐在一起，它會使你好受一些。」你可能會發現柔軟的物品與撫摸它的感覺使孩子漸漸靜了下來。

★ **逗孩子發笑**：「如果孩子著急的在地上跳腳，我們也跳腳。」班內特說，「有時，孩子發怒發到了歇斯底里的地步，我就參加她與她一起大哭。我會說，『哭的好聽些，再大聲一些，我聽不見。』用不了多久，我們兩個就在一起大笑了。」但是，雖然幽默有時能拆除憤怒的雷聲，你還是需要小心從事。在紐約工作的心理治療專家大衛・舒馬克勒說：「在有些情況下事情會弄的更糟，孩子可能會感到你在取笑他，不把他當一回事，如果你發現這種跡象，趕緊改變策略，或者抱抱他，或者同情地聽他傾訴。」

★ **轉移注意力**：學步的幼童很想探索許多區域，如果被阻止的話很容易發怒，因此，不要火上澆油告訴他不能爬上餐桌，相反，轉移他的視線，給他一些新的探索的東西，可能的話，走到門外去。「每次我把我 19 個月大的克莉斯蒂娜帶到後園她都很高興，她聽著園中的鳥叫聲就會完全忘記幾分鐘前使她大發脾氣的事了。」喬治亞州的克恩格女士說。

★ **深吸一口氣**：告訴孩子深深吸口氣可能使孩子更為憤怒，但是如果你蹲下身，看著他的眼睛，然後自己做幾次深呼吸，他很可能會不自覺地模仿你的呼吸方式，不久，他就會冷靜下來告訴你發生了什麼事，而不是哭哭啼啼地鬧個不停了。

● 憤怒的階梯

當孩子發脾氣躺在地上大哭大鬧時，許多家長多是用哄帶騙，有的百般遷就，有的暴怒之下打一頓了事。孩子發脾氣的原因很多，隨著他們的成長，因素也越來越複雜。家長要了解這些原因，冷靜分析，正確處理。

小喬治一向很固執，對自己認定的事情絕不回頭。稍不如意，他就發脾氣，找理由哭鬧，媽媽對此十分頭痛，總是提防著他的壞脾氣爆發。

媽媽常常對朋友說：「我的小喬治一般都很乖，就是脾氣一上來的時候，怎麼說怎麼勸都不行，真是軟硬不吃。」一位朋友說：「他總是有原因的吧？不會無緣無故就哭鬧。」

媽媽留心觀察，發現小喬治總是在大人不耐心或有惱怒表情後開始「發怒」，而且糾纏不清。媽媽不禁有些醒悟，也許小喬治看到大人生氣會想到他們不再愛他，所以有危機感，他或許是因恐慌而暴怒。

有一次小喬治又鬧起來，這次媽媽沒有訓斥或表現出厭煩，而是和顏悅色地擁抱小喬治：「媽媽知道你心裡難過，能不能告訴媽媽為什麼難過呢？」小喬治吞吞吐吐地說：「我看妳剛才生氣，以為妳不喜歡我了。」

「傻孩子，媽媽怎麼會不喜歡你，剛才媽媽情緒不好，所以對你態度也就不好了。可是媽媽是喜歡你的，你要相信媽媽。」這樣以後每當小喬治想要發怒時，媽媽總是向小喬治聲明她喜愛小喬治。這的確使小喬治平靜了許多，他不再沒完沒了地「找麻煩」了。

撫育孩子是一件極有風險的事情，因為父母一不當心，就會損害孩子的情感，並給他的個性帶來終身「殘疾」，這比任何投資上的損失要慘重得多。細心觀察孩子，理解他們，允許他們自由地表現，在理解的基礎上進行引導。只有如此，才能保證他們心理健康地成長。

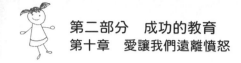

　　父母經常會為孩子的怒氣和惡意所驚訝，簡直不知道該如何反應，父母必須記住，如果我們像孩子一樣不去控制，事情會變得更糟。

　　孩子們的憤怒以及發脾氣，在通常情況下，一般有兩方面的原因：一種原因是 3-6 歲的兒童已經有了一定的社會意識，有了「獨立」的願望。要自己做一些事情，萌生了自我意識，對於大人的包辦代替和一味的擺布開始感到反感，他要「反抗」大人的操縱，試著自己去獨立地解決一些事情。但由於能力有限，社會知識經驗不足，解決問題的方法不對頭，常常容易弄巧成拙，當他的願望無法實現時，他就會著急，發脾氣。

　　另一種原因是大人強迫他去做某件事情，他不願接受，但大人堅持要他照辦，於是就用發脾氣來發洩內心的不滿。當然也有另外一種情況，有的父母過於嬌慣孩子，只要孩子一發脾氣，便會滿足孩子的任何願望，天長日久，孩子揣摩透了大人的心理，便會透過發脾氣來要脅大人，以滿足自己的要求。

　　要幫助孩子克服愛發脾氣的毛病，最好的辦法是防患於未然，減少或者避免造成孩子發脾氣的機會。如對於由第一種原因造成的，家長應大膽放手，讓孩子獨立做一些力所能及的事情或解決一些問題。當孩子遇到困難時，可適當地給予一些指導。對於由第二種原因引起的，家長就要注意不強迫孩子去做他不願意做的事，可以曉之以理，動之以情，吸引他心甘情願地去做。對於孩子提出的不合理要求，要向他說明，為什麼不能滿足他的原因，或者是用別的事情轉移孩子的注意力，使他暫時忘掉自己的要求。

　　在孩子發脾氣的時候，大人還可以採用冷處理的方法，對孩子不予理睬，待他的情緒慢慢穩定下來以後，再和他談一談他這樣做有什麼不對。家長要有原則性，不能因為孩子發脾氣就放棄自己的正確想法，對孩子又

哄又抱，順著孩子的意志來做，這樣只會助長他任性的壞毛病。家長堅持原則，時間長了，孩子就會懂得，父母堅持的事情不會因為自己而改變，發脾氣是徒勞的。

在孩子發脾氣的時候，父母也可以採用轉移注意力的方法吸引孩子將注意力轉向別的內容，待情緒穩定後再加以教育。值得注意的是，孩子發脾氣時，父母切忌因此而大發脾氣，使孩子更加急躁，這樣不僅矛盾得不到解決，而且孩子受到不良影響，脾氣越發越大。家長應耐住性子，循序漸進，慢慢幫助孩子改掉發脾氣的壞習慣。

● 允許孩子說出自己的憤怒

家長們也許難以用這種方式來處理孩子們的憤怒，允許他們說出憤怒，這似乎是對錯誤的縱容。但事實上卻並非如此。要知道處於任何年齡層的孩子都會很自然的以不成熟的方式來表達憤怒。你不能只是透過對他們生氣和強迫他們不許發洩怒氣來訓練他們以所謂「成熟」的方式表達憤怒。如果你那樣做，那麼他們的憤怒就會被過分壓抑，其結果是促使他們產生叛逆行為。

如果你希望你的子女能夠成熟一些，那麼就允許他們說出憤怒，儘管這也許會惹得你不高興。允許他們這樣做的同時，你可以帶領他們向上攀登憤怒之梯。記住，發洩憤怒的途徑只有兩條，不是語言就是行動。如果你不允許他們走語言這條路，那麼他們只好選擇以叛逆行為來表達憤怒了。

當孩子們怒氣衝衝的對你講話時，那並不意味著他們不尊重你。判斷子女是否尊敬家長，這要問家長自己，「在大多數時間裡，孩子對待我威信的態度是什麼？」多數孩子在90%以上的時間裡都是尊敬父母的。如果

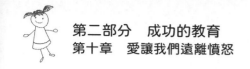
你的孩子也是這樣的話，那麼現在他對你憤怒的講話是因為他處在一種特殊情況下。這也正是你所希望發生的。因為一旦你的孩子把憤怒的情感發洩出來，那麼你就會處於一個很適當的位置來教育他們。

這不是不公平嗎？你也許會對此產生疑問，期望我感謝女兒用言語來表達憤怒，這我能做到嗎？我們承認這很難做到。但是如果你能這麼做，你就會迫使自己變得更成熟，並且你會把你的家庭和你自己從未來將要遇到的急躁生活中拯救出來。

孩子們在大多數時間裡都用言語來表達憤怒，甚至當他們並不是被一些特殊的事情弄得心煩意亂時也是這樣。你可能會對此產生疑惑，但這卻是事實。一些孩子利用自己的憤怒來威脅家長，這確實令人難以接受，引起憤怒和激勵言辭的動機是去傷害別人的慾望。這種慾望是不正確的，就像對待其他錯誤行為一樣，必須對之進行糾正。在對此糾正的過程中，家長要按照基本的教育準則去做。

● 友善與堅定並存

這似乎令人有些迷惑。但是讓你的子女們在他們因為某些問題煩心時對你訴說憤怒，則為你提供了一個認識、了解他們的良好機會。正如我們討論的那樣，在孩子們對你用言語表達憤怒時你一定要控制得住自己。當然，如果你的子女對你發出他（她）的憤怒而沒有合理的原因或只是想透過憤怒來威脅你，那麼這是無法被接受的，而且這種行為必須被改正過來，就像糾正其他錯誤一樣。然而，就算是面對這種無法接受的行為，你也該用一種適當的方法去引導他（她），而不能對他（她）大發雷霆，要總是保持友善與堅定。

　　首先，我要關注一下一個經常有爭議的問題，即「嚴格」與有歧義的「縱容」。如果你認為「縱容」是指寬容但合理而有效地管教孩子的手段，我會完全贊同這種方法，並毫無疑義地使用這個詞。但是，當今的大多數人給這個詞語賦予了貶義，用它來形容一味順從、使得孩子讓父母費心費力並使孩子被寵壞的養育方式。因此，我用「寬容」來代替這個詞。

　　一些贊同嚴格的父母認為，他們的方法是培養出品行良好孩子的保證，而寬容只會培養出缺乏管教、言行粗魯的子女。這兩種信條都是錯誤的 —— 最多也只有部分正確。起決定作用的是這些養育方法背後的精神或無意識的動機。

　　大多數父母的養育方法取決於他們自己的父母對待他們的方法。例如，如果他們從小被教育在任何情況下都要對人誠實、服從，或在任何時候都要說實話（就像我接受的這種教育一樣，但我現在不再對此深信不疑了），那麼他們也會向自己的孩子強調同樣的價值觀 —— 除非這些父母已經推翻了自己所接受的某些教育。

　　當父母為了異乎尋常的高標準 —— 比如在禮貌、守時、個人儀表、助人為樂、房間整潔等方面 —— 而對孩子嚴格，但基本採取愛和友善的態度時（很多父母的確如此），就會使他們的孩子在長大後對自己的孩子也採用相似的高標準和嚴格風格，而不一定會在任何重要方面都使孩子的精神受到壓抑。也就是說，在嚴格環境中長大的孩子，不會像有些人試圖使你相信的那樣，一定會成為一個精神緊張或充滿敵意的人。我認識很多在嚴格但慈愛的環境中長大的人，他們都成了令人愉快的朋友和富有創造力的工作者。

　　另一方面，有些被認為嚴格的父母其實是專橫 —— 他們即使在孩子行為良好的時候也有內在的指揮慾和控制慾。這些孩子很容易成為順服的

人，至少直到他們自己成為父母以後還是如此。還有一些嚴厲、不友善的
父母，他們總是對孩子缺乏尊重，對他們大喊大叫或打孩子，這些孩子要
麼會成為畏縮的人，要麼會成為（如果他勇於反抗）令人反感的人。

　　很多專制而嚴厲的父母認為，恐懼是使孩子養成良好行為的主要決定
因素。他們完全忘記了愛的力量，忘記了孩子希望模仿父母、取得成就、
取悅他人、擔負責任和長大成人的動力。在我看來，在促使孩子或成年人
做出良好表現方面，這些因素的作用要比恐懼強大得多。大部分依賴恐懼
來對待孩子的父母在自己的童年時代也受到了同樣的對待，他們父母的態
度使其堅信，人類包括他們自己在內都是靠不住的，自覺自願地產生良好
的意圖並做出正確的事情是不可能的。

　　我們應該不斷地指出，嚴格並非一種獨立的養育態度或方法，它源
自於各種不同的動機和感覺。正是這些動機和感覺 —— 而不是嚴格本
身 —— 決定了孩子是成為一個富有責任感的人還是一個違法者；是充滿
愛心還是充滿敵意；是具有合作精神還是很難相處。

　　同樣，寬容的方法 —— 比如父母不在乎孩子的餐桌禮儀欠佳、打斷
別人談話、房間裡亂糟糟的、不洗手以及各種禮貌方面的問題，只要孩子
不是故意做出不友善的行為 —— 可能很有效，也可能會效果很差，這要
取決於這種方法背後的指導精神。我在工作和生活中認識幾百個孩子，他
們在成長過程中從未受過懲罰和威脅，也很少受到責罵甚至很少看到父母
嚴厲的表情。很明顯，他們的父母非常尊重他們，對他們說話也很禮貌。
當然，這些父母必須給孩子大量的指導，就像所有盡責的父母一樣。但
是，儘管沒有受到過嚴格的對待，這些孩子仍然都成了人們所說的「好孩
子」。他們一般都樂於與父母和老師合作，履行自己的責任，在學校裡表
現良好，有知心朋友，為人和善，不喜歡抱怨和嘮叨。他們長大後都成了

好公民和表現出色的工作者。

那麼，我們是否可以說寬容是更好的教育方法呢？不能，因為如果那些過於優柔寡斷、過於內疚、對孩子過於順從的父母使用寬容的方法，這種方法就會偏離正確的方向。或許是因為他們總是很順從，或許是害怕自己不對孩子讓步就會減少孩子對他們的愛，或許是對過去幾代人在童年時遭到的虐待感到難過，或許是他們不希望自己的孩子像自己小時候憎恨父母那樣憎恨他們。不論原因何在，這些父母都不要求孩子的尊敬，他們允許孩子不合作、不替別人著想、提出過分要求或粗魯無禮。在一些極端的例子中，這樣的孩子在受挫時甚至會對父母喊「我恨你！」或「你很討厭！」而不會受到父母的任何責備，好像父母覺得自己應當受到如此對待。

曾經有一個流傳了將近一個世紀的有害的心理學理論，其大意是：孩子的不良行為完全是父母的過錯造成的。這個理論並不正確，或者只有一部分正確。它使富有責任心的父母受到的打擊尤為沉重。這個理論忽視了一個事實，即行為的根源是極其複雜的，而且大多數父母都盡了自己最大的努力。

我想起一個母親曾愧疚地告訴我，她那正處於青春期兒子的令人討厭、冒犯別人的行為，證明一定是她未能滿足他的基本需求。我心中暗想，他的基本需求之一就是擁有一個要求得到孩子尊重的母親。這些家庭陷入了一個惡性循環：父母把孩子的不良行為完全歸咎於他們自己，因此變得更加內疚、更加順從；而父母對孩子的隱忍也使孩子在潛意識中感到內疚，因為任何孩子都或多或少地知道不應這樣對待父母。於是，他們就本能地表現得更壞，彷彿在說：「我要在你面前做得多壞，你才會給我應有的控制？」

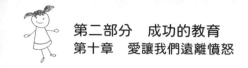
　　一個父親可能會對他的兩個孩子管理得當，而只對第三個孩子順從。這可能是由於潛意識中的某些因素使然。第三個孩子也許使父親想起自己曾經憎恨的一個兄弟，並因此感到內疚。

　　因此，我再次得出結論：寬容與嚴格並不是一個非常重要的問題，重要的是其背後的指導精神。慈愛和尊重孩子的父母採用嚴格的教育方法就會取得良好的效果，並且不會使孩子感到壓抑。專橫或不友善的父母如果採用嚴格的方法，孩子就會要麼順服，要麼富於攻擊性，或者在孩童時代順服，而成年後變得富於攻擊性。那些對孩子抱有歉意並順從孩子的父母如果採用寬容的方法，就會培養出粗魯無禮、讓父母費心費力的孩子。

　　但是，具有自尊的父母若採用寬容的方法，就會擁有一個理想的家庭。他們親切、民主的態度會激發孩子的愛，使孩子為得到成人般的對待而感到自豪，並且渴望取悅父母。而且，如果一個在這種教育中成長的孩子有一天早晨心情不好，並突然表現出一些無禮或不合作的行為，他的父母也只需要立刻堅定但和藹地說：「我不喜歡你這樣和我說話，我需要你的幫助。」如果父母和孩子習慣了激烈的相互斥責，這種溫和的責備一開始不會奏效；但是，如果相互尊重是家裡的主要氛圍，這種方法就會有效。

● 巧妙地抓住教育的時機

　　記住，當你的孩子在正常的情況下，偶爾帶給你憤怒的時候，他也給了自己一個鍛鍊的機會。因此，不要等到你和你的孩子都能平靜下來時才開始對他進行教育。要想和他重新建立起良好感情，不要等得太久。否則，你將失去對他們已經建立起來的影響。只要事情在你們之間一穩定下來，你就該與孩子一起坐下來，共同完成三件事，這其中每件事都會幫助你的子女以一種積極的方式來對待憤怒。

★ **讓他知道你不會懲罰他**：如果你的孩子對你的威信特別敏感，那麼他就會對自己的錯誤行為有罪惡感，除非你能讓他知道你不會懲罰他，否則他不會再對你表達他的憤怒。如果他不再對你表露這種情感，你就無法再幫助他攀登憤怒之梯。教育的一個目的就是讓他知道你能像其他人那樣接受他，並且總是想了解他的情感世界，無論是快樂、悲傷還是憤怒。

★ **對他正確的行為給予表揚**：你可以對他說：「你讓我知道你在生氣，這很好。你沒有把憤怒發洩在你弟弟或小狗身上，沒有扔東西，沒有敲打牆壁，你只是告訴我你在生氣，這非常好。」在任何時候，當一個孩子告訴你他的憤怒時，他雖做了某事，同時也避免了某些錯事的發生。

★ **幫助你的子女解除憤怒之情**：這麼做的目的是使你的子女對憤怒有積極的反應。這其中對他們提出要求比直接禁止他們做什麼要好得多。「不許你再叫我那個名字！」可以換成「從現在起，你不要再叫我那個名字，好嗎？」當然這並不代表以後他不會這麼叫。但可以確定的是當他長大一些後他不會再這麼做。儘管那可能是明天、幾個星期或幾個月後的事情。

這種鍛鍊是一個既漫長又艱辛的過程。但是當你做了許多次之後，你的孩子在沒有你的提醒之下也會做得很出色。這種鍛鍊再加上你在對待憤怒上為他樹立的良好榜樣會幫助他不斷的進行自我訓練。

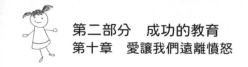
● 愛與憤怒

在幫助你的孩子怎樣對待憤怒的過程中最關鍵的因素就是你對他們那無私的愛。當他們透過這種方式感受到愛的時候；當他們知道你是真正愛他們的時候，他們會對你的幫助更加敏感。而且，你也能夠實現你的目標。等他們到 17 歲時，這會使他們在情感上更加成熟了。

我們對愛的闡釋就是注意另一個人的興趣，尋找並滿足他在各方面的需求。依據這個定義，我們能夠看到現實中許多精彩的詞句和行為都因缺乏愛而顯得無比蒼白。我們不能在愛一個孩子的同時又很冷酷的對待她（他），例如當我們經常在粗魯的對待孩子時依然堅持說我們是愛他的。這種堅持使得「愛」這個詞變得毫無意義。而且，被這樣對待的孩子是無法感受到愛的。我們都知道青年人會生氣、憤怒是因為他們無法從父母那感受到愛。他們也許會對其憤怒給出合理的解釋，但是這些解釋的實質卻是對愛的缺乏。他們的結論是 ——「如果他們（家長們）真的愛我，就不會這樣對待我。」

我們從不認為那些被愛所包圍的孩子就永遠不會生氣、憤怒。他們也會，只因我們都生活在一個不完美的世界裡。我們不想說為了平息孩子的憤怒你就必須同意他們的看法。但是，你必須要了解他們的觀點並去理解他們心中的憂慮。這樣，你就能夠判斷出他們是做錯了還是對世界有什麼誤解。有時你要向孩子們道歉。其他時候，你要對你做出的決定進行解釋，告訴他們這都是為了他們著想。甚至在他們不喜歡你的決定時，如果你能花時間傾聽並理解他們的抱怨，那麼他們也會尊重你的決定。

檢查憤怒並鍛鍊你的子女能夠以一種成熟的方式來處理憤怒是在教育孩子過程中最艱難的部分之一。但這也能給你以巨大的回報。對你的孩子

說愛他，滿足他對愛的需求，你會看到他將成長為一個既有愛心又有責任感的人，他在明白該怎樣對待憤怒的同時也會幫助別人去這樣做。

本章課外作業問答題

1. 想想令你發怒和促使你採取行動的正當原因，你的憤怒是怎樣積極的結果？這種憤怒與那些有破壞性的或「自私的」憤怒有什麼不同？

2. 你覺得自己是怎樣控制憤怒的？這又是怎樣影響你孩子的憤怒的？你是怎樣在控制憤怒和培養孩子正確對待憤怒這兩方面上做到改善的呢？你是否覺得在教導孩子怎樣對待憤怒上遇到了巨大的挫折呢？為什麼是，又為什麼不是？

3. 在下列幾項上從一到十為你孩子的正直程度打分數：誠實、信守諾言和負責任。現在看看你孩子對憤怒的表達或缺少對憤怒的表達是怎樣與這幾方面連繫在一起的。找出分數最低的一項，然後和你的配偶討論怎樣幫助你的孩子去控制憤怒，這也許會改善他的行為。

4. 在為他做了一件令人愉快的事或你們一起開個玩笑之後、把她叫到一邊無私奉獻之後、在克服諸多困難之後，所取得的成績，如何能更好地為自己充電，下定決心，至少彌補你的一個薄弱環節。

5. 你的孩子需要榜樣和能夠代替父母的人，什麼樣的親屬及朋友能夠幫助你來彌補孩子生活中的空白？本章中何種建議能使你確定孩子們在成年之後能夠帶著積極的態度去面對他們的生活。

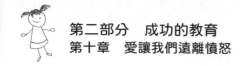

小組討論

　　討論一下，作為家庭中一員的你，如何使你對愛能夠接納，並就此取得一些成績，來使得這些情感的需求得到滿足。當被你的雇主、親人、朋友甚至你的孩子激怒時，你是如何處理的呢？

第十一章
對單親家庭中的孩子說「愛你」

苟不教，性乃遷；教之道，貴以專。

—— 《三字經》

滿足孩子對愛的需求有時似乎是很困難的：「在你感到很累的時候，你的孩子又令你很費神，而且你覺得自己也需要愛，可至少你有自己的另一半來幫助你，是不是呢？

在許多單親家庭中，答案卻是否定的。一個人代替兩個人來滿足孩子在情感上的需求。本應從父母雙親那裡感受到的愛，現在只能來自一個孤獨的、被傷害的和充滿壓力的單身父親或母親那裡。

然而，你卻能夠不斷的對你的子女說愛他，使他生活在愛中。我們對孩子們所說的關於愛的一切都是真實的。無論他們是與一個或兩個家長同住，在單親家庭中有許多額外的負擔。但這五種愛的語言有無窮的力量。我們強調這一點，是因為某次調查的數字顯示，大約每 10 個孩子中就有一個孩子（10%）生活在單親家庭中。也正是由於有這麼多這樣的孩子，所以我們不得不指出這些家庭的一些特殊需求，包括怎樣對他們的孩子說「愛你」。

我們知道造成單親家庭的原因並不是唯一的，有一些是因為夫妻離婚，有一些是因為配偶早亡，還有一些則是因為從未結過婚，在那些離婚的單親家庭中，一些孩子和無監護權的家長始終保持著積極的連繫。而其他孩子卻在經受著與這些家長缺少連繫的痛苦。一些單親家庭與親屬就近

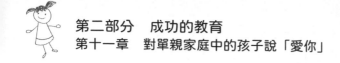
而居，並享受著與祖父母、叔嬸、堂兄妹等親人在一起的歡樂。而許多單親家庭卻遠離親人，不得不獨自生活。

無論你處在哪種境地，就算你獨自撫養著孩子，我們也知道你會對孩子說那些愛的話語，流露出你對他們的真愛。

● 單親家庭中的緊張與紊亂

那些在維持生活和忙於工作的同時，又試圖去滿足孩子各種需求的單身父親或母親，都知道家裡到處充斥著緊張的氣氛。如果你也是這樣一個父親或母親，你就會了解這一切，時間的壓力、經濟上的制約，以及你和你的子女都必須經歷在社交和個人上的轉變，你會對自己能否勝任教育子女的工作而感到疑惑。你一定已經聽過那些所謂的專家關於對單親家庭中孩子身心的潛在危險所發表的議論。有時你會覺得孤獨和對每件事都要自己去做而感到疲憊。

我們也都了解那些在單親家庭中長大的孩子，他們常由於父親與母親的早逝而失去另一位至親的人。另外造成家庭裡發生這種戲劇性變化的是在這十幾年裡居高不下的離婚率。我們必須承認那些經歷了父母離婚的孩子在心理上遭受了巨大的創傷，他們的創傷要遠遠大於那些已經離異的父母。

單親家庭的孩子心理問題多。

單親家庭的孩子往往因缺少父愛或母愛而易導致心理失衡，其心理問題尤其值得人們關注。

有調查表明，單親家庭孩子與正常家庭孩子相比，覺得自己很不幸者比後者高 9.8％；單親家庭孩子 44.8％的有過離家出走的念頭，比正常家

庭孩子高出 10.8%。這些資料反映出單親家庭孩子存在不良情緒的問題非常突出。

毋庸置疑，父母離婚對孩子心靈造成極大的創傷，單親家庭的孩子常常孤僻、憂慮、失望、煩躁、冷漠、自卑。有的則暴躁易怒，遇事易衝動，攻擊性比較強，不思學習、任意蹺課、欺小凌弱，這些心態如不及時矯正，久而久之，就會使孩子性格扭曲、心理變態，嚴重影響其情感、意志和品德的發展。

父母的認知偏差是孩子心理問題的根源。

單親家庭的家長，既要當媽媽，又要當爸爸，他們承受的壓力要比雙親家庭的家長大得多。他們因為各種原因在對待孩子的態度上存在偏差，是導致孩子心理問題的根源。

有的父母雙方相互推卸，結果誰也不管子女；有的家長對孩子漠不關心，放任自流；有的家長管教不得法，教育方法簡單、粗暴，動不動就又打又罵，使孩子整日生活在驚恐不安之中，個性發展受到嚴重的壓抑，形成膽小、孤僻、倔強、缺乏自信心等不良性格；有的家長為了彌補孩子失去的父愛或母愛，無原則地遷就、溺愛孩子，什麼事都依著孩子，一切任由孩子擺布，寧願自己受苦受累，也不讓孩子受一點委屈，其結果常常導致孩子處處以我為中心，變成自私、專橫和任性的「小霸王」；有的家長在經濟上對小孩百依百順，有求必應，結果造成孩子養成好逸惡勞、揮金如土的習氣；有的家長在失去配偶之後，便把孩子作為自己唯一的精神支柱，往往把自己全部的希望、夢想都寄託在孩子身上，要求孩子處處出人頭地，導致孩子的心理負擔過重，等等。

為單親孩子心理健康創造良好環境。

在單親家庭中，也有特別關心子女健康成長的家長，他們對子女愛而

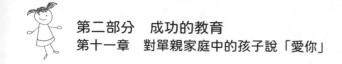
不溺，嚴而有度，教育有方，培養出許多優秀、健康的孩子。可見家長的教育方式和方法對孩子的健康成長起著至關重要的作用。

　　作為單親家庭的家長，首先要特別注意為孩子創造一種愉快的家庭氛圍。這就要求單親家庭的家長要學會克制自己的不良情緒，使孩子在急風暴雨中也能健康成長。

　　第二，為孩子營造良好的文化氛圍。作為單親家庭的父親或者母親，要十分注意自己的言行舉止，不要在孩子面前表現出不良的習性，如說謊、失信及不負責任等。要根據孩子的興趣愛好，經常帶孩子去聽聽音樂會、看看書畫展，和孩子一起做做有趣的遊戲等，為孩子營造一個良好的文化氛圍，使孩子儘快地從失去父愛或母愛的痛苦中走出來，逐漸養成開朗、自信的性格。

　　第三，多為孩子創設人際交往的環境。家長應鼓勵孩子積極參加集體活動，盡可能地參與社會活動，主動與人交往，培養孩子開朗、樂觀的性格。

　　第四，注意性別角色教育。在孩子心理成長過程中，性別角色的學習是一個重要的環節。單親家庭的孩子在性別角色的學習中缺乏最直接的模仿榜樣。所以，單親家長應注意調動親戚、朋友中的性別資源，給孩子適宜的影響，讓其性別角色得到充分的表現和發展，培養其健康高尚的人格，以適應社會生活。

● 父母早逝的孩子

　　當孩子的父親與母親逝去的時候，他知道別無選擇，通常這些死亡都是由於疾病引起的，但這也幫助了孩子們去理解死亡。離婚是父母一方或雙方的共同的選擇，甚至這種選擇似乎是 —— 種必須。單獨撫養孩子的

家長不得不去應付孩子的記憶，但卻無法抹去另一個家長在孩子頭腦中的影像。不論這影像是有益的還是有害的。

離婚對現今社會產生了巨大的影響。由離婚而產生的單親家庭的數量正在快速增長，這是一個多層次的社會問題。遠遠超過本書所討論的範圍。我們焦點應集中在現在該怎麼做：我們該怎樣幫助那些在這種情形下既無法選擇也無法改變的孩子？那些單身家長，他們為了使家庭保持完整，為了承擔起養育子女的責任，並為使孩子快樂而辛苦地工作著？

單親家庭的孩子和生長在完整家庭中的孩子有著同樣的需求。這種需求與變化是相一致的。一個家長代替兩個人來關懷孩子。關心孩子的這個人無論是因喪偶、離婚還是未曾結婚而造成單身，通常都是被傷害過的，受傷的家長在試圖去照顧受傷害的孩子，同時也希望能夠使孩子相信生活是可以恢復正常的。現在這些孩子要對抗一系列的擔憂，他們擔心完美的生活不再出現在他們的世界裡。

當心孩子患上了自閉症。

有時，生活中能見到這樣的孩子：和人不親近，對周圍發生的事情不關心；他沉默寡言，或者自言自語說一些別人聽不懂的話；他不懂玩玩具，不遵守遊戲規則，只是以自己獨特的方式玩，卻對一些不是玩具的物品或物體的局部十分迷戀；他特別喜歡做單調、重複的動作，或把東西按同樣的方式擺放，如果阻止他，就表現非常煩躁……這些現象很可能是一種嚴重的兒童發育障礙 —— 兒童自閉症的表現。

兒童自閉症是一種廣泛性發育障礙，發病於嬰幼兒時期，男孩發病率明顯高於女孩，患病的兒童往往會有社交障礙，缺乏與人交往的能力，喜歡用手勢表達自己的願望，也有些患兒雖然會講話，但缺乏主動語言，常常自言自語、鸚鵡學舌。

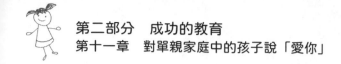

患兒喜歡維持某種一成不變的生活習慣，對外界缺乏感知、理解和探究性並伴有智力低下，但個別孩子對路線、數字、地名、人名、日期等有超常的記憶，有的對聲音、光線、味道、疼痛感覺過敏或感覺遲鈍。

「自閉症發病原因尚不確定，目前沒有治療的特效藥，但透過應用行為分析（ABA）、結構化教學、感覺統合訓練及聽覺統合訓練等方法，早期科學、系統地干預可使兒童的預後有顯著的改變。」專家說，目前提倡的是綜合治療方法，對每一個兒童在干預前均做發育行為相關測評，有選擇性地採用干預措施，制訂針對性、個體化的干預策略的方案，並在實施過程中根據需要隨時調整，以達到最佳治療效果。

● 幫助孩子戰勝悲傷

生活中的很多事情都會使孩子陷入悲傷，如家庭的破裂、身邊親人或喜歡的小寵物的離世，甚至是孩子的願望沒有得到滿足，這都會讓孩子出現悲傷的情緒。

這些情感能夠使孩子們的愛枯竭，當你想去充實他們的情感時，應該意識到愛是他們最渴望的，還有拒絕接受現實、憤怒，接著是努力使雙方復合和更加憤怒 —— 這些都是對悲傷的正常反應，可以在許多有離婚和喪父喪母經歷的孩子身上看到。最後這些孩子終於可以在某種程度上接受失去一個家長的事實。如果在他們悲傷的時候能夠有人打開心扉和他們進行交流，那麼他們會很快度過這段時期，這些孩子需要對人傾訴，對人哭泣，如果他們的家庭成員無法對此給予幫助，那麼一位有同情心的牧師或朋友可以充當這一角色。

讓我們來想一下孩子們這些反應和家長或其他的成年朋友們該如何幫助這些孩子來接受現實，重要的是要對孩子說愛他，這樣才能幫助他們戰

勝悲傷。我們的愛能幫助孩子辨別悲傷情緒，控制低落情緒的蔓延，進而接納和轉化不良情緒，重新振作起來，擁有積極的心態。

★ **多和孩子交談**：父母應多留心孩子的情緒變化，當孩子悶悶不樂時，無論多忙，也要擠出一點時間和孩子交談，鼓勵孩子表達心境。但父母切勿強迫、勉強，而是讓孩子感覺到：自己不高興，父母也很難過。他們願意幫助自己，從而自覺自願地說出緣由。父母應耐心地傾聽孩子講述，然後「對症下藥」。事實上，很多悲傷一經講出，很快也就消失了。

★ **轉移孩子的注意力**：有些孩子很固執，不肯輕易表達或者無法確切地表達自己的心境，這時，父母得想一種方法轉移孩子的注意力。如拿出他平時最喜歡的玩具、圖書，把他的小夥伴請到家中與其一起玩；或帶孩子去動物園、郊外散步。這些新穎、強烈的刺激無疑會分散孩子的注意，使其在獲得新的樂趣的同時自然忘掉過去的不愉快。

★ **允許孩子自由地表現傷悲**：孩子的個性各不相同，因而悲傷時表達情感的方式也不盡相同，父母應該允許孩子自由表現他的傷悲。孩子在哭泣時，父母千萬不能要求孩子憋住，甚至可以不要去勸阻，因為一個人盡情哭過之後，感情可重新恢復平衡。當孩子痛打「娃娃」或砸玩具時，父母的任務不是去指責，而是設法透過言語或行動引起孩子的情感共鳴。孩子得到父母的暗示，自然會停止「暴力」，如果孩子仍不願與父母交談，希望單獨思考，那麼父母也就不要在一旁嘮嘮叨叨。

★ **豐富孩子有關的生活經驗**：孩子悲傷時，父母理應為其提供幫助，但更重要的是，父母要教育孩子正確對待生活中的一些不愉快的事情，並學會調節自己的情感。如父母可短期出遊或在假日把孩子送到其外

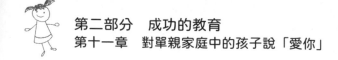

公外婆、爺爺奶奶家小住，孩子一旦有了這種分離的經歷，便能漸漸地把分離看成是一件很平常、很正常的事。孩子在幼年時期適當接受這種良好的訓練，長大之後自然能很快承受與親人長期分離的打擊。

★ **讓孩子嘗嘗傷痛的味道**：對那些生活優越、一切順利的孩子，父母不妨讓他們嘗嘗傷痛的滋味。給孩子講一個悲慘的故事或童話，讓他們感受故事中人物的傷痛。父母也可向孩子講述自身所經歷過的悲哀、不幸、苦惱以及自己是如何面對的。這不僅能激發孩子的同情心，更主要的是，故事中主角及父母對生活的樂觀態度、處理方法，會潛移默化地影響著孩子，以後孩子一旦遇到什麼悲傷的事，才不會感到突然，以至束手無策，難以解脫。

● 拒絕接受現實

拒絕接受現實是典型的反應，沒有孩子願意他們的父母分開或有一方死去。他們寧願相信自己的父母是為了某種原因不得不暫時分開，而逝去的一方只是做一次旅行並且很快會回來。在這段時間裡，孩子們常常感到恐懼並有很深的悲傷和失落感。他們可能總會為了渴望父母復合而哭泣，一旦父母離婚成為事實的話。他們就會有一種被拋棄的感覺。

隨著家庭、社會結構的多元化，家庭可能因為各種因素而造成單親，在現實社會中，單親家庭產生的原因是多樣化的，相對於完整家庭而言，單親家庭的孩子如果教養不當較易出現消極的情緒和不良的情感反應。

過度依賴父母，生活不自理。

個案：文文是一個單親孩子，今年才 5 歲，父母離婚了，跟媽媽住在一起，他看著爸爸離開了，覺得自己也有可能被遺棄，整天都很憂慮，還經常尿床，不想自己換褲子，吃飯的時候也要媽媽餵，做什麼事情都要讓

媽媽幫忙，自己不想動手，媽媽一發火，他就直接說：「我告訴爸爸，你打我！」

學齡前的單親孩子會過度依賴父母，或者還會對父母有過分的要求，行為放縱，男孩可能會變得女孩化和愛欺負人。他會哭鬧著要找已離開的父（母）親，並把他（她）的一切美化起來，還常在假想中與之說話。

態度放任，有攻擊性。

個案：康康生活在一個單親家庭，跟媽媽住，據老師說，在與同學的遊戲過程中，他會蠻橫無理地爭搶玩具。在排隊時將同學推推擠擠，或故意讓別人摔跤。更讓老師和家長頭痛的是孩子有較強的攻擊性行為。有一次，他用小玩具戳進鄰座小女孩的嘴巴裡，使對方的牙齦破損。又有一次，他用一隻手扯住鄰座小女孩的耳朵，另一隻手的手指旋轉著使勁鑽進對方耳洞。

該幼兒生活在單親家庭。母親 26 歲，國中畢業，工人。母親和一個外地男子結婚一年後離異，搬到「新爸爸」的家裡。教育存在放任自流的偏差。這種類型的家長忽略了教導孩子尊重，無法適時提供孩子做人處事的基本道理，使得孩子較缺乏自制力。尤其對學齡前孩子來說，家長無法在言語、行為上有所引導，孩子即使犯錯也不自知。所以，給孩子過度的自由反而阻斷了他學習做人的機會。孩子在與別的同伴交往時，會處處將自己的地位放在最高，好勝鬥強，經常出現攻擊行為。

信心不足、行為退縮。

個案：圓圓自從爸爸因病去世後，跟媽媽相依為命，她感到十分孤獨，做什麼事情都沒有興趣，她說要去跟賣火柴的小女孩玩，相信會成為好朋友，可是在現實中卻沒有很要好的夥伴，更不敢在陌生人面前說話……

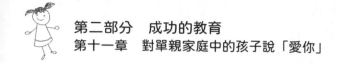

有研究資料顯示：離異家庭中 2 歲至 3 歲兒童表現出倒退行為，如已會自己穿衣服的孩子變得像小時那樣又要等大人幫忙。3 歲 8 個月至 4 歲 8 個月的兒童出現容易發怒、打人、無故責備自己的情形，每天不知道該做些什麼。5 歲至 6 歲的兒童增加攻擊性。

單親寶寶易成才。

婚姻家庭研究專家認為，只要教育得當，單親對孩子造成的負面影響也可以縮減到最小程度，甚至可以在自己的行業做出一定成績，單親寶寶成才的奧妙在於：

★ 情感細膩、閱歷豐富。由於單親家庭的孩子相對比較敏感，有些較早經歷人世艱辛，情感豐富，在從事類似於像演員這種需要儘快調動情緒、投入角色的工作時會更容易介入，也更容易發生共鳴。

★ 性格堅韌、勇於分擔。單親家庭的成員需要建立堅韌的個性特質，才有辦法面對和解決家庭生活中所遇到的各種困境。單親家庭的孩子很可能在與單親父母的互動過程中，較易體會父或母的困難，願意配合分擔家庭的壓力和困擾。

★ 心理承受能力強。比正常家庭的小孩更敏感、更叛逆，也更堅強、更努力，具有較高承受力，較早熟。

關愛單親孩子從細節開始。單親家庭作為家庭形式的一種，並不會對寶寶造成災難性的傷害，如果父母雙方能夠把關係處理好，繼續給予他關愛，他一定會和其他寶寶一樣健康成長！

　　——爸爸搬走後⋯⋯

案例 1. 自從爸爸搬走之後，唐唐總是黏著媽媽，還變得特別愛哭鬧，愛打人。

如何對待寶寶：

告訴寶寶未來的變化。寶寶對結婚完全沒有概念，因此，很難跟他解釋什麼是離婚，用「爸爸媽媽分開了」、「爸爸媽媽不住在一起了」他更容易理解。並向寶寶保證：爸爸媽媽非常愛他，媽媽不會離開他，爸爸只是不跟他住在一起，但是一定會常常回來看望他。如果是 3 歲以上的寶寶，爸爸媽媽還要告訴他，今後他的生活將會發生什麼變化，如：媽媽照顧你，負責接送你上幼稚園，爸爸每週六日來接你出去玩等等。

保持父母良好的形象。告訴寶寶，這是爸爸媽媽對自己生活的選擇：「爸爸媽媽都很好，但我們在一起無法把事情做好，所以我們決定分開。」因為 6 歲前的寶寶認知能力不成熟，還無法理解父母離婚的原因。他認為是自己不好導致父母離婚，就會產生罪責感和憂鬱。這樣的說法，保持了父母在寶寶心中的良好形象，寶寶就不會感到恐懼。

—— 爸爸來探望……

案例 2. 爸爸帶著很多玩具、零食來探望小寶，小寶卻躲到媽媽懷裡不肯讓爸爸抱。

如何對待寶寶：

維持親情。離婚的父母應當彼此寬容、認同，沒有相互的怨恨與冷漠隔絕，雙方在寶寶面前要維持一種親情。父母之間還應當保持暢通聯絡，分享寶寶成長的情況，共同關注和愛護寶寶。

舉行告別儀式。爸爸離開家時最好跟媽媽和寶寶有個告別儀式，雖然寶寶可能感到悲傷，但是他會慢慢接受現實而不會產生被拋棄的恐懼感。當寶寶詢問媽媽「爸爸去哪了？會不會回來？」時，媽媽應該坦誠地告訴他「爸爸搬到別的地方住了，他會回來看你的。」

常探望寶寶。有可能的話爸爸和媽媽還是要跟以前一樣，帶寶寶一起

去玩，爸爸最好能一週兩三次到家裡探望寶寶，讓寶寶知道你時刻在關心他，如：「聽說你昨天畫了一架飛機」、「恭喜你上幼稚園中班了」，讓孩子享受被雙親關愛的幸福。

這些話不能說：

「你怎麼像你爸爸（媽媽）一樣！」、「你爸爸（媽媽）不是好人！」──不停抱怨對方，講對方壞話，逼迫寶寶疏遠、仇恨他的親人。這種情況下寶寶會受到嚴重的心理創傷，這樣的養育環境最容易導致寶寶撒謊。

「都是因為你不聽話，爸爸（媽媽）才不要我們的！」──讓寶寶承擔父母離婚的責任是不公平的，他可能會對自己產生強烈的厭惡感以及對親人的不信任感。

「去，去，找你爸（媽）去！」──寶寶可能見爸爸的時間不是那麼多，爸爸對他特別敏感，他或許表現得特別親爸爸。不要因此就排斥、反感，或者互相爭奪寶寶的情感。這恰恰證明寶寶很愛你，以至於他有勇氣積極探索與爸爸之間的情感連繫。

「寶寶你要怎樣都行！」──心懷歉疚感，過度滿足寶寶的需求。單親家庭避免了父母發生正面衝突，穩定和諧的家庭環境比那些生活在「偽完整家庭」中的寶寶能獲得更好的發展。如果過度滿足寶寶的需求反而會妨礙他心理上的健康成長。

弱化不安全感。

離異雙方如何處理才能盡量弱化對孩子的負面影響？家庭教育專家認為，單親家庭的孩子最大的特點是缺乏安全感，所以離異的夫妻都不要在孩子面前指責對方，撫養孩子的一方不要在孩子面前過多地表現憂愁、痛苦和無奈等不良情緒，否則更加給孩子造成不安全感，孩子是一面鏡子，

生活的點點滴滴都能夠反映出來，會直接影響孩子的心情和生活態度，應該盡量去弱化它。

當然，有的單親孩子會有以下的個性特點，長輩們可以嘗試用一些具體的辦法消除其負面影響。比如多疑，可以將一些東西由他自己保管，增強對別人的信任，不妨想一想，人家都信任你，你也不會對人家產生狐疑吧？

如果心靈孤獨或者自我封閉，那麼家長要花多一點時間陪伴他，多鼓勵孩子去跟同齡孩子玩耍，想辦法鍛鍊他的膽量，讓他們融入到團體裡面，或者找個親人角色替代失去的父愛或者母愛，避免更多負面能量的累積。

● 孩子的憤怒期

在悲傷的日子裡伴隨他們的常常是憤怒，孩子們對父母違背了不成文的教育準則而生氣：父母應該去關心照顧子女，而不應該放棄他們。這種憤怒可能會在語言上公然表達出來，也可能由於害怕弄得父母心煩或因為語言和行為過激會受到懲罰而把它悶在心裡；一個直接表示憤怒的孩子可能會大發脾氣，言辭激烈，甚至會做出傷害身體的舉動，這種孩子會感到無助 —— 他無法說出在他身上到底發生了什麼，他會感到深深的寂寞且無法對人傾訴。

孩子的憤怒可能會指向離開他的一方或監護他的一方，甚至同時指向兩者，而一旦父母逝去，這種憤怒就要指向所謂的命運，這些孩子深深地渴望被愛，渴望知道有人真的關心他們。但他們不可能從離開他們的父母那裡得到這些，他們可能會從對他們有監護權的一方那裡得到愛，且如果孩子們認為家長對離婚負有責任的話，那麼他們就不會接受任何一方的

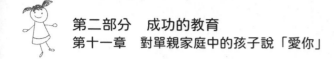
愛，正是這個原因，祖父母、家庭中的其他成員、老師及社會就要注意滿足孩子們對愛的需求。如果他們了解孩子們心中愛的語言，那麼他們在孩子情感需求上的努力就會更加有效。

　　羅賓認為愛的語言包括身體接觸，當他九歲的時候他的父親離家出走，回憶起往昔，羅賓說：「如果不是我的爺爺，我一定不會是現在這樣。第一次看到他是在我父親走後，他把我擁入懷中好長一段時間，什麼也沒有說。但是我知道他是愛我的，並且永遠不會離開我。每次他來看我，都會擁抱我，在他走的時候也會這麼做，我不知道他是否了解這擁抱對我意味著什麼，這對我就像是沙漠中的甘泉。」

　　「我的母親對我最大的幫助就是她以問問題的方式和我交談。鼓勵我並分擔我的痛苦。我知道她愛我，但是在最初的日子裡我不願意接受她的愛。」羅賓說道。「她試圖來擁抱我，但是我把她推開了，我想那時我為了父親的出走而責備她，直到後來我才明白父親是為了另外一個女人而拋棄了我們，而我對母親又誤解得那麼深，以後我開始接受她的擁抱，我們又變得親密起來了。」

● 復合的努力

　　伴隨著拒絕接受現實和憤怒是對復合的努力。當父母分開的時候，孩子會努力使他們再在一起，這也許要與他們單獨或共同交談，懇求他們找出分歧，重新生活。如果言語上的努力無法奏效，他就會下意識地試圖以偏激地錯誤行為來吸引家長的注意力，他也會考驗家長，看他們是否真的關心他的幸福。他對此所做的可能是吸毒、偷竊、對公物的惡意破壞、性行為甚至自殺。

美國每兩對婚姻關係中的一對都以離婚結束，亞洲社會的離婚率也在呈上升趨勢，許多離婚家庭都有處於兒童期的孩子。

正準備離婚的父母通常擔心的就是離婚對孩子的影響。在這樣的艱難時期，父母也許被他們自己的問題所困擾，心事重重，但他們仍是孩子生活中的重要人物。

父母也許會因為離婚而一蹶不振，也許會感到輕鬆，孩子則無一例外地感到害怕並對他們的安全感到擔心。一些父母受離婚的傷害很大，不知所措，他們可能轉向孩子尋求安慰和方向。離婚也可能被孩子誤解，除非父母告訴他們正發生的事情，什麼事情與他們有關，什麼事情與他們無關，他們的將來會怎樣。

孩子常常認為，是他們造成了父母間的衝突。許多孩子相信，他們有責任使自己的父母和好，有時甚至犧牲自己。由於離婚，孩子可能失去一方親人，這會給他們的生理與精神造成損傷。然而，只要有關愛和注意，離婚期間也可以動員家庭的力量，幫助孩子積極地處理父母間的衝突。

父母應該警惕他們的孩子出現的憂鬱、悲傷的情緒。因為父母離婚，小孩子可能變得更好鬥、更不合作，或更不合群。他們的功課會變糟，行為也成問題。父母離異家庭的孩子，在處理他們與同伴的關係以及自尊心方面都會存在問題。小孩子如果知道父親母親仍然是他們的父母，仍然與他們相關聯，他們會盡自己最大的努力，即使婚姻已經結束，父母也不再住在一起。長時間的監護權之爭以及給孩子施加「站在哪一方」的壓力，對孩子的傷害特別大，使離婚造成的傷害增加。

研究表明，當父母能為了孩子的利益而合作時，孩子做得最好。父母對孩子健康一如既往的關注是關鍵。如果孩子表現出憂鬱的跡象，父母應求助於家庭醫生或兒科醫生，配合診斷和治療。此外，青少年精神專家也

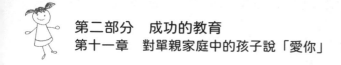

可以與父母見面，幫助他們學習如何緩解離婚對整個家庭的壓力。離異家庭孩子和父母的心理治療也是有幫助的。

最近來自美、法等國的心理教育專家提出了一個全新的概念——「心情教育」。

「心情教育」以道德觀念為基礎，引導人們理解「真愛」，學會關愛他人，讓真誠的愛在人與人之間流動。在國外，面對學校忽視道德教育，以致大量年輕人迷失人生方向的現實，近年來越來越多的公立學校加入了推行人格教育的行列，許多學校設置了有導向性的、以「心情教育」為核心的人格素養教育課程。

如由於美國的破碎家庭多，孩子的身心受到傷害，一些學校專門為離異家庭的子女設立課後輔導班，委婉地將這種輔導班稱為「香蕉班」或「彩虹班」。

輔導班上，老師鼓勵孩子們傾吐內心深處的隱痛，排解因父母離異帶來的精神痛苦和不良心境。然而，這樣做能否達到學校的初衷，尚不得而知。

專家說，「心情教育」就是訓練人的本質中最深層的動機，使人的知識、品德和意志都能朝著崇高的目標發展，使人的情感、慾望建立在美好心靈和健全人格的基礎上。

愛的訓練與體察，是心情成長的營養素。在這方面，父母、老師的以身作則、言傳身教不可缺少。

在不少國家，「心情教育」從幼兒時期就開始了。

孩子在享受父母之愛的同時，就學習以愛回報父母，從小培養孝敬父母、關愛家人的品格。孩子的心情素養在愛的薰陶下逐步發展成熟。這種人格素養在孩子成人後，運用到社會上去與其他人相處，從而建立充滿和諧與友愛的社會。

　　這種社會就像一個大家庭那樣，使人感到幸福、愉快、輕鬆。人格培養與道德訓練，共同構成了「心情教育」的完整內容。

● 怒上加怒

　　在對復合的努力過後是孩子更加憤怒。那些父母離婚的孩子把憤怒埋藏在人心深處，至少在離婚後的一年中，他們的情感 —— 罪惡感、恐懼、憤怒和缺少安全感很可能會交織在一起互相爭鬥，這麼多情感的碰撞將導致他們學業成績下降、對人尖酸刻薄、不尊敬長輩和孤僻。在這些傷痛中，單身家長在試圖滿足孩子對愛的需求時想要建立一個相類似的家庭，這不是一個輕鬆的工作。

● 利用閱讀和交談幫助孩子

　　和失落與悲傷緊密關聯的另外一個問題是那些被消極感所控制的孩子將有一段艱苦的時期無法更改的思考。如果你是一位這樣孩子的家長可以透過與他一起閱讀來促使他理性的看待他的傷痛和失落感。你會想要一些他們理解的書。在他們十幾歲的時候就要選一些適合的故事、歌曲和詩歌。那段日子將成為一段溫暖的、值得回憶的時光。有許多故事都很富有教育意義，像《木偶奇遇記》（*The Adventures of Pinocchio*）的故事。

　　注意孩子在你讀書時的反應，詢問他在想什麼，站在孩子的角度和他開放地討論問題。假如你讀的書是關於迷路的孩子或小動物，而且你的孩子對此表示出極大的愛心，那你就可以讚揚他的愛心，你也可以就此與她談論感受。

　　這種教育對於幫助孩子如何克服指責、批評自己和別人是非常重要

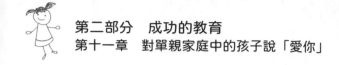

的，許多孩子都喜歡去指責別人「這是不公平的。」這是最常見的批評別人的話。憤怒能夠打亂他們的思考，對他們來說，批評別人是合理的，理由僅僅是因為他們感到憤怒，當他們平靜下來的時候，你可以從不同角度對他們說明周圍所發生的一切，以使他們能夠了解別人的觀點，這並不是說要你或他們去符合別人，特別是當孩子被家長冤枉的時候，他們會以為父母不再愛他們。這時他們需了解這種失落感是正常的，不必由此產生罪惡感。

像你和孩子們一起讀書一樣，你也可以和他們談論日常生活中所發生的事情或編一些故事給他們聽。這將能幫助你了解孩子的內心世界，並能和他們開放地進行討論。

● 積極尋求幫助

沒有一個家長能夠獨自來滿足孩子對愛的需求。像我們之前說的那樣，孩子也許不會接受任何一方的愛。他們被傷害得太深，以致於他們不再給自己一點被愛的機會。正是因為這樣，才會需要爺爺奶奶、其他家庭成員和老師們發揮巨大的作用。

如果你是一名單身家長，不要等待別人來問是否能給予你幫助。有些人可能會抑制這種衝動，因為他們不想干涉你家庭中的事；而其他人則會考慮到你的處境，如果你或你的孩子需要幫助，你可以到你的社區內去找尋這種可得到的資源。在你子女的學校或親屬裡的某個人可能會給你幫助。

其他的家庭成員也常常扮演著重要角色。當孩子們遭到遺棄的時候，他們才顯現出十分重要的作用。例如，住在附近的爺爺、奶奶可以用不同

的方式幫助孩子們度過校園生活。他們的出現對單親家庭的孩子們起到巨大的鼓舞作用。他們可以到孫子或孫女的家中幫助他們在早晨整理書包，準備上學。他們也可以接孩子上下學及參加一些課餘活動。

　　現在有很多人願意去幫助單親家庭。如果他們知道這種幫助是有意義的話，他們渴望去幫助別人，而你又需要幫助，如果你對尋求幫助難以啟齒，那麼請記住，這不僅對你而且對你子女未來的幸福是至關重要的。

● 單親家庭中愛的祕密

　　孩子們對愛的需求在父母離婚前與離婚後同樣強烈。不同的是他們的愛已經被家長離婚的打擊弄得支離破碎。對這份愛的修補則要花費很長時間，帶著同情心去傾聽，重新審視我們談論的情感世界。要想使孩子們再次相信愛並沒有捨他而去，就必須有人幫助他在悲憤中成長起來。對愛的修補過程也就是愛的再生。多聽、少說，幫助孩子面對現實，承受傷痛，這都是愛的一部分。

　　當然，讓孩子再次感受到愛的主要方法就是對孩子說愛的祕密。要知道孩子心中的愛並不會因為父母離婚或早逝而改變。學習並告訴其他家庭成員什麼是孩子心中愛的祕密。否則，那些關心孩子的人只會對孩子說一些成年人的愛的祕密。如果他們懂得孩子心中的祕密。那麼這份努力就會更有成效。

　　在父母離婚後最初的幾個星期裡，孩子可能不願接受任何一方家長的愛。這時那些關心孩子的人就成了唯一能向孩子表達愛的人。如果你的子女主要是透過肯定的言語來接受愛的，那麼他們會更願意接受來自爺爺、奶奶或其他家庭成員的愛，而會暫時拒絕你的愛。將禮物視為愛的祕密的

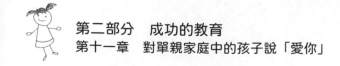

孩子可能會將父母離婚後給他的禮物扔掉。不要對孩子的行為生氣，而要意識到這是他們悲傷的表現。一旦孩子到了能接受的年齡並明白他們的父母不可能再在一起時，他會接受他是生活在單親家庭中的事實，而且他可能會接受雙方的愛。

如果孩子們能感受到愛並且是在他們特別需要的時候，那麼他們就能承受住家庭由完整到分裂而造成的痛苦，並會逐漸適應這種生活。

為了你的孩子不要放棄希望，堅持你的夢想。也許今天充滿艱辛，但是明天、明年一切都會好起來。如果你和你的孩子能夠逐漸遠離失落感，如果你們能夠從各個方面成長起來，那麼你這種成長就會持續下去。它將會成為一種無法忘記的生活習慣和方式。

● 滿足你自己對愛的需求

在我們主要談論那些父母離婚的孩子時，應該注意到那些照顧孩子的家長也有著許多需求。當孩子產生罪惡感、恐懼、憤怒和危機感時，這些單身家長們也會有與此相類似的情感，單身的父母不得不掙扎於她的感情和孤獨的漩渦之中，他們對愛的需求也和其他人一樣真實。正是由於這種需求無法從原來的配偶或孩子那裡得到滿足，他們只好求助於朋友。這也是滿足他們對愛的需求的一種有效方式。

然而對於結交新朋友卻要謹慎行事，在這一點上單身家長是極端脆弱的，而這一弱點又極易被那些所謂的反對性行為者所利用，因為這些單身父親或母親對愛的渴望如此強烈，所以當他們想去接受某人的愛時也許就會面臨的巨大的危險，那些人很可能會欺騙他們，騙取他們的錢財和感情。因此對於剛剛加入單身家長行列的父親或母親有選擇性的交友是十分

重要的。最安全的愛則來自於長期交往的朋友，他們也被其他家庭成員所熟知，那些想以不負責任的方式來確定他（她）的愛是否安全的單身家長最終只能以悲劇收場。

　　和你的孩子們在一起時，你會感受到巨大的愛，他們深深的愛著你，同時也需要你的愛，正如心理學家全勒爾和布魯德斯‧里賓斯所說的那樣：「對你的孩子來說，你所能給他們的最佳禮物就是你那豐富的情感、健康的身體、崇高的心靈和知識。」然而不得不面對的痛苦是，你可能是一個單身父親或母親。在這段時間裡，無論長短，你都希望在孩子們心中的自己是一個誠實、正直、又充滿責任感的人，以滿足他們在未來也能成為這樣的人的願望。

本章課外作業問答題

1. 列出在單親家庭中妨礙著你對孩子們關愛的因素。這些因素是如何影響著你對孩子動用愛語的能力？以及你將怎樣來改變你的處境？

2. 現在列出一些你的孩子在缺少父母親情時的感受：恐懼、氣憤、焦慮、受到否定及責備等等，那麼你如何在各種情況下運用愛的祕密來撫慰他心靈的創傷呢？

3. 單親家庭中的孩子常常需要特殊的照顧，這就意味著在某種程度上你要付出的更多，想一想透過傾聽來弄清他的痛苦，並使之情感得到表達並獲得接受。

4. 許多單親家庭中的孩子以一種積極樂觀的態度在經過長期的艱苦奮鬥後，鼓勵他和你分享他的憤怒、悲傷、失落和痛苦，讓他盡可能誠實的表露情感，允許他使用激烈的言辭。

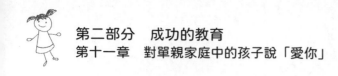

小組討論

　　討論當你和孩子發生分歧時該怎樣對待他，當你想維護作為家長的權威時，你該怎樣做才能更好的理解和愛你的孩子。建立二種傾聽的策略，評價你的判斷力，並為你的決定做出詳細認真的解釋。讓小組成員舉出在建立這種策略上成功與失敗的事例。

第十二章
讀懂婚姻中愛的祕密

> 父母之愛的本身，能夠促使有精神生活的父母，把正義的感覺、
> 服務的意志、對於他人的尊敬、控制自私自利的意志等他認為比
> 個人的成功更好的事物傳授給他的子女。
>
> —— 羅素

有人曾經說過：「愛你孩子的最佳方式就是愛你的伴侶。」這是正確的，你的婚姻品質嚴重影響著你與孩子之間的關係和他們接受愛的方式。如果你的婚姻是美滿的 —— 你們倆彼此相愛、彼此關懷、互相尊重，那麼你就會覺得你們的行為在對孩子的教育中起到了巨大的榜樣作用。但是如果你們互相指責、謾罵，彼此間毫無愛可言，那麼你在對孩子教育時就無法做到言行一致，而且他們會對此非常敏感。

很明顯，在健康美滿的婚姻中，最重要的感情因素就是愛。你與你的孩子都對愛有強烈的渴望，你的配偶也是一樣。我們都希望自己的配偶能夠深愛我們，那時就會認為世界充滿光明。但是當我們感受不到愛時，就會覺得十分痛苦，「我的丈夫或妻子並不是真的愛我。」這時我們的世界就會變得漆黑一片。正是在婚姻中迷失方向和那些錯誤行為使許多人對愛的需求得不到滿足。

為了感受到愛和加強孩子們被愛的感覺，我們也需要會說我們愛人心中的愛的祕密。作為一名丈夫或妻子，你需要從這五種愛的祕密中找出更適合你表達情感的一種。當你的配偶用這種方式來對你表達愛時，你會真的感覺到有人愛你。也許這五種愛的祕密都會受到你的青睞，但其中必有

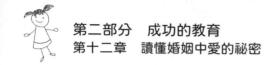
一種是你的至愛。

　　就像孩子們有不同的語言習慣那樣，大人們也是如此。很少有一對夫妻會有相同的愛的祕密，不要以為你的配偶在說著你的或者是你從父母那裡學來的愛的祕密。我想這是最常見的錯誤。也許你的父親會說：「兒子，要經常送女人鮮花。沒有什麼比花更能打動她們了。」於是你就經常送花給你的妻子，但她對此似乎並沒什麼反應。問題在於並不是你不夠真誠，而是你沒有說出她心中愛的祕密。她可能會喜歡花，但另外一種愛的祕密可能更會打動她。

　　如果配偶們沒有互相說出對方心中愛的祕密，那麼他們就無法滿足對方對愛的需求。當他們迷失在愛的情感中時，他們之間的分歧就會加大，並會在彼此間造成很深的隔閡。為了能夠和睦如初，他們也許會回憶以往那種令他們感到溫暖的情感，並試圖再找回愛的感覺。然而在每天重複著單調乏味的生活之後，他們便不知該如何對待自己的愛人了。

● 愛與被愛

　　很多人在走進婚姻的殿堂之前都有過一見鍾情的經歷，那個時候他們把愛視作完美無瑕的。當他們看不到愛的不完美一面時，他們更會確定這種愛的經歷是無以倫比的，這是他們第一次如此之深的去愛一個人。當然，當他們睜開眼睛重新回到現實中時，他們又能夠看清楚身邊的每一個婚姻都是不完美的。這種巨大的落差使得這次「愛」的經歷「以失去愛」而告終。

　　大多數人都曾經不止一次的愛過，但他們總是帶著感激的心情回顧這些經歷，他們為自己沒有在那個時候做出傻事而感到慶幸。可至今有許多人依然沉湎於往事，這對他們的家庭造成了巨大的傷害，這就是引發婚姻

危機的原因。那些人試圖在婚後的早期再次尋找婚前令他們難以忘懷的感情，這種感情並不意味著愛的減少。

愛並不能等同於愛戀。愛戀的感覺是暫時的，它是沒理性基礎的一種原始的情感反應。真正的愛卻與此大不相同，它是時時為對方著想，為了對方的成長而傾盡全力。而且真正的愛允許對方選擇是否同樣給以愛的回饋。在婚姻中我們需要一個愛自己的伴侶。當這一切發生時，我們會很高興的接受來自對方的愛，同時當我們看到自己的愛也給他或她帶來巨大的歡樂時，我們也會感到無比興奮。

這種愛是艱苦的努力，是巨大的犧牲。許多夫妻都會覺得他們失去了當初互相愛戀時的激情，並懷疑自己是否還在愛著對方。這時他們就需要做出決定是否還繼續生活在一起，要麼不顧——切的去關懷對方，要麼讓他們之間的關係放任自流。

你也許會認為——「這聽起來多麼空洞無味。難道愛就是欣賞對方的行為和態度嗎？」

深厚的情感在那裡？內心的嚮往、閃爍的眼神、熱吻中的電流、性愛裡的激情，這些又都怎麼樣呢？確知自己在丈夫心中占第一位又能怎樣呢？

這些都不錯，有時這些感情是對我們之間承諾的回報。但是我們不能一味追求這些，當然我們希望自己的配偶能夠滿足我們對愛的需求，而他們也只有在能夠說出我們心中愛的語言時才可能做到這些。

以下是卡拉對她婚姻的誤解。「我感到瑞克不再愛我了」一天她對她的姐姐說。

「瑞克從不陪我，我們沒有一起外出旅行過，也沒有像其他夫妻那樣在一起做些什麼，就連交談都很少。每當我想起這些我就生氣。過去我一

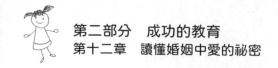
懇求他花些時間陪我，他就會說我在指責他。他告訴我不要纏著他，讓他一個人待著。他還說我應該感激他有個好工作，他沒有接觸毒品，並且他沒有總是圍著我轉。可是，天哪！這是遠遠不夠的啊。我需要一個既愛我又重視我的丈夫啊，我需要他能花時間來陪我。」

你認為這是不是因為瑞克沒有說出卡拉心中愛的祕密呢？瑞克心中愛的祕密是送禮物，但卡拉卻在抱怨沒有在一起的時間。在以前，她從瑞克給她的禮物中感受到了他的愛，但是瑞克卻忽略了她心中愛的祕密，使她的愛得不到滿足，從此他的禮物也就變得毫無意義。

如果卡拉和瑞克能夠發現並說出對方心中愛的祕密，那麼愛的溫暖就會重新回到他們的婚姻中。在婚姻中，最主要的不是那種縈繞於心、無理性的愛的經歷，而是在內心深處那種被對方愛的感覺。他們知道在某些人心中他們是無法被替代的，於是他們互相尊重、欽佩和欣賞，並希望能夠生活在一起。

這是人們在結婚後的夢想，但是夫妻雙方如果能夠經常說出對方心中愛的祕密，那麼這種夢想就會變成現實。而且這會使他們成為合格的家長，並像團隊一樣給孩子們巨大的安全感和無盡的愛。讓我們看看這在愛的祕密中是如何發揮作用的。

● 肯定的言辭

「我工作努力，」馬克說「我在生意上獲得了巨大的成功。在我看來，我是一個合格的父親和稱職的丈夫。我只是希望能夠得到我妻子的一些讚賞，但是我得到的只有她的指責。無論我工作得多麼努力或無論我做什麼都沒有用。我真是不明白，許多女人都希望有一個我這樣的丈夫。可珍對我為什麼這麼苛刻呢？」

　　像馬克那樣，他正揮著一面旗幟，大聲疾呼：「我心中愛的祕密是對我肯定的言辭，有人願意愛我嗎？」

　　但是珍卻不理解這種愛的祕密，她看不見馬克手中的旗幟，對於馬克為什麼感覺不到愛她毫無所知。她辯解說：「我是一個稱職的家庭主婦，我照顧孩子從未偷過懶，而且我使自己看起來依然很吸引入，他還想要什麼呢？許多男人對於回家之後看到乾淨的屋子、吃一頓豐盛的晚餐都是很高興的。」

　　甚至珍可能還沒意識到馬克的感覺。她只是知道，馬克定期大發脾氣並告訴她不要對他進行指責，如果問及他原因，馬克也許會承認對於豐盛的晚餐和乾淨的房子他會很高興，但這並不能滿足他對愛的渴望。他心中愛的祕密是對他肯定的言辭，如果不是這樣，他的愛就得不到滿足。

　　向那些希望獲得別人肯定的伴侶們說或寫下一些讚賞的言辭，這對他們來說就像春雨灑在乾渴的土地上一樣。

　　「我很欣賞你解決這件事的方法。」

　　「這真是一頓美妙的晚餐，你的手藝真棒，簡直能和世界名廚相媲美。」

　　「這片草地真是太美了，感謝你為它花的心思。」

　　「噢，你不覺得這是令人激動的夜晚嗎？」

　　「我已經很久沒有對你說這些了，但是真的很欣賞你的工作並謝謝你為我付了帳單，我知道這有時做起來很困難，我真的很感激你為我所做的一切。」

　　「我愛你。你是世界上最好的丈夫（妻子）。」

　　同樣這些肯定讚賞的言辭也可以用筆寫出來，在我們結婚之前，許多人都寫過情書或情詩。為什麼不在婚後繼續這些愛的行動呢？如果你覺得

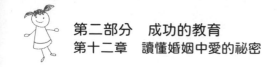

寫起來很困難，那麼你可以買一張精美的卡片，在能夠表達你情感的句子下面畫上線，或者在卡邊上附一張便條。

在親屬或朋友面前對你的伴侶說些讚賞的話語，你會得到意外的收穫，不但你的配偶能夠感受到你的愛，你也為別人怎樣說讚賞的言辭做出了榜樣。讓你的岳母聽到你對你妻子的誇獎，你會看到生活中的另一種樂趣。

無論對哪些以肯定的言辭作為愛的祕密的人說或寫這樣的話時，用語都要誠懇。

● 共度美好時光

好朋友吉姆說：「我終於明白為什麼桃莉絲總是抱怨我們很少在一起，原來她心中愛的語言就是共度時光」。

「以前，我總是指責她態度消極，不認同我為她所做的一切。」吉姆寫道，「我是一個講究行動的人，我喜歡把一切弄得乾乾淨淨、井井有條的。剛結婚時，我經常洗車、修剪草坪並將房子外面也保持得很整潔，我也做了大部分家務。但是我就是不明白桃莉絲為什麼對這些都視而不見，總是抱怨我們沒時間在一起。」

「當我了解了五種愛的祕密之後，我意識到她的確很高興我做的這些，但這些事並沒使她感受到愛，因為那不是她愛的祕密。於是我制定了一個只有我們倆人外出度週末的計畫，我們已經好幾年沒這麼做，當她看到我安排的一切時，她像小孩子似的高興極了。」

在那個特殊的週末之後，吉姆根據財力狀況決定每兩個月出去過一次週末。這種週末旅遊為他們的生活帶來了轉變，他接著寫道：

「我還告訴她我想我們倆每晚在一起坐十五分鐘共同分享各自在這一天裡的收穫。她也認為這是很好的，但她不相信我會這麼做。」

「自從我們第一次外出度週末，桃莉絲的態度就完全轉變了，她變得更積極、更愛笑、更加光彩照人。對我所做的，她表示出更多的欣賞；而且她不再指責我，是的，我心中愛的祕密是肯定讚賞的言辭。這些年中，我們從沒有相處得如此和諧。遺憾的是如果我們能在婚後更早一些發現這些愛的祕密就好了！」

桃莉絲和吉姆的經歷和其他數以千計的夫妻相類似，像吉姆那樣，我們不但要找出伴侶心中愛的祕密，還要學會怎樣表達這種祕密，如果你這樣做，那麼其他四種愛的祕密將更加富有意義，因為這使你的伴侶對愛的需求得到了最大的滿足。

● 溫馨的禮物

在人類文明中都把夫妻間的互贈禮物當作是愛意的表達，這在結婚前就已經開始了，無論是在約會之中還是在安排婚禮期間。在西方，男士比女士更傾向於贈送禮物。但是接受禮物也是男人心中愛的語言。許多丈夫都承認，當他們的妻了回家後拿出為他們買的衣服時，他會暗想：「我懷疑她平時是否想過給我買一件襯衫、一條領帶或一雙鞋？她總是在逛商店時才會想到我嗎？」

對於那些把接受禮物當作愛語的伴侶們總喜歡說：「她正掛念著我，我看她為我買了什麼，挑選禮物需要絞盡腦汁，這是一種傳達愛的思考。」我們甚至會說這些思考是相當重要的，然而，實際上有些禮物的贈送並不一定是經過這些思考的。

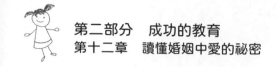
　　你可能無法確定去送些什麼。如果這樣，那就去尋求幫助。當鮑伯發現禮物是他妻子的愛語時，他感到不知所措，因為他不知道該怎樣去買禮物。於是他每週就找他的姐姐與他一起去商店為他的妻子買禮物。這樣經過三個月之後他已能自如地去購買禮物了。

　　瑪麗的丈夫比爾喜歡打網球，而且瑪麗知道他喜歡與網球相關的一切。什麼與此相關呢？她對網球一點也不了解，於是每年兩次她就找比爾的球友去幫助她挑選送給比爾的禮物。每次收到禮物時，比爾都對瑪麗關心他的愛好感到很高興。

　　巴特是個衣冠楚楚的高級職員，他的妻子黛西每月都要到他買西裝的商店去一次為他挑選領帶，並讓售貨員記下每次巴特買的衣服的款式，以便選一條與其相配的領帶。巴特逢人便說他有一個體貼的妻子。

　　當然，為丈夫買禮物的一個前提就是妻子要能夠賺到錢，如果妻子不外出工作，那麼她就要和丈夫討論預算，並要求丈夫每月提供給她一筆錢來為他買禮物。對於一個把接受禮物當作愛的祕密的丈夫，是很高興去制定這樣一個預算的。

　　這是說出你伴侶心中愛的祕密的一種方式，它也許需要一些創造力，但卻並沒規定你必須照著別人做。你可以選一家你們都喜歡的餐廳，預定兩張戲劇或音樂會的票。甚至可以由你自己去做一些家務或請人來整理院子，也可以為孩子的母親找一個幽靜的地方去度過你們的二人時光。你的禮物對於你的伴侶來說是森林中流淌著的清新泉水，是在古老的鋼琴上彈奏出的動人樂章。

　　溫馨的禮物就是我們愛的表達。

　　人的一生是一個相互關心、關愛的過程，每個人都有情感的需求，其中，語言的交流和情感的表達又是關鍵。不要讓愛人只是用猜想來知道你

的關愛，而是要讓對方時時感受到你的心意，這就是你用嘴巴告訴對方你的愛，還需要用行動來表達愛的程度。

愛就是打開心扉，讓它自由地流淌，讓對方看得到、聽得到、感受得到。

不管多忙，都不要忘記給愛人打個電話；不管多累，都要在回家之後給愛人一個擁抱；不管生活中有多少煩惱，都應該給愛人一個微笑……心中有愛，我們就應該大聲說出來，就應該做出來，用行動和語言標的心中那份溫暖和幸福。

愛不表現則不存在，愛情是需要表達的。

愛情不僅是實際生活中的柴米油鹽醬醋茶，它還是一件莊重的事情，它需要應對和承諾，需要證實和鼓勵。愛情的表達可以是深夜花園中的吟唱，可以是花前月下的山盟海誓，因為這些都意味著承諾和責任，意味著接受和渴望。從古至今，無論東方還是西方，愛情的表達方式都是多種多樣的，人們用歌聲傳遞愛情、用詩句讚美愛情、用文字記載愛情、用畫筆感悟愛情、用肢體表達愛情、用信物寄託愛情……

愛情最直接有效的一種方式就是用言語說出來，不要輕視這一句簡單的話，它能將所有愛的資訊全部地透徹地傳遞到對方心底。

經過表達的愛情才被賦予了生命，有了意義深刻的靈魂。

愛情的表達不一定昂貴，不一定耗時，一起生活久了，愛情的表達或許就變成一些雞毛蒜皮的生活習慣。比如為愛人沏一杯熱茶，給愛人掖好被角，跟愛人開一個玩笑。當然，茶可能太燙，被角可能沒有掖的必要，玩笑可能稍顯粗俗。但是，千萬不要拒絕。因為你拒絕的，已經不是一個動作，而是愛情。我們要知道，一碗熱湯的關懷絕不比玫瑰所表達的愛分量輕。

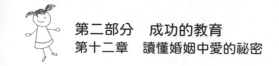
　　生活如水般波瀾不驚，平平淡淡，緩緩地流過男人的額頭和女人的眼角。不知不覺間，歲月的紋路就爬上了曾經年輕的面龐。有條不紊的時光中，愛情很容易變得靜如止水，失去韻律和色彩。適時地表達愛情不僅能喚回逝去的溫情，而且它還是生活的調味劑，讓每一天都沉浸在期盼和喜悅中。

　　為愛人說的一個老掉牙笑話而捧腹大笑，看報紙雜誌時剪下他喜歡的文章送給他，記得每天都說早安、晚安、再見，與他參與他感興趣的球賽或其他活動，和他一起在廚房做一頓飯，鄭重其事為一件小事謝謝他，給他買一些古怪有趣的小禮物，記得他父母的生日……這些都是生活中細碎的事情，卻可以讓愛人從心底感受到你的愛。

　　愛情的表達，就是為了給對方看自己的那顆心，看那顆心裡的愛戀、溫情、惦記和顫動。對平平常常的人來講，這種以心換心的事最好是以樸素的、細微的、綿長的方式進行，這才和我們樸素的、細微的、綿長的生活更加吻合。

　　「我愛你」是人間最美好的語言。戀人之間一句「我愛你」，常常是情感升溫的開始。夫妻之間一句「我愛你」，往往是愛情保鮮的祕方。愛要說，要讓對方明白你的愛意；愛也要做，以證明你愛的深度。

● 做家務也是一種愛

　　羅格是一家公司的部門經理，他說：「我就是不明白，瑪莎說她想做一個稱職的母親，我很高興她能這樣做，因為我賺的錢是足夠養家，但是如果她決定留在家裡，那她為什麼不能把屋子收拾得整潔一些呢。每晚我一進家門就像是走進一個受災後的廢墟裡，床鋪也沒有整理過，她的睡衣還扔在椅子上，洗乾淨的衣服堆在烘乾機上沒有收，孩子的玩具扔得到處

都是。從商店回來後，那些買的食品雜貨仍然放在袋子裡沒有拿出來，而她卻在那裡看電視。根本就沒考慮過晚飯要吃什麼。」

「我不想住在一個像豬窩一樣的家裡，我所想的只是希望她能把這個家弄得整潔一點，如果她不喜歡準備晚飯的話 —— 我們可以每週出去吃兩次。」

羅格心中愛的祕密是做家務，而他對愛的要求常常得不到滿足。他不介意瑪莎是留在家裡還是外出工作，他只想生活得比現在乾淨、舒適一些。他覺得如果瑪莎關心他就會把屋子收拾乾淨並準備好晚飯。

很自然，瑪莎也不是一個完人，她富有創造性喜歡和孩子們做一些有意思的事情，她對照顧孩子的興趣要遠遠大於做家務。讓她去說出羅格心中的愛語 —— 做家務幾乎是不可能的。

他們的例子也許可以幫助你理解我們為什麼要使用這種隱含愛的祕密，如果你是說英語長大的，而讓你去學德語或日語可能有些難。同樣，現在去學說這種做家務的愛的祕密可能也很難。但是當你明白這是你配偶心中的愛的祕密時，你就會找出說這種愛的方式。

對瑪莎，她可以晚一點找隔壁的大孩子來幫助她照看孩子，以便她能夠使房子處於「我們愛羅格」的狀態中。作為照顧孩子的回報，瑪莎可以一週教個大孩子幾次數學什麼的，而且她開始有意識的去計畫每週在家吃三次晚餐，在早上準備好留待晚上來做。

其他與瑪莎相似的妻子可以決定和朋友一起在當地的工藝學院修一門有關烹調的基礎課程，她們上課時可以互相照顧孩子，而且也會對上課能夠結識到許多新朋友而感到興奮。

做你伴侶喜歡的事情是一種基本的愛的祕密。像洗盤子、裝扮臥室、布置傢俱、修理水管、修剪灌木和清潔浴室等都可以。你也可以做一些小

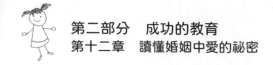
事，像吸地板、洗車或幫嬰兒換尿片。發現你伴侶的喜好並不是很困難。如果你能夠透過做這些來表達愛，那麼他們就會變得比你想像的更神采奕奕，你所面對的也不是那些枯燥無味、毫無意義的家務勞動了。最重要的是，你正在為孩子樹立一個好榜樣。

　　你的孩子是否已經到了可以幫你做一些簡單家務事的年齡，應該如何幫助孩子養成一起做家務的良好習慣，來自美國的早期教育專家為您提供以下建議。

　　如果你曾經有要求過你的孩子收拾桌子或是他的玩具的經歷，你就會知道這絕對是一場艱難的戰爭，一個處於學齡前階段（3～6歲）的孩子已經開始能夠對大人的要求表現出不耐煩和抵制的情緒。這可能會使你感到與其要求他去做還不如自己做來得容易。

　　對父母來說，剛開始時與其說是讓孩子幫忙，還不如說是給父母增加負擔。但這卻是培養孩子養成幫助人的良好習慣的大好時機。4～5歲的孩子已經具備了用以完成簡單的家務勞動所要求的良好的協調能力、靈敏度和集中力。即使他們無法完全理解父母的意圖，對孩子來說家務勞動也是益處多多。父母要充分信任孩子，讓他們發揮自信去獨立完成某件工作。同時也要讓孩子理解幫助他人是每個人應盡的責任和義務。

　　儘管孩子們會覺得做一些家務勞動是件有趣的事情，但想讓孩子養成良好的習慣卻非易事。這個年齡層的孩子渴望被人依賴，所以要求孩子形成做家務的好習慣並非不可能。如何讓孩子輕鬆持久地養成這個好習慣，有幾個件事家長必須注意。

　★ **讓孩子感到自己的重要性**：迎合這階段孩子渴望被看作大人的需求，告訴他，他的工作對家庭帶來很大的幫助，會因此節省出更多的時

間，讓全家人一起娛樂。

★ **給孩子提供選擇的權利**：給你的孩子提供一份所有他能夠做的家務清單，讓他（她）自己選擇其中的一兩項工作，這會讓他（她）感到，自己擁有選擇和控制的權力，從而心甘情願去做自己選擇的工作。

★ **把任務細節化，並給孩子做示範**：一個整體的概念（像「把你的房間收拾好」）可能會讓孩子困惑並挫敗孩子的積極性。把一個任務分拆成數個步驟（把玩具裝進玩具箱裡，把書放到書架上擺整齊等等），這樣他才會確切的理解你的要求。另外，父母應該親自給孩子做示範，回答他所有的疑問直到他能夠獨立完成。父母的耐心是非常至關重要的，即使他忘記了某個步驟，不要批評他，高高興興地提醒他直到他記住為止。

★ **忘記「完美主義」**：對這個年齡的孩子來說，積極地參與比起結果來說更為重要。如果你的孩子洗的襪子不夠乾淨，擦的桌子不夠亮，不要去批評他的工作，批評會挫敗孩子的自尊，更會降低他與人合作的意願。如果某項工作要求每次都必須完成得盡善盡美，那這絕對不是一項適合孩子去做的工作。

★ **給孩子提供合適的工具**：不要給孩子一把比他還高的掃帚，給他一個小小的掃帚用來把桌上的麵包屑清掃乾淨。如果你想讓她幫你收拾餐桌，那麼，就只讓她把吃剩的飯菜幫你拿進廚房就行了。

★ **給孩子做個好榜樣**：父母千萬不要當著孩子抱怨做家務的繁瑣和無聊，這會給孩子傳達一個資訊 —— 做家務是一件非常可怕的事。父母應盡量讓孩子意識到，幫助大人儘快做完這些事就可以留出更多的時間陪他（她）一起玩。

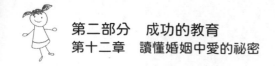
★ **不要強迫孩子**：不要採用強迫的方式，給孩子留一個緩和的過程或一點餘地。比如「我可以讓你玩十分鐘，十分鐘一到，你必須立刻去收拾你的書桌。」這樣的方式。

★ **提供獎勵**：表揚和獎勵會對孩子養成良好的習慣帶來極大的幫助，而另一個有效的策略就是給孩子制定一個合理的計畫：把他或她所要完成的任務的每一步驟繪製一張圖表，每當她順利完成其中的一個步驟，就獎勵她一顆小星星。當他順利地完成整件任務，獎勵他一件他所希望得到的合理的獎品。

★ **合理安排所有任務**：對學齡前兒童來說，重複做某件事就會讓孩子感到乏味。所以應該不斷地變換任務內容，但絕不要打破傳統的習慣分工，例如讓男孩子拖廚房的地，女孩子就讓她去做一些需要細心的工作。

★ **給孩子發展的空間**：一旦孩子掌握了之前交給他（她）的工作，就應該給他（她）提出更高的要求，擴大他（她）的工作範圍。比如，他已經可以熟練的完成洗衣前的衣服分類工作，那在你的指導下，就應該讓他學習如何使用洗衣機了。

● 親密的身體接觸

我們不能把身體接觸僅僅等同於性的接觸，當然性行為中有身體的接觸，但是我們不能把作為表達愛的身體接觸限定在性接觸的範圍中。把你的手放在你伴侶的肩上，你的手穿過她的黑髮，或為他按摩頸部和背部，當你遞給他咖啡時與他胳膊的觸碰，這些都是愛的表達。當然表達愛意也包括握手、接吻擁抱、愛撫和交流，對於那些把身體接觸作為愛的祕密的人來說，這些是最大的愛的呼聲。

「當我丈夫花時間為我按摩背部時，我知道他是愛我的。他把精力集中在我身上，他的手每動一下都是在對我說：我愛妳。當他觸碰我的時候我就會感覺得到他的存在。」吉賽爾很清楚表露出她心中愛的祕密是身體接觸。她也許會喜歡禮物、讚賞的言辭、丈夫花時間陪她及做家務。但是她認為最能與她進行情感交流的就是她與丈夫的身體接觸。沒有這種接觸言語就會變得空洞無力，禮物與時間就毫無意義，做家務也不過是例行公事。但是如果她接受到這種觸碰，她對愛的渴望就會得到滿足，再加上用其他方式表達出的愛，她會覺得身邊到處洋溢著愛。

因為男人的性衝動是以肉體為基礎的，但女人對性的慾望卻是建立在情感的基礎上，所以丈夫們以為他們自己心中的愛的祕密就是身體接觸。對那些性要求得不到滿足的丈夫們來說可能是這樣，因為他們對性的需求大大超過了他們在情感上對愛的渴望，所以他們會覺得這是他們最大的需求。然而，如果他們的性慾能夠得到滿足，那麼他們就會識別出身體接觸不是他們心中的愛語。判斷身體接觸是否是他們心中愛語的一個方法就是感受一下當身體接觸不涉及到性行為時，這會帶給他們多大樂趣，如果這種樂趣不是很大時，那麼身體接觸就可能不是他們心中的愛的祕密。

除了你的愛人，你的孩子也需要親密的身體接觸。

擁抱可以消除沮喪，能使體內免疫系統的效能上升；擁抱能為倦怠的軀體注入新生命使你變得更年輕，更有活力。在物質文明高度發展的當今社會，我們對擁抱的渴望和對擁抱的忽略幾乎是同樣的突出。心理學家說，身體語言，是人與人之間最重要的溝通方式，擁抱是身體的本能需求。而我們的身體失語，已經多年。「失語」的身體讓我們失去了很多明媚的「春天」，為什麼不可以給愛一個形式？現在就轉身，給你愛的人一個擁抱……

　　在我們的生命中，擁抱總是有的：10歲之前，總在父母懷裡撒嬌，然後孩子長大了；20歲以後，和熱戀的戀人、新婚的愛人，溫暖的懷抱就是激情的搖籃，然後激情沒了；30多歲，那個嬌嫩的小生命是你身體的一部分，即使抱在懷裡也生怕自己太用力了，然後小生命也像你當年一樣，想獨立了。

　　只有那麼幾年或十幾年，一個身體會和另一個身體重合，其他人生的大部分，我們都素著。沒有人會認為擁抱有什麼不好，但即使對父母愛人，也總是守著那個「含蓄」的準則。

　　就像張學友，說起想擁抱母親，居然下了整整一個月的決心。東方人在表達感情方面，非常「節儉」，常常羞於表達，便藉口和人「心照不宣」。而長期「不宣」的結果就是，漸漸失去表達、交流情感的能力，越來越孤獨，也越來越冷淡，集體患上「情感不表達症」。

　　所以，為什麼不可以給愛一個形式？現在就轉身，給你愛的人一個擁抱。

　　一天至少三個擁抱。

　　清晨第1個擁抱——給你的愛人：

　　結婚時間越長，能堅持擁抱的人越少，關鍵問題是對婚姻有了倦意。要讓婚姻注入新的活力，每天只需一分鐘的浪漫擁抱，將使你有效改變目前婚姻的麻木狀態。婚前擁抱的驚喜你已經嘗到甜頭，那麼婚後擁抱的神奇將使你終生幸福。

　　日間第2個擁抱——給你的父母、朋友：

　　孩子對父母的關注從來不會超過父母對孩子，對他們來說，需要的不是香車寶馬，只是一分鐘的擁抱。對朋友也是一樣。也許，你在認真擁抱以後，再也不想忘記這種感覺。還有身邊需要擁抱的每一個人，甚至陌生人。

睡前還有一個擁抱 —— 給你的孩子：

研究顯示，嬰兒期缺乏擁抱，孩子愛哭、易生病，情緒易煩躁；就算漸漸長大學習獨立後，他們仍需這種身體的「支援」。擁抱孩子是父母藉著身體的接觸來告訴孩子：不管什麼時候，不管你犯了多大的錯，我們永遠愛你。這種愛將變成孩子生命中的一個重要部分。

愛需要包裝，需要給它一個可以觸及的形式。形式傳達內容，有了形式，內容才能真實地存在；沒有形式，內容也會萎縮。我們就是要給愛一個形式主義的表達，擁抱就是它的儀式。更何況專家認為，每天都能表達愛同時得到愛的回報，青春會更長久。這種身心兩益的形式是對自己和周圍人的一種善待，它會像電流一樣延伸到你周圍。

如果你認為擁抱是個特定的動作，只能給特定的人，也可以選擇其他的形式，如一杯水、一個關愛的眼神。重要的是要表達，不管有沒有身體接觸，關鍵是，讓你們的關愛抵達彼此。

● 尋找並大聲說出伴侶心中的愛的祕密

你也許會問：「這真的管用嗎？這會使我們的婚姻產生什麼變化嗎？」尋找答案的最好方法就是去試一試。你可以讓她或他去閱讀這一章，然後你們來談論這些內容。如果你的伴侶不願意去閱讀或談論它，那麼你就不得不猜想一下了。想一下他的不滿、他的要求、他的行為，還有他對你所使用的愛語及其他一些能為你提供線索的事情。

帶著那種有條理的猜測，注意可能出現的愛的祕密，和在近幾週內發生的一切，如果你判斷正確的話，你就會看到你的配偶在精神狀態及對待你的態度上的轉變。如果他問你產生這些變化的原因，你可以告訴他你讀

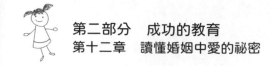
了一些關於「愛」的書籍，並且正努力去成為一個更稱職的丈夫或妻子，這是非常難得的機會，你的伴侶可能想對此有進一步的了解，這樣你們可以一起閱讀本書。

　　說出彼此心中的愛的祕密，你就會看到你和你配偶之間的情感世界會發生很大的變化。這種巨大的愛使得你們能夠滿足孩子對愛的需求，我們相信你們將會得到婚姻和家庭生活中更大的快樂。

　　說出你伴侶心中的愛的祕密，說出你子女心中的愛的祕密，而且當你發現這使你的生活發生變化時，你可以和其他親屬一同分享這本書。一個家庭接一個家庭，我們會創造一個更美好的社會，在愛你的家庭上，你所做的一切將會使你一生的生活品質產生巨大的變化，你將始終過著詳和、快樂、溫馨的日子。

　　1980 年代曾有一首廣為流傳的經典歌曲《愛你在心口難開》，為崇尚傳統的情感表達與交流，一種東方古典式含蓄、內斂的美，打上了一個時代的烙印。那時，人們寧可選擇矜持而飽受情感的「煎熬」，也絕不輕易地說出心中的愛意。至今亦然。我想問問朋友，在過去的歲月中，有對你所愛的父母和子女，對你朝夕與共的伴侶，說過「我愛你」這句話嗎？

　　讀過這樣一則小故事。

　　忙碌的妻子問正在沙發上悠閒讀報的丈夫：「你愛我嗎？」

　　丈夫從報紙中探出頭說：「愛呀！」

　　妻子又加了一句：「你真的愛我嗎？」

　　丈夫舉起報紙，不耐煩地說：「愛呀！」

　　妻子不甘心，再次問：「你確實愛我嗎？」

　　丈夫甩掉報紙，站起來，大聲吼道：「哎呀！」

　　相同的字音，不同的意味，把一個男人對感情表達上的消極和漠視刻

畫得惟妙惟肖。外國人常把「我愛你」掛在嘴邊，其中不乏虛情假意，但如果不說出來，你能讓對方感覺到那份真情嗎？也許我們對愛人，能用英文說「I love you ！」，為何用中文講出來，就覺得那般尷尬、那麼肉麻呢？

和孩子在一起時，每當她做錯事，或者由於誤會錯怪了她，狠狠地批評過後，我會找個適當的時機，摟著她，親親她的臉，對她說：「媽媽的本意是為妳好，不要怪媽媽太嚴厲，別生氣了好嗎？媽媽愛妳。」女兒總會破涕為笑，把那種不愉悅的氛圍很快化解。看到熟識的朋友及周圍的許多同齡人，從來不肯用一次擁抱、一個親吻、一句愛語，來進行溫情溝通，表達對子女的親暱和疼愛，我就奇怪，那也會覺得難為情嗎？為何不用這種愛的傳遞，給孩子一個好的榜樣？粗暴的對待，冷漠的處理，會不會影響到他們的未來呢？

我也有困惑之時，記得離開家鄉去外縣市上學的日子，爸爸常常為我選些好書或把收集的資料寄給我，隔段時間我會寫信給他，總是以「親愛的爸爸，您好！」開頭，以「愛您的女兒」結尾，到放假在一起時，稍微親熱點的話卻總是難以啟齒。

對父母親，我們可以用歌聲唱出、於筆端表露那份心中的敬愛，但能親切自然、面對面地說出那些話，卻很難。等到有一天，我們的長輩已然暮年、走到生命的盡頭時，那份歉疚、那份遲來的感恩，我們會用哭喊表達出來吧，那樣會不會悔之晚矣？

古板的父親，把愛藏在了嚴肅的表情裡；操勞的母親，把愛藏在了慈祥的嘮叨裡；青春的孩子，把愛藏在了叛逆的個性裡；經年的夫妻，把愛藏在了瑣碎的日子裡……多少年來的含蓄，將人與人之間豎起了一堵牆，那堵牆已經足以築起一道長城，我們是不是要像孟姜女一樣，用慘烈的呼喚才能摧垮那堵城牆呢？

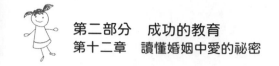
　　我們並不需要那種不負責任的濫情，處於當今的速食年代，的確也有不少廉價的情感。我們鼓勵與支援親情和愛情的自然流露，不再等待、不再害羞、不再刻意隱藏，對著我們愛的人，大聲的說出 ── 「我愛你！」

本章課外作業問答題

1. 在此章內容的基礎上找出什麼是你心中愛的祕密？你伴侶心中愛的祕密又是什麼？互相分享一下你們是怎樣滿足彼此對愛的需求。

2. 當你想取悅你的伴侶時，檢驗一下你說出自己心中愛的祕密的方式。列出你能使用伴侶心中愛的祕密的具體方式，然後在下一個月盡可能多的練習使用這種愛的祕密。

3. 你和伴侶之間在愛的祕密上的衝突是怎樣使你陷入困境的？思考一下無法理解對方心中愛的祕密所帶來的影響；也考慮一下沒有頻繁的表達愛和消極的使用這種愛的祕密所帶來的影響，就像你伴侶心中愛的祕密是肯定的言辭，而你卻出言指責他，這會造成什麼樣的後果，在和睦的環境中，你們又是怎樣來滿足彼此間對愛的需求的？

4. 隨著時間的流逝，儘管你們無法再完全滿足對方對愛的需求，但你仍要誠懇的對待你的愛侶，並向她（他）解釋你並沒有忽視她（他）對愛的需求，只不過是對此有些誤解，並完整的描繪一下，你是如何透過心中愛的祕密來感受愛的。

5. 考慮一下你伴侶的需求。然後提出一些建議並讓她意識到你已經獲得了讓他或她感受到愛的正確回饋，在下一週，找出三種方法來滿足你伴侶的需求。

小組討論

　　和小組內其他夫妻討論怎樣以一種既獨特又富有創造性的方式來講出你伴侶心中愛的祕密。讓小組成員舉例說明，說出彼此間心中愛的祕密是怎樣使他們之間的關係發生變化的。鼓勵夫妻間分享他們互相學習說出對方心中愛的祕密所花費的努力。

青春沒有對錯，成長始於困惑：

言語偏激、行為叛逆、冒犯他人、偏離正軌、溝通困難，可憐天下父母心，孩子偏偏不領情？

編　　著：錢媽媽

發 行 人：黃振庭

出 版 者：崧燁文化事業有限公司

發 行 者：崧燁文化事業有限公司

E-mail：sonbookservice@gmail.com

粉 絲 頁：https://www.facebook.com/
　　　　　sonbookss/

網　　址：https://sonbook.net/

地　　址：台北市中正區重慶南路一段六十一號八
　　　　　樓 815 室

Rm. 815, 8F., No.61, Sec. 1, Chongqing S. Rd.,
Zhongzheng Dist., Taipei City 100, Taiwan

電　　話：(02)2370-3310

傳　　真：(02)2388-1990

印　　刷：京峯彩色印刷有限公司（京峰數位）

律師顧問：廣華律師事務所 張珮琦律師

國家圖書館出版品預行編目資料

青春沒有對錯，成長始於困惑：言語偏激、行為叛逆、冒犯他人、偏離正軌、溝通困難，可憐天下父母心，孩子偏偏不領情？ / 錢媽媽編著 . -- 第一版 . -- 臺北市：崧燁文化事業有限公司 , 2023.05
面；　公分
POD 版
ISBN 978-626-357-346-8(平裝)
1.CST: 家庭教育
528.2　112006252

定　　價：450 元

發行日期：2023 年 05 月第一版

◎本書以 POD 印製

電子書購買

臉書